民政部2014年社会救助制度建设部级项目

中日社会救助制度比较研究

吕学静　王争亚　康　蕊　等◎著

ZHONGRI SHEHUI JIUZHU ZHIDU BIJIAO YANJIU

首都经济贸易大学出版社
Capital University of Economics and Business Press
·北　京·

图书在版编目(CIP)数据

中日社会救助制度比较研究/吕学静等著. —北京:首都经济贸易大学出版社,2017.5

ISBN 978 -7 -5638 -2621 -6

Ⅰ.①中… Ⅱ.①吕… Ⅲ.①社会救济—福利制度—对比研究—中国、日本 Ⅳ.①D632.1 ②D731.37

中国版本图书馆 CIP 数据核字(2017)第 035032 号

中日社会救助制度比较研究

吕学静 王争亚 康 蕊 等著

责任编辑 洪 敏

封面设计 砚祥志远·激光照排 TEL: 010-65976003

出版发行 首都经济贸易大学出版社

地 址 北京市朝阳区红庙(邮编 100026)

电 话 (010)65976483 65065761 65071505(传真)

网 址 http://www.sjmcb.com

E - mail publish@cueb.edu.cn

经 销 全国新华书店

照 排 北京砚祥志远激光照排技术有限公司

印 刷 北京九州迅驰传媒文化有限公司

开 本 710 毫米×1000 毫米 1/16

字 数 251 千字

印 张 14.25

版 次 2017 年 5 月第 1 版 2017 年 5 月第 1 次印刷

书 号 ISBN 978 -7 -5638 -2621 -6/D·172

定 价 39.00 元

目　录

第一章 引言

第一节 研究背景及意义

一、研究背景

贫困问题是一个世界性问题，一直以来是理论界和工作部门关注的焦点。通常意义上的反贫困主要有两种途径：一是通过发展经济反贫困；二是通过收入再分配政策使社会中的贫困群体能够获得合理的社会分配，分享经济发展成果，因此需要更加合理的社会政策安排。中国处于经济、社会的大变革时期，社会、经济结构调整过程中产生了大量的贫困问题。国际经验表明，解决因社会经济结构调整而导致的大规模贫困问题，社会救助是最有效的政策安排。在这样的背景下，中国先后建立了城市和农村的最低生活保障制度，在缓解城乡贫困问题上发挥了极其重要的作用。但随着经济、社会的发展，中国城乡居民收入差距进一步拉大，城市和农村的贫困呈现出不同的新特点，二元分割的城乡低保制度面临着新的问题和挑战。2014 年 2 月 21 日《社会救助暂行办法》出台，于同年 5 月 1 日正式实施。

贫困是世界性问题，不同的国家面临着不同的贫困状况从而做出了不同的政策选择。中国和日本同为东亚国家，两者地理位置相近，文化、历史等方面渊源深厚。但是，由于受不同的政治制度、经济发展水平、市场经济发育程度等方面的影响，两国的社会救助制度差异十分明显。日本的社会救助制度是在 1950 年颁布的《生活保护法》基础上施行的，经过 60 多年的运作实践，显示出了顽强的政策生命力。日本的生活保护制度有哪些特点，有什么经验和启示，面对后金融危机时代的新形势，还有哪些需要改进？在对中日社会救助制度进行比较的基础上，中国的社会救助制度应该进行哪些改进，这些都是本研究所要解决的问题。

二、研究意义

（一）研究的理论意义

（1）通过对中国和日本的社会救助制度历史进程的梳理，深入探讨中日社会救助制度建立的理念，找出其各自的发展脉络、特点，丰富社会救助理论。

(2)通过对日本社会救助体系全面、系统的分析,以及对中国社会救助制度现状的揭示,丰富此领域的研究成果。

(二)研究的实践意义

通过对日本社会救助制度体系实施过程及问题的归纳、分析,提炼日本社会救助制度对中国的启示,为相关政策制定提供理论、实证和经验支持与参考。

第二节　研究现状

一、国外研究现状及述评

日本的生活保护(社会救助)制度确立时间较早,实践成果显著,对生活保护制度的研究也比较系统全面。研究主要有两大类型。

第一,日本的生活保护制度研究,在分析其历史演变的过程、现状、问题的基础上,探索改革的方向与措施。道中隆(2012)通过研究案例,提出构筑实践性生活保护制度超级展望。森川清(2011)从人权角度论述了法律的重要性,认为生活保护制度需要生活保护法的保障才能顺利确立与运行。驹村康平(2003)通过考察低收入家庭率与生活保护率的变迁,以及低收入家庭的收入认定和最低生活费的水平,建议提高最低生活水准。

第二,通过与欧美国家社会救助制度的比较,探索日本生活保护制度的改革方向。山田久(2011)比较了欧美和日本的社会救助支出水平,认为其保障水平不足,建议提高社会救助支出比重。六波罗、诗朗(1991)通过对作为英国社会救助制度中心的收入补助和生活保护法的比较,发现日本生活保护制度的不足,认为有必要设计新的生活保护制度。

虽然日本国内对其生活保护制度的研究比较多,也进行了一些国际比较的研究,但是对中日两国社会救助制度的比较研究十分鲜见。

二、中国研究现状及述评

进入21世纪以来,随着中国社会保障制度的不断改革与完善,关于中国社会保障问题的研究不断升温,但是大家关注的重点主要是社会保险项目,对于社会救助的研究相对比较少,从中日社会救助制度的比较角度进行的研究更为稀少。

(一)专业著作

目前,中国没有以“中日社会救助制度比较研究”为题的专业著作,仅有一些相关性的研究。如宋健敏的《日本社会保障制度》(2012年)、崔万有的《日本社会保障研究》(2009)、沈洁的《日本社会保障制度的发展》(2004),它们只是在个别章节对日本的社会救助制度进行了简单介绍;韩君玲的《日本最低生活保障法研究》(2007年)从法学的视角出发,全面考察了第二次世界大战后日本最低生活保障法制建设所走过的道路,并对日本最低生活保障法制的现状、存在的问题,及今后的发展方向进行了细致的论述与分析。值得一提的是杨立雄等的《中日韩生活保护制度研究》(2012)一书。该书较为详细地介绍了中国、日本、韩国的生活保护制度,并对三国的制度从管理体制、对象内容、政策效果等方面进行了比较研究。

另外还有一些关于社会保障国际比较的专著,但都只是对日本的社会救助进行了零星的介绍。

(二)学术论文

中国对于中日社会救助制度的研究主要集中在三个方面。

1. 日本社会救助制度的介绍及评价

方洁(2012)从理论和实证两个方面对日本社会救助制度的财政责任分配问题进行了研究,并对中国社会救助的财政责任分配提出了若干建议。赵永生(2009)认为,日本社会救助制度以家族主义为基石,并与西方"民主主义"相结合,加上多元的社会福利制度安排,实现了保障国民最低限度生活权利的目标。韩君玲(2008)提出了日本低保制度中的国家责任问题,并分析了新、旧《生活保护法》中的国家责任。

2. 分析日本社会救助及对中国的启示

吴兴国(2011)介绍了日本低保制度基本原则的调整,低保制度保障标准的完备以及对中国的启示。丁国峰(2010)对中日两国的低保制度进行比较研究,并探讨对中国农村低保制度的启示。

3. 中国和日本等国社会救助制度的比较

金炳彻等(2012)从中央集权化程度的角度比较研究了中国、日本、韩国的社会救助制度。孙家宇(2011)对中国与英国、美国、日本和北欧等国家社会救助制度进行了比较研究。汪朝霞(2011)选取英国、美国、日本和新加坡等国家作为研究对象,在社会救助的资格条件、救助标准、救助内容与方式和财政责任分担等方面进行了有价值的比较与借鉴。海龙(2009)归纳了中日社会救助发展的历史演变轨迹,剖析了两国在社会救助制度的救助立法、救助项目和救助模式等方面的差异。

上述研究具有基础性和介绍性研究的特点,对中日社会救助的理论研究是必要的,但存在以下不足:①多是对日本社会救助制度的原则性和枝节的介绍,缺乏对日本社会救助体系的系统研究;②仅从个别方面对中日社会救助制度进行比较,缺乏全面、系统的比较研究;③现有研究资料和数据陈旧,缺乏最新的跟踪研究。

这些不足使得中国无法对日本社会救助体系进行全方位、多视角的把握，也无法在新形势下对两者进行合适的比较，难以从中得到有益的启示，而这些正是本课题研究的努力方向。

第三节　研究思路及目的

一、研究思路

本课题以社会救助一般理论和基本理念为基础，从文化、历史、社会、经济和政治等视角，对中日社会救助制度的理论基础、发展历程、内容框架、政府责任和实施状况等方面进行全方位的比较分析，深入挖掘两国在社会救助制度建立、发展、运作过程中的共性和个性，挖掘一般规律性和差异的根源所在，从中得出有益的启示，从而对中国的社会救助体系进行顶层设计，构建适合中国具体国情的新型社会救助体系。如图 1－1 所示。

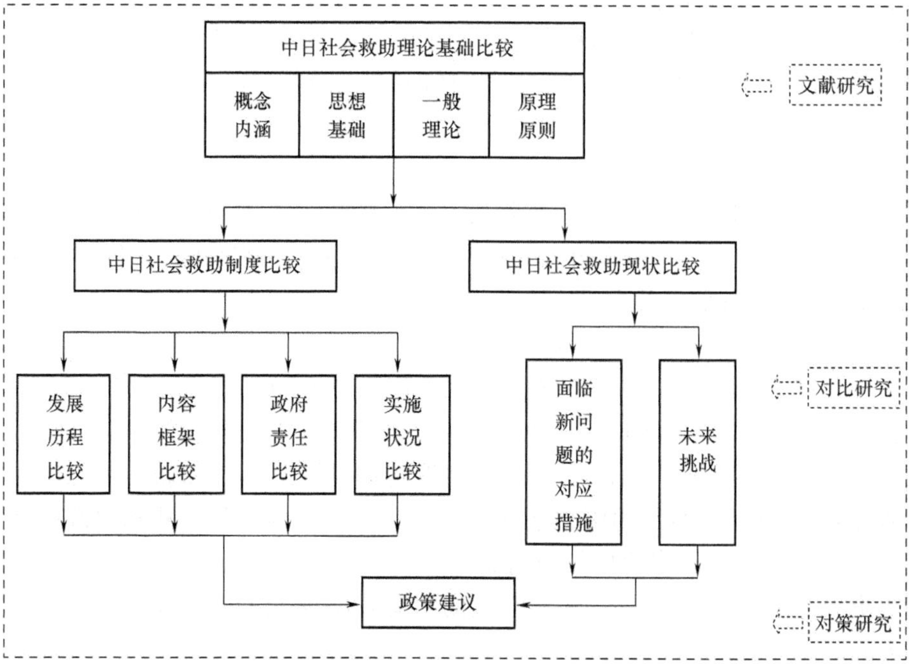

图 1－1　本书研究框架图

二、研究目的

虽然社会救助的历史源远流长,但是中日两国建立最低生活保障制度的历史均不长,尤其是中国,制度化低保制度的建立只是近20年的事。但是中日两国在社会救助的发展、完善和改革过程中,面临着许多类似的问题,诸如人口老龄化、人口负担系数增大、失业率增长和国家财政负担过重等。相比较而言,日本的情况比中国要好一些。进入21世纪以来,由于全球金融危机的影响,中日两国所面临的经济、政治、社会形势都发生了很大的变化,社会救助制度面临着新的改革任务。本书的主要研究目的有三个方面:

第一,对中日两国的社会救助制度进行比较,找出两国制度发展的规律性及各自的特殊性。

第二,在分析比较的基础上,提炼出中国社会救助制度可资借鉴的经验和启示。

第三,对中国的社会救助制度进行顶层设计。

第四节 研究的重点及创新点

一、研究重点

第一,对日本社会救助体系进行全面、系统的归纳和描述,对中日社会救助制度历史演进过程、制度背景及设计理念进行深入分析。

第二,对中国的社会救助进行顶层设计,构建新型社会救助体系。

二、创新之处

第一,研究了日本社会救助体系的框架。对日本社会救助制度的设计理念进行深入、细致的研究,对中日社会救助制度进行系统的、全方位的比较分析。

第二,提出了建立新型中国社会救助体系的设想,全面、系统、详细地设计了中国社会救助体系的模式和框架。

第二章　中日社会救助制度建立的理论基础比较

第一节　中日两国社会救助的概念及范畴比较

一、中日两国社会救助的概念

“社会救助”是一个伴随着时代变迁不断发展的概念。在工业化之前，对贫困者的救济行为充其量只能作为一种“社会救济”。从历史的渊源看，社会救济反映的“济贫”思想具有以下特性：

(1)恩赐性。宗教慈善事业以及民间其他的互济行为均带有施恩的色彩，受惠者的人格及尊严会受到损伤。中国古代关于“赐田”“施粥”“施舍”的记载足以见其居高临下的恩赐性。历代封建王朝虽然都把救灾、济贫视为政府的一种责任，但都是以老百姓对统治阶级的屈服和拥戴为前提的。古代帝王以行仁政方式“得民”“养民”，是害怕人民揭竿而起的一种迫不得已的行为。因此人类历史的社会救助过程中，不论是官方的救助还是民间的救助都带有非常明显的恩赐性。英国1834 年的新《济贫法》虽然明确了济贫的责任在社区和教会，加强了对济贫对象的管理，但同时也对接受救济的人的权利做了限制，即受助者必须接受三个苛刻的条件：承认接受救济是不体面的、个人的人身自由要受到限制和失去政治权利，特别是没有选举权和被选举权。

(2)惩罚受救济者。在工业化社会之前的人类历史中，占主流地位的意识形态和社会观念没有把对贫困者的救济看成是社会不可推卸的责任和贫困者应享有的权利，也没有把这种责任和权利以立法的形式加以规定。甚至，中世纪的受救济者在接受救济的同时还要受到鞭打、切耳、关进牛栏等惩罚。英国早期济贫法制度的基本特征就是惩罚与救济相结合，其对所谓值得救济者提供救济但数量极为有限，而对于不值得救济者如流民等则实施强制性劳动作为惩罚，甚至直接施以严酷的惩罚。17 世纪的济贫法制度虽然有所改进，但其惩罚性依然严重存在，不值得救济者必须接受强制性劳动救济，值得救济者所得到的救济极为有限；济贫法严格约束贫民的流动，对流民的惩罚性法律虽然有所改进但其惩罚依然十分严格。随着工业革命的兴起,“社会救助”或“公共援助”概念逐渐取代了传统的贫民救济,人们的观念不断更新,抛弃了过去带有惩戒性的“济贫”思想。社会救助被视为政府的当然责任或义务,采取非供款制与无偿救助的方式,以帮助社会弱势群体摆脱生存危机,维护社会秩序为目标。

(一)日本

“社会救济”在日本被称为“公的扶助”。之所以不用“社会”,而用“公的”一词,表明它不是利用“保险”的技术手段实现社会成员间的“共助”,而是通过政府转移支付实现“公助”。

日本“公的扶助”制度是依据《生活保护法》而建立起来的社会救济制度,因此,通常也被称为“生活保护制度”。日本厚生劳动省对生活保护制度的定义是:它是国家对于运用了资产和能力等所有手段后生活依然困窘者,根据其困窘程度提供基本收入,以保障其过上最低限度的健康、文明的生活,并帮助被保护者自立的制度。

据此可知,这一制度包含三个要素:①成为生活保护对象者是陷于极度贫困状况中的个人或家庭;②生活保护的目的是既保障他们最低限度的生活水平,同时也强调帮助其自立;③实施生活保护的责任人为政府。

(二)中国

中国对于“社会救助”一词的定义,学者的理解存在一定差异。中国学者的阐述主要有:郑功成(2000)认为,社会救助是指“国家与社会面向由贫困人口与不幸者组成的社会脆弱群体提供款物接济和扶助的一种社会保障政策”,其外延“包括灾害救济、贫困救济和其他针对社会脆弱群体的扶助措施”。孙嘉奇(1992)认为,社会救助“乃是政府为了促进社会安全,对于因社会变迁或个人特殊致贫原因的社会成员,积极协助改善其生存条件,以期能自立自强。直接解决的是其本身的贫穷问题,间接地也能促进社会的整合与进步”。林嘉(2002)认为,社会救助是指国家对于遭受灾害、失去劳动能力的公民,以及低收入的公民给予物质救助,以维持其最低生活水平的一项社会保障制度。社会救助主要是对社会成员提供最低社会保障,其目标是扶危济贫,救助社会脆弱群体,对象是社会的低收入人群和困难人群。陈良瑾(1994)将社会救助界定为“国家和社会对无法定义务抚养人、无劳动能力、无生活来源的老年人、残疾人、未成年人或者因天灾人祸造成生活困难、不能完全保障基本生活的城镇无业居民和农村村民给予的接济和帮助”。时正新和廖鸿(2002)认为,社会救助是在公民因各种原因导致难以维持最低生活水平时,由国家和社会按照法定的程序给予款物接济和服务,以使生活得到基本保障的制度。赵曼(2003)认为,社会救助是由国家和有关社会机构,按照规定的标准,向无收入、无生活来源、也无家庭依靠并失去工作能力者,向生活在“贫困线”或最低生活标准以下的个人或家庭,向遭受严重自然灾害的地区和个人,向不幸事故遇难者及其家属实施的一种低标准的救援和接济。这些学者的定义涵盖了“社会救助”的主要内涵。

总之,中国的社会救助是对既无收入又无法定赡养人或其他原因造成的贫困人口的基本生存权利给予的一种制度性保障。它是中国社会保障制度的重要组成部分,也是现代国家的基本制度之一。

二、中日两国社会救助的范畴

(一)日本

从广义上讲,日本的社会救助制度除了主要的“生活保护制度”之外,还包括灾害救助。

“生活保护制度”是国家担负起国民最低生活保障的责任,对于因高龄、伤病、残疾和母子家庭等原因造成的维持最低生活水平发生困难者实施的给付,它的意义在于将国家保障国民基本生存权利的责任具体化。

日本是个自然灾害多发的国家,尤其是火山、地震等灾难频发,如2011年3月11日的东日本大地震,给日本国民的生命财产及日本的经济发展带来了严重的损害。人类无法完全避免自然灾害,但在灾前做好减灾措施、灾后积极援助灾民,帮助灾民尽快恢复生活和生产是政府无法推卸的责任。因此,尽管灾害救助不是一般意义上的社会救济制度,但它是政府针对因灾致贫、致困者实施的一项救助措施,因此被归入广义的社会救助中。

(二)中国

新的《社会救助暂行办法》规定,中国的社会救助包括最低生活保障、特困人员供养、受灾人员救助、医疗救助、教育救助、住房救助、就业救助和临时救助八项制度。这八项制度可分为三类,一是长期生活救助,二是专项分类救助,三是临时应急救助。

长期生活救助包括城乡居民最低生活保障制度和农村五保等特困人员供养制度;专项分类救助包括医疗救助、住房救助、教育救助、残疾人康复救助和法律援助等;临时应急救助包括救灾救济、流浪乞讨救助及其他临时救助等。

三、中日两国社会救助的比较

中日两国的社会救助制度都是针对贫困的低收入家庭进行援助。日本的社会救助制度主要针对低收入家庭和贫困家庭。其保障范围广泛,从生活的基本需求、教育、住所、生育、就业到丧葬等,从衣食住行到受教育、就业等方面提供各种资金援助或实物援助。中国的社会救助制度是以城镇和农村的最低生活保障制度为主体,对城市和农村低收入家庭和贫困家庭进行最低水平的生活保障。此外,还对一些特殊的弱势群体,如农村五保户、流浪乞讨儿童进行援助。另外,中国还设有灾害救助制度,对遭受自然灾害的社会成员进行援助,帮助他们度过因灾害所引起的生活困境。

从社会救助的内容看,中日两国有六项是相同的,即生活救助、医疗救助、教育救助、住房救助、就业救助和灾害救助。除此之外,日本的生活保护制度还包括照护救助、分娩救助、丧葬救助,这是中国的社会救助制度中没有明确规定的(仅农村“五保”制度有保葬的规定)。与日本相比,中国的社会救助还包括特困人员供养和临时救助。

需要说明的是,日本的灾害救助并没有包括在《生活保护法》中,我们把它归入广义的社会救助范畴。中国的《社会救助暂行办法》中对“受灾人员救助”有专门的规定。

中日两国社会救助的内容比较可见表2-1。

表2-1 中日两国社会救助内容比较

中国的社会救助制度	日本的社会救助制度
最低生活保障	生活救助
特困人员供养	教育救助
受灾人员救助	住宅救助
医疗救助	医疗救助
教育救助	照护救助
住房救助	分娩救助
就业救助	就业救助
临时救助	丧葬救助
—	灾害救助

资料来源:根据日本《生活保护法》和中国《社会救助暂行办法》整理而得。

第二节 中日两国社会救助制度形成的思想渊源

一、日本社会救助制度形成的思想渊源

日本现代意义上的社会救助制度是在第二次世界大战后美国占领军推动下建立起来的,更是在东方儒家“家族主义”与西方“民主主义”的矛盾与妥协中发展与完善的。

（一）东方儒家的家族主义

传统的神道和儒家文化融汇于日本的传统生活文化中。在日本，儒家文化与其说是一种宗教或价值观，倒不如说是一种人们的行为方式和社会的主流文化。儒家文化具有尊敬老人、孝敬父母、忠诚尽责和注重集体等特点，同时也强调家庭成员间的纽带关系、家长的权威及家庭的延续和继承等。综合这些特点，也就是儒家文化核心之一的"家族主义"。与具有"自我意识""自我负责"思想和文化传统的西方社会不同，日本强调家庭纽带和家族中的等级及从属关系。家族主义作为一种文化，对个人的人生观和价值观产生着重要影响。同时，家族主义作为日常生活中的一般行为准则，又通过具体的生活方式予以传承。

作为一种文化传统，家族主义有其自身的局限性，但不可否认的是，家族主义在日本社会发展的各个方面起着引导和示范作用。20 世纪 70 年代，传统的家族主义曾被作为对社会发展起着阻碍作用的因素之一受到批判。西方的自由主义认为，家族主义压抑人生、非民主而不能适应现代社会，要提升日本社会的现代化水平，应该抛弃以家庭为中心的文化传统。但是，伴随工业文明而来的诸多社会病，促使人们对家族主义进行全面的审视。人们发现，西方的自由主义和个人主义并不能完全替代传统的家庭功能。家族主义在当今时代不但不能抛弃，而且应该作为与西方自由主义相对的东方传统予以传承。正因为此，日本社会发展中处处可以看到家族主义与自由主义的融合，而包括社会救助在内的社会福利制度更是以家庭主义作为构建的基石。在日本的生活保护制度中，抚养义务的前置、以家庭为单位等规定都体现了家族主义的思想。

但家族主义思想对日本的生活保护制度也产生了一定的负面影响。以家族主义为基石构建的生活保护制度中，某些规定限制了社会救助申请者的申请动力。如抚养义务前置的规定，虽然社会救助机构会为家庭收支调查严格保密，救助申请者或许可以不必介意对自己的家庭收支调查，但是由于存在对兄弟姐妹及三代以内的亲属也会有相关的家庭收支调查；加之日本人受儒家思想的影响，非常爱面子，自尊心非常强，十分看重自己的社会地位与尊严，更不愿意轻易麻烦别人。如此一来，一些原本生活尚可的家庭，在遭遇经济危机、天灾人祸等变故时，即使生活窘迫，出于面子和身份的考虑，也不会主动申请社会救助。这个问题近年来引起社会各界的关注。

（二）西方的民主主义思想

明治维新之后日本采用"全盘西化"的方针，学习西方的政治、经济、思想文化，西方的思想文化开始影响日本。第二次世界大战之后，美国占领当局要求日本政府在"无差别和平等"的原则下进行改革，把制定现代保障制度作为实现日本"非军事化和民主化"目标的重要政策之一。美国的干预对日本社会保障制度的影响很大。但另一方面，我们应该看到，日本在经历了战争的破坏之后，明治维新之后已经播种的自由、民主、平等等现代思想开始觉醒。美国的干预正好契合这一思想，也正是这种思想的存在使得资本主义民主政治在日本兴起，资本主义民主主义思潮开始迅速崛起。战后初期日本政府制定现代社会保障制度的法律时，一直受着美国占领当局"无差别和平等"原则的影响。现代社会保障制度作为美国占领当局"非军事化和民主化"政策的一部分，积极监督日政府建立民主的法律法规。这对日本人民民主意识的发展及在此意识支配下的社会救助制度的发展具有很大的影响。这些思想意识对促进日本现代社会保障制度向公平、公正方向发展具有巨大的促进作用。

二、中国社会救助制度形成的思想渊源

（一）农耕文化

地理环境是人类赖以生存和发展的物质基础，也是人类的意识或精神的基础。中华民族自古生息在东亚大陆上，其地形特点西高东低，背靠欧亚大陆腹地，面对辽阔的太平洋，这样的地理环境决定了中国传统文化产生于一个半封闭的大陆环境中，是一种大陆型文化。千百年来，中国人生长作息于"黄土地"，把土地当作自己的命根子，在一代代面朝黄土背朝天的悠悠岁月中，炎黄子孙养成了一种踏实、诚恳、敦厚、笃实的性格。土地观念是农耕型文化的核心。农业的春耕夏耘秋收冬藏的规律，要求人们事事脚踏实地，不违农时，循序渐进，切忌好高骛远，脱离实际，拔苗助长。农业社会靠天吃饭，就是为什么中国历史上一直自然灾害频繁，社会救助思想长远的一个重要原因。

在农业社会当中，人们居住分散、各自耕耘，贫困等社会问题是地区性的、分散性的，非天灾不能酿成重大的社会问题，因而农业社会中的社会救助模式的实施主要是家庭亲属保障和群众互助相结合的社会保障。

小农生产所追求的是满足自身需要的使用价值，而不是经商营利的交换价值。因此，自然而然地产生了"平均"思想。儒家讲"不患寡而患不均"，墨家讲"兼相爱""交相利"，都符合小农的"平均"思想。在中国的社会救助制度尤其是农村最低生活保障制度的施行过程中，有的农村干部把最低保障金平均分配给被保障者的做法除了制度本身设计的因素影响外，也是受这种"平均"思想的影响，这种平均的分配方式可能让农民更加容易接受，制度得以更好地实施。

（二）儒家思想

在中国，以儒学为核心的儒家文化影响巨大。"天下为公"和"大同社会"是中国文化传统中的最高理想，这种大同社会论的核心虽然是制度，但也包括了丰富的社会救助思想。

《礼记·礼运》中提出“使老有所终，壮有所用，幼有所长，鳏、寡、孤、独、废疾者皆有所养”，这种思想反映了社会财富归全体人民所共有，人人尽自己力量去劳动，各社会成员均有生活保障的思想。战国时的墨子曾经指出：“为贤之道将奈何？曰：有力者以助人，有财者勉以分人，有道者以教人。若此，则饥者得食，寒者得衣，乱者得治。”这种表述体现了老有所养，孤幼有所依，无饥无寒的思想。唐代杜甫的“安得广厦千万间，大庇天下寒士俱欢颜”，实质上也是对大同理想的一种呼唤。宋代儒学的代表人物张载主张“救灾恤患，敦本抑末”，表达了他的敬老、爱幼、扶困、济贫的愿望。

总之，中国传统文化中的“大同论”“互助论”，对中国社会救助模式产生了不同的影响。中国传统的社会救助模式中有“大同论”的思想痕迹。

（三）宗法集体主义思想

从社会组织和政治结构来看，宗法制度在中国漫长的封建社会成为维系社会秩序的主要纽带，封建等级专制制度在中国延续了几千年。在宗法社会里，每个人都以血缘的亲疏被固定在社会组织的网络之中，各司其职、各安其分，人与人、人与社会组织，以及社会组织之间，都以血缘关系为联结纽带，以血缘观念作为情感交流的心理基础。统治者利用国家政权的强制力量，将这种带有血缘温情的宗法制度与国家的统治相联系。在结构上，家族成为国家的缩影，国家则是家族的核心；正是通过家族政治化、国家家族化，传统中国形成了“家国同构”的封建等级专制制度。

中国的社会构成是由家庭而家族，由家族而宗族，由宗族而社区，由社区而国家，形成并保持了一种“家国一体”的格局，宗法关系深深地渗透到社会生活的各个层面、文化的各个角落。在宗族内，每个人都不被看作独立的个体，而是被重重包围在宗法血缘的群体里。因此，群体的利益高于一切，每个人首先要考虑的，只是自己的特定角色所应承担的责任和义务：对于宗族的、对于整体的责任和义务，自然地引申为对于种族的、对于社会的、对于国家的责任和义务。这样就很容易在“人道亲亲”的基础上引申出关于社会、国家的所谓合理秩序。在这种秩序上，个人被置于从属的、被支配的地位。个人的一切服从于整体，这样才能把整个社会整合起来，统一起来。

三、中日两国社会救助制度形成的比较

从以上分析可知，中国社会救助制度的建立主要是受东方文化如儒家思想的影响，而日本生活保护制度的建立除了受东方文化的影响外，还有西方民主主义的烙印，如表 2－2 所示。

表 2-2 中日两国社会救助制度形成的思想渊源比较

	中国			日本		
东方文化	农耕文化 儒家思想 宗法集体主义	影响	社会救助制度的长远历史 低保制度操作的平均主义 社会救助模式的选择	儒家家族主义	影响	抚养义务前置 以家庭为单位
西方文化				民主主义	影响	无差别和平等原则

资料来源:赵永生. 家族主义下的日本社会救助制度述评[J]. 日本学刊,2009(5):98-111,158-159.

第三节 中日两国社会救助制度的基本原理和原则

一、日本生活保护制度

(一)日本生活保护制度的基本原理

日本的生活保护制度是实现本国宪法规定的保证基本人权的重要环节。其基本原理有三点。

1. 平等原理

平等原理是针对日本原有的旧《生活保护法》而言的,其含义是全体国民只要符合法律规定的要件,均享有向国家要求保障最低限度生活的权利,获得最低生活保障不是国家的恩惠。并且,这种权利只要符合法律的规定,均被无差别平等地予以保障,不得因人种、信条、性别、社会地位和身份等给予差别待遇。

日本《生活保护法》的平等原则有一个发展的过程,是逐步被认可的。1946 年的旧《生活保护法》第二条规定,无论是否有能力,无劳动意愿者、懒于劳动者及其他不努力维持生计者和素行不良者,依据法律不予以保护,这些被称为"欠格条款"。由于旧《生活保护法》颁布于第二次世界大战后美国占领初期,旧法中的该项规定表明了驻日盟军总司令(GHQ)提出的无差别平等原则,其重点放在排除对军人及其家属的优待方面,反映了基于非军事化之无差别平等原则的局限性。1950 年在制定新《生活保护法》过程中,由于驻日盟军总司令的极力说服,才没有规定欠格条款。新法第 2 条规定:全体国民,只要符合本法规定的要件,依据本法均受到无差别平等的保护。此条规定明示了保护请求权的无差别平等保障原理,是与旧法的本质区别。

2. 最低生活原理

《生活保护法》所保护的最低生活的内容是宪法规定的生存权,其水平就是日本《宪法》规定的“国家具有保障其国民维持健康的、文明的最低生活水平”。但事实上“生存权”是一个相对的、不断变化的概念，是由各个国家在不同时期的社会经济状况决定的。因此，什么是贫困，什么样的人属于生活保护对象一直是每个时期的“新问题”。在日本《生活保护法》中，将这一水平的确定权赋予厚生劳动省大臣，由各个时期的厚生劳动省大臣根据各个时期的不同情况制定最低生活费标准。因此，最低生活原理是日本生活保护制度所遵循的基本原理，最低生活费标准的调整正是这种基本原理的反映与应用。

3. 补足性原理

补足性原理是生活保护制度非常重要的原理，即得到生活保护的前提是以个人的最大努力，在自己努力后不能达到标准的，才可以受到社会救助。也就是说，贫困是接受保护的必要条件，但并不是充分条件。补足性原理在法律中的体现即日本1950年《生活保护法》第4条第1款“生活保护以生活贫困者活用自己可以利用的资产、能力或其他为要件而实施”，以及第2款“民法规定的抚养义务以及其他法律规定的扶助优先于本法规定的生活保护实施”。补足性原理一方面能够甄别真正需要保护的贫困者；另一方面，这样的设计也能够在一定程度上防止“道德风险”的发生。

（二）日本生活保护制度实施的原则

生活保护制度的原理是制度设计的基本理念，而在制度实施时，还需要各种具体的原则将理念加以落实，这就是生活保护制度的基本原则。

1. 申请保障原则

虽然《生活保护法》赋予每个国民都拥有被保护的权利，但是，一般来说，保护必须由被保护者本人或者其抚养义务人、同居的亲属提出申请才能开始，除此之外的亲戚、朋友均不能为被保护者提出申请。只有在特殊情况下，由行政机构判断是否实施保护。可见，日本生活保护制度申请原则的强制性与灵活性是相统一的。一方面，考虑到申请人可能由于年老、体弱等原因无法亲自提出申请；另一方面，又适当限制了代为申请人的范围。

2. 基准及程度原则

基准及程度原则是指由厚生劳动大臣制定具体的保护基准，并根据这一基准对申请保护者的需要进行测定，在扣除其所拥有的金钱或物品之后仍然不足的情况下给予补贴，由此保持平等性和客观性。从《生活保护法》颁布以来，曾采用过“市场菜篮子”法、“恩格尔系数”法等，现在采用的是消费水准比例方式，即以民间最终消费支出的增长率进行测算设定基准，基准每年修订一次。

3. 保障的应即性原则

1950年的《生活保护法》提出，要考虑被保护者的年龄、性别、健康状态等个人或家庭的实际差异，进行有效且适当的保护。也就是需要保护者从原则上讲需要满足国家法定的标准，但是如果由于某些特殊原因被保护者不能达到这一标准时，可以由厚生劳动省大臣制定特别的基准，且在一定范围内，都道府县知事也可以设定特别标准。从目前的情况看，各地都道府县知事设立特别标准已成为常态。

4. 以家庭为单位原则

与其他社会保障项目不同，《生活保护法》明确规定“以家庭为单位决定是否实施保护”。不过在两种特殊情况下可与家庭分离。一是有些需求者不满足家庭的条件；二是如果出现一个家庭有人具备劳动能力但不去尝试劳动的努力，而其他家庭人员均无资产、无能力，只有依靠保护。

二、中国社会救助制度

（一）中国社会救助的制度理念

1. 反绝对贫困

绝对贫困指在一定的社会生产方式和生活方式下，个人和家庭依靠其劳动所得和其他合法收入不能维持其基本的生存需要①。从中国现行的城市和农村最低生活保障制度的对象确定、标准制定及救助方式等方面看，都明显地体现出制度设计的理念是反绝对贫困。中国社会救助低水平的特点，不仅与中国的具体国情特别是经济发展水平相适应，也和国家反绝对贫困的理念有很大关系。

2. 被动的事后补救

中国的社会救助制度尤其是最低生活保障制度是一种被动的制度，这种制度是旧制度存在诸多问题、城市和农村贫困已经成为重要的社会问题，以及城镇社会保险制度基本完善的背景下建立的，可以说是政府为了缓解各种压力的一种尝试。中国社会救助的政策目标仅停留在保证贫困群体的最低生存需求方面，并不能真正帮助他们脱贫，事后补救会产生大量的政策成本，且效果不理想，往往治标不治本。

3. 满足基本生存需要

中国社会救助的政策目标是满足贫困群体的基本需要，也就是最低的生存需要。这种救助水平是与中国贫困人口相对较多、经济发展水平低等特点联系在一起的，在一定阶段对于缓解贫困产生了一定的积极作用。但是最低的生存需要并不是人们的唯一需要，也不符合全面发展的人类发展目标。著名心理学家马斯洛把需求分成生理需求、安全需求、爱和归属感、尊重和自我实现五类，依次由较低层次到较高层次排列。可见人的需求是多方面的，除了最低生存需要外，还有体面、

① 童星，林闽钢．我国农村贫困标准线研究[J]．中国社会科学，1994(3)：86－98.

尊严、发展等方面的需要，这些需要极少在中国的社会救助制度中体现出来。

（二）中国社会救助制度的基本原则

中国《社会救助暂行办法》第二条规定：社会救助制度坚持托底线、救急难、可持续，与其他社会保障制度相衔接，社会救助水平与经济社会发展水平相适应。社会救助工作应当遵循公开、公平、公正、及时的原则。该《办法》仅是对中国的社会救助工作所要遵循的原则进行了笼统的规定，并没有进行详细的阐述。

三、中日社会救助制度基本原则的比较

日本生活保护制度的原则体现在《生活保护法》第二章，在相关条款中对生活保护制度的原则进行了详细的阐述。中国生活救助制度的原则相对比较简单，体现在《社会救助暂行办法》的第一章"总则"中的第二条，但表述极其简略，仅有21个字，也没有进一步的解释。

中日社会救助原则比较如表2－3所示。

表2－3 中日社会救助的原则比较

原则		含义
申请保护		救助的前提是被保护者、其扶养义务者或其他共同居住的亲属提出申请
日本	标准、程度	标准由厚生劳动大臣确立，测定被保护者实际生活状况，对当他的金钱或物品充当生活费后仍达不到标准部分进行补足
	按需保护	救助要考虑被保护者的年龄、性别、健康状况等个人或家庭的实际需要差异，有效且适当进行
	家庭单位	救助一般以家庭为单位决定其是否需要救助及救助的程度。在难以以家庭为单位确定时，可以以个人为单位确定
中国	公开、公平、公正、及时	相关法律条文中没有具体阐释

资料来源：根据日本《生活保护法》和中国《社会救助暂行办法》整理而得。

第三章　中日社会救助制度发展历程比较

社会救助制度是现代社会保障制度中历史悠久的保障制度之一。它的起源既可以追溯到原始社会末期，人们对贫困现象的恻隐之心，也可以追溯到早期宗教信仰对贫困者的慈善救济行为，所以济贫是现代社会救助的前身。根据美国的《社会工作百科全书》记载，公元前500年，希腊人就开始了对贫困者的救助，并对贫困事业有"人类博爱行为"的描述。当时，希腊城邦的济贫事业已经被制度化，济贫方式主要是通过鼓励公民捐款捐物供贫民度过困难时期，除此之外在公用设施中备有衣服、食物及其他生活物资供贫民使用。

中国自古以来就传承着社会救济思想。中国社会救济思想可以追溯到传说中的尧舜时期，舜帝时社会救济已近发达。中国早期的社会救助方式主要为贫困救济和灾荒救济。而救济思想主要体现在救人劝世思想、对灾荒的认识和良好的救济制度构想。

而日本社会救助的起源，可以追溯到圣德太子时期，慈善济贫和家庭扶助是社会上主要的扶助形式。社会救济也是日本社会保障中历史最长的一项制度。明治维新之后，日本确立了国家主义的天皇制政权，以强权政治推动日本由封建社会向资本主义社会转变，并于1874年(明治七年)颁布了《恤救规则》。

第一节　中日社会救助制度演变过程比较

一、日本社会救助制度发展演变

(一)制度的萌芽和形成期

日本是在圣德太子时期(574—622)开始关注社会救济的[①]，由于当时大力提倡由中国和朝鲜传入的佛教，建立各种用于慈善济贫活动的寺院，体现了佛教的慈悲。7世纪中期，日本又在中国隋唐制度的启发下，实行了"大化运动"，废除了贵族制和奴隶制，转入以律令制为特征的封建时代。此后，日本颁布了有关救助穷人的济贫条令，预示着日本的社会救助制度开始萌芽。

---

① 海龙．中日社会救助制度刍议[J]．平顶山学院学报，2009(4)：11－14.

日本社会救助制度是自明治维新(1868 年)之后才逐渐建立起来的。明治初,日本中央政府实施“恩给”制度,主要是由中央政府向退伍军人和退休官员发放老年生活费;明治中后期,这一制度的对象扩大到教职员、警察、官办企业的劳动者。1874 年,日本政府制定了《恤救规则》,对失去家庭抚养者实施由国家进行的最低限度的贫困救助,这一救助规则被认为是日本最早的公共扶助政策。直到 1932 年救护法的施行为止,大约半个世纪,《恤救规则》在日本的救济制度中发挥着重要的作用。《恤救规则》的制定未受到欧美诸国的任何影响,其宗旨是救济应以“邻里相互扶持”的民众之间相互的情谊“为基本原则,据此仍得不到救济时,对难以抛开不管的无依无靠的贫民”才适用《恤救规则》,并且须向内务省申报。据此规则,救济的对象为独身的及其贫困且不能劳动的残疾者、病患者、70 岁以上的重病以及 13 岁以下者。1875 年,日本开始给退役军人提供年金。恤救制度在早期日本社会救助中发挥着重要作用,主要以民众之间的情谊和邻里相扶为基本原则,适用范围仅限于无依无靠而不能抛弃不管的贫困者。救助对象极其狭隘,救助行为源于人道主义精神而不是基于被救助者的权利与日本政府的救助义务来施行,救贫色彩和政府恩惠特征表现得尤为浓烈。

(二)制度的确立和发展扩充时期

20 世纪 30 年代是日本福利制度的快速发展时期。明治维新之后,日本工业化推动其经济高速发展,原《恤救规则》难以全面发挥恤救功能,特别是在大灾难面前,政府救贫显得捉襟见肘,基于社会生活秩序的保障和维护,动用国家力量对生存困难群体施以社会救助势在必行。由第一次世界大战引发的经济危机以及工商业的异常膨胀,使日本国内贫富差距越来越大,出现了大量因贫困引发的社会问题。为了适应当时社会的需要,1929 年日本政府制定了《救护法》,不过由于当时国家财政的原因,该法并没有立即付诸实施。此后,经济不景气和社会贫困程度日益严重,日本政府于 1932 年正式颁布实施的《救护法》,标志着近代日本社会救助制度的确立[①]。《救护法》的主要内容包括救护的对象范围、救护者的权利、国家的救护义务、救护机关及其实施、救护设施、救护的种类及方法和救护费用七个方面。该法实施的第一年,接受社会救助的总人数就由 1931 年的 30 783 人增加到 172 708人。不过,这一时期的社会救助,无论从范围、力度还是措施来看,都是很不完善的,被救助者更是以剥夺选举权作为被救助的代价,而且伴随中日战争及第二次世界大战的开始,围绕《救护法》所确立的社会救助制度也逐步让位于“军事优先”的战时体制。

以《救护法》为契机,1933 年、1937 年、1938 年日本政府又分别制定了《防止虐待

① 冯瑛,聂文倩. 外国的社会救助[M]. 北京:中国社会出版社,2008:155 - 166.

儿童保险法》《母子保护法》《社会事业法》。从上述法律不难看出，明治维新之后，日本政府就依据现实，从稳定社会秩序出发，开始有意识地以国家的力量对社会弱势群体实施救助。不过这种救助无论是范围、力度还是措施都是很不完善的[①]。

（三）制度的完善时期

日本完善的社会救助体系是在第二次世界大战以后美国推动下建立起来的。战后，因战争、海外撤退归国、离职等原因需要国家救助的人口激增，面对1 300万的失业人口和大量的生活贫困者，扶贫救助成为日本社会保障制度的核心内容，并成为稳定社会秩序的首选措施，再加上历来的《救护法》《军事扶助法》《母子保护法》《医疗保护法》《战时灾害保护法》等分散的救助关系立法无法发挥应有的作用。为此，美国占领军于1946年2月向日本政府提交备忘录，提出了四点要求作为日本战后推行社会救助政策的最高原则：第一，国家应平等无差别地救济穷人；第二，国家应承担起保护劳动人民的责任；第三，国家不得向其他个人或团体转嫁这种责任；第四，国家为实施救济要提供充足的预算保证，不得加以任何限制。以此为基础，日本政府于1946年10月颁布实施了《生活保护法》（旧《生活保护法》）。

《生活保护法》规定，对所有贫困的国民，根据其贫困的程度由国家实施必要的社会救助，保障其最低限度的生活。旧《生活保护法》是日本战后贫困群体救济制度法律化的开始，救济制度体现了国家担负主要责任的原则。将分散的救济制度统一到生活保护制度体制中，覆盖范围体现了一定程度的无差别平等的原则，即无论救济对象是否具有劳动能力以及身份如何，只要其生活水准在最低保障线下就应该按照平等的原则予以救助。

但是，日本政府并没有全面深刻理解民主主义思想，虽然力图制定反映民主主义的国家救助法，但制定的法律却具有很大的局限性，在当时的历史环境下，许多官僚和政治家对生存权的理解还比较肤浅，对无差别平等原则的理解还停留在非军事化的水平，对要保护者的权力性未能从正面进行讨论[②]。所以这部旧《生活保护法》实行了3年7个月就进行了全面修订。

（四）制度的调整时期

随着日本战后经济的恢复与繁荣，民主理念与低保权利日益被接纳和认同，1950年日本对《生活保护法》进行了全面的修订，切实遵行并改进了“明确国家责任”“无差别平等”“保障最低水平”等三原则，新《生活保护法》进一步明确了无差别平等的原理，强调社会福利专业化和具体实施管理的规范化，增加了教育救助和住宅救助项目，实现帮助贫困者自力更生的目的。新《生活保护法》是日本救助制

---

① 吴兴国，丁国峰．日本低保制度的嬗变及其对我国的启示[J]．国外社会科学，2011(5):54-60.

② 菅沼隆．生活保护法（旧法）的形成过程[J]．社会科学研究，1994，35(5):198.

度成熟和完善的重要标志，也是日本社会救助制度发展中的最高典范。日本国民生活保护主要包括七个方面的内容：教育扶助、就业扶助、住宅扶助、生活扶助、分娩扶助、医疗扶助及殡葬扶助。贫困国民可以获得以上一项或多项的扶助。

旧《生活保护法》强调生活保护的国家义务，并未明确被保障者的生存权，而新《生活保护法》明确指出，需扶助的贫困者应享有保护请求权、社会救助权。社会救助权是一项基本人权，国家应积极主动采取有效措施，保障国民能顺利实现社会救助的权能内容。无差别平等原则是指国家对全体需救助的贫困者施以生活保护，应给予无差别优先的、平等的保护机会，对被保障者不因宗教等原因而采取差别待遇，该原则贯彻了民主主义理念，有利于推进社会福利。

旧《生活保护法》对被保障者的国籍、身份并未进行任何限制，只有穷尽其他各种救济措施之后才可以适用该原则，但新《生活保护法》的对象仅限于日本国民，外国人不享有生活保护请求权和提请行政复议权。对于外国人的生活保护，国家行政机关则采取与该法相似的其他措施，主要是依据国家之间的条约做出决定。日本新《生活保护法》承继了国家责任原则和无差别平等原则，并扩展了该责任原则的扶助范围，必要的扶助对象严格限于教育扶助、就业扶助、住宅扶助、生活扶助、分娩扶助、医疗扶助、护理扶助及丧葬扶助等内容，需以满足其资产、能力及其他保护要件，并以亲族扶助优先及他法优先为前提，摒弃了与其本质要求相矛盾的欠格条款。

新《生活保护法》还确立帮助自立原则、补足性原则，明确了该法是贫困者的最后依靠，增强了被保障者的防贫自立能力。该法保障最低限度生活，不只是经济上的单纯给付金钱或物质，更强调所给予的扶助能帮助被保护者自立，即不仅帮助其获得经济生活上的自立，而且意味着人格的自立，特别是精神上的非依赖性。

该法后来在 1995 年、1998 年及 2000 至 2005 年分别做了修改。如今的《生活保护法》遵循四条基本原则，分别是国家责任原则、无差别平等责任、最低生活保障原则以及保护的补足性原则。2013 年 10 月，日本政府秋季临时国会上通过了《生活保护法修正案》及《生活贫困者自立支援法案》，对保护金以及提高领取者劳动积极性等方面做了强调和说明。60 多年来，《生活保护法》成为最后的安全网，保障着日本贫困人口的最低生活水平，维护着社会安定，为日本经济发展提供了安定的社会条件。

根据日本厚生劳动省的数据，1952 年被救助家庭数为 70 万户，救助率达到 26.2%，1972 年为 69 万户，救助率达到 21.7%，1992 年被救助家庭数下降至 58.6 万户，救助率仅为 14.2%，2009 年和 2012 年被救助家庭数分别为 127.4 万户和 157.3 万户，2012 年 65 岁以上的老年家庭高达 68.2 万户，占比例最大。从数据可以看出，随着经济的发展，接受救助的家庭户数呈现减少趋势，但由于日本老龄化的日益严重，近几年的救助家庭逐年增加①。

近几年，面对人口和经济的压力，日本政府于2014年4月开始实施《生活保护法修正案》。修订《生活保护法》是为了抑制不正当领取生活保护费行为，从而挽回国民的信任。为此，国家赋予各地方自治政府的调查权限扩大，可针对已领取生活保护费的人开展就业、赡养或抚养状况及个人健康状态等调查。根据法律规定，需要履行赡养或抚养义务的人（包括直系血亲和兄弟姐妹）在选择"赡养或抚养困难"选项时，必须对实际情况进行说明。对不正当领取生活保护费的情况，修订案还明确了具体罚则：发现有不正当领取行为，处3年以下有期徒刑，罚款金额从现行的30万日元以下提高至100万日元以下。修正案还规定，领取生活保护的人有义务提交本人资产、收入及家庭赡养或抚养状况等书面材料②。

《生活保护法修正案》提及，在领受政府生活保护金期间，如果领受者参加工作，并且获得收入，将减少其领取的保护金。为提高领受者的劳动积极性，现在规定减少的保护金将由地方自治体保管，当领受者摆脱领取生活保护金的困难生活时，这些保护金还由政府发放给领受人。通过这样的规定，激励有劳动能力的生活保护对象积极寻找工作，提高劳动者就业的积极性。

二、中国社会救助制度发展与演变

（一）社会救助制度前的发展和确立阶段

中国古代社会，不同时期的封建官府对于贫困群体所承担的责任是不一样的，从封建国家出现到明清时期，中国建立了一种以封建君主政治为中心的君本位占统治地位的管理体制。从中央到地方都有一套完整的救灾机构。中国自古以来就有"济贫"的思想和实践。在西周时期，官府便开始承担救灾济贫的责任。被作为"仁政"实施的救灾济贫，只是维护帝王"家天下"统治秩序的应急手段。救灾济贫分为"灾荒救助"和"贫困救助"两种。"灾荒救助"的主要内容包括：生活救济、住房救济、安辑流民、死难救恤、免除差役和以工代赈，以帮助灾民尽快恢复生产生活秩序。每当灾害发生时，官府便派遣使臣奔赴灾区协助地方救灾或主持救灾。除了灾害救助外，中国古代还有较为完善的"贫困救助"。"贫困救助"的主要内容有：救助鳏寡孤独人员、尊崇优待高龄老人、赈贷、租借生产和生活资料、帮助贫民解决生活困难、设置救助设施收养鳏寡孤独和穷困人员等。贫困救助可以以两宋为界，分为三段：宋代以前，除封建官府外，宗教力量对于贫困群体的社会救助发挥着重要作用。两宋时期，官府主动介入社会贫困群体的救助，举办了很多官办社会

① 韩君玲．战后日本新生活保护法的特征[J]．华东政法学院学报，2005(2)：79－87.

② 吕学静，王争亚．日本社会救助制度的最新改革动向及对中国的启示[J]．北京劳动保障职业学院学报，2014(2)：3－7，13.

救助机构。同时,由于官府对宗教势力的打击,宗教救助的作用有所下降。两宋以后,官府对于社会贫困群体的直接救助,无论在广度还是深度方面都不如宋代。但是由于地方势力的不断发展壮大,民间慈善组织成为贫困群体社会救助的一支重要力量①。

中国历史上真正具有现代救助意义的社会救助制度产生于新民主主义革命时期。中国共产党从开展武装革命斗争之初,就提出了建立包括社会救助制度在内的社会保障制度的主张。党领导的红色政权在各革命根据地制定了有关社会救助的立法。1926 年 5 月在广州举行的第三次全国劳动大会,通过了《失业问题决议案》,提出了失业救助是工人应有的权利。1927 年 6 月,在武汉举行的第四次全国劳动大会通过了《产业工人经济斗争决议案》《救济失业工人决议案》《手工业经济斗争决议案》等有关社会救助的政策,系统地提出了对生、老、病、死、伤残等进行全面的社会救助的主张,上述主张和要求对后来建立新型的社会救助制度具有重要历史意义。

现代社会救助制度的建立以 1943 年民国政府颁布的《社会救济法》为标志②。抗日战争时期,中国共产党领导的各抗日根据地根据实际情况,纷纷制定了有关具有社会救助性质的政策。1945 年 7 月,在延安召开的解放区人民代表会议筹备会上通过决议,成立了以周恩来、董必武为首的解放区临时救济委员会,并制定了《解放区临时救济委员会组织和工作条例》。救济委员会的任务主要是调查和统计抗日战争时期解放区所受的损失,接收和分配联合国的救济物资,并且与宋庆龄领导的中国福利基金会相配合,为解放区的灾民和战争难民提供了大量的救济款项和物资。救济委员会的工作实践,为中华人民共和国建立后的社会救助制度的建立打下了基础。

(二)传统社会救济阶段

新中国建立初期的社会救助制度属于传统的社会救助,除了多项分类救济措施外,主要是针对特殊群体的救济。救济与民政福利混合,形成中国特有的救助性社会福利制度。新中国建立之初,全国失业的工人、手工业者和知识分子约有 400 余万人,占当时城镇社会劳动力的 26% 以上,失业率创历史纪录。还有不少工人处于半失业状况,更有大量的难民、灾民和无依无靠的孤老残幼流浪街头。面对严峻形势,1949 年 11 月内务部提出"不许饿死人"的口号和"节约救灾,生产自救,群众互助,以工代赈"的方针。同年 12 月,政务院发布《关于生产救灾的指示》,内务

① 孙绍骋. 中国救灾制度研究[M]. 北京:商务印书馆,2004:55 - 65.

② 蔡勤禹. 国家、社会与弱势群体——民国时期的社会救济(1927—1949)[M]. 天津:天津人民出版社,2003:96.

部发布《关于加强生产自救劝告灾民不往外逃并分配救济粮的指示》①。

1950 年 2 月成立中央救灾委员会,4 月成立中国人民救济总会,在全国开展社会救济工作。在城市,针对大量难民、灾民、无业人员等贫困人员,拨出大量粮食和经费,从保障基本生活的要求出发,对不同类型的人员给予不同的救济:对无依无靠的孤老病残人员,给予经常性的救济;对患病无力就医的,给予医药费救济;对生活困难的失业工人或知识分子,在就业前给予临时救济;对自谋生活出路,从事生产经营有困难的,给予生产资金补助等。在农村,贫困农民经过土改分得了田地,大多数人解决了生活困难问题。针对受灾农民,采取发放救济款、组织群众互助互济以及减免农业税和公粮等多种措施进行救济。新中国建立初期社会救济的规模之大、范围之广、人数之多在中国历史上史无前例。

1950 年 5 月,政务院发布了《救济失业工人的指示》,劳动部也公布了《救济失业工人暂行办法》。1951 年,政务院颁布了《中华人民共和国劳动保险条例》,规定职工在疾病、伤残、死亡、生育及年老时获得必要物质帮助的办法。1952 年 8 月,政务院发布了《关于劳动就业问题的决定》。这些法令的颁布,对于当时解决失业工人的困难和促进失业工人再就业起到了很好的社会救助作用。1953 年,政务院又对《中华人民共和国劳动保险条例》进行了修订,进一步提高了待遇标准,扩大了实施范围,规范了救助程序。

50 年代中期以后,中国进入全面建设时期。随着计划经济体制的建立,城市有劳动能力的人员在国营或集体单位就业,享受吃、住、医等方面的职工福利待遇,形成了就业与保障一体化的单位保障制度。农村人民公社建立后,农民的生老病死主要由集体经济负责,即使部分丧失劳动能力的农民也可通过参加力所能及的劳动获得集体经济的保障。根据 1956 年《高级农村生产合作社示范章程》,各地对无依无靠无劳动能力的孤寡老人、残疾人和孤儿,实行由集体“保吃、保穿、保住、保医、保葬”的“五保”供养制度②。从此,中国形成了国家保障与单位保障相结合,以单位保障为主的社会救助制度。

从表 3 - 1 可以看出,从新中国成立到 1957 年,这个时期国家推行的社会救助制度主要实施于救助城镇失业人员、救助灾民、救助贫困地区和救助农村“五保户”。与此同时,国家还逐步建立了城镇按最低生活标准实行社会救助的制度,但尚不规范,基本上处于一种探索阶段。“文革”期间,中国的社会救助制度遭到严重破坏,有关管理机构被撤销,社会救助工作基本处于无章可循、无人可管的状态。

---

① 高冬梅. 1949—1952 年中国社会救助研究[D]. 北京:中共中央党校学位论文,2008.

② 朱一丹. 社会救助制度的中外比较研究[D]. 东北师范大学学位论文,2015.

表3-1 1957年中国社会救助的形式和主要内容

救助形式	经常性或临时性救助	失业救助	灾荒救助	农村五保户制度
救助对象	城市中的贫困市民、无固定职业的小摊贩、失业店员、孤寡老弱病残等	城市中的失业人口	灾民	农村中孤寡老弱病残的贫困人口以及部分或完全丧失劳动能力的贫困人口
救助方式	收容教养、群众互助、补助安置以及政府救助	发放失业救济金（主要为粮食）	生产自救、以工代赈	政府保障其吃、穿、幼年教育和死后安葬等

资料来源：根据相关资料整理而得。

（三）制度的改革发展阶段

伴随着改革开放的进行和经济体制改革的深入，中国的城乡贫困问题逐渐凸显。而主要面向"三无"人员等特殊群体的传统社会救济制度，已经无法应对经济转型时期的中国贫困问题，因此改革传统社会救济制度，探索适合中国实际的社会救助制度成为必然。中国社会救助制度的改革从解决农村贫困开始，逐渐发展到解决城市的新贫困问题。1978年以前，中国是一个贫困发生率较高的国家，但当时的贫困现象主要存在于农村地区。以1978年为例，当时全国农村的绝对贫困人口达2.5亿人，占农村总人口的比例为31%[①]。农村社会救助工作在继续发展灾害救济和"五保"供养的基础上，重点进行农村扶贫。中国的扶贫工作经历了三个阶段：第一，体制改革推动扶贫阶段（1978—1985年）。通过家庭联产承包责任制代替人民公社的集体耕作制度，重建农产品的市场体系。第二，有计划、有组织、大规模的开发式扶贫阶段（1986—1993年）。国务院成立扶贫开发领导小组，将救济式扶贫转变为开发式扶贫。第三，扶贫攻坚阶段（1994—2000年），提出力争用7年左右的时间，到2000年年底基本解决全国农村8 000万贫困人口的温饱问题。经过扶贫开发，中国农村的贫困人口从2.5亿人减少到3 000万人，占农村人口的比重下降到3%左右[②]。

随着中国政治经济体制改革的不断深入，1985年，在《中共中央关于制定国民经济和社会发展第七个五年计划的建议》中第一次明确提出了"社会保障"的概念，将中国的社会保险、社会福利、社会救助和社会优抚等制度归并于社会保障体制中。随后，国家权力机关和行政机关颁布了一系列有关社会救助的法规和政策，并从中央到地方设立了执行社会救助职能的机构，如国务院的职能部门——劳动与社会保障部，各省、市、自治区也相应成立了劳动和社会保障厅（局）。

① 李小尉．当代中国社会救助史研究论略[J]．辽宁师范大学学报，2006(5)：121-124.

② 高园．从救济到救助：新中国城市社会救助的发展历程及其启示[J]．河北科技师范学院学报（社会科学版），2011(1)：58-62.

在经济体制的转轨和国有企业改革的大背景下，城市居民收入差距逐渐扩大。在通货膨胀的影响下，一部分城市居民的收入和生活水平下降，再加上农村流入城市的低收入群体，城市居民的贫困问题日益突出。在临时救济和定期定量救济的基础上，各地开始探索适合城市贫困群体的社会救助制度。1993 年6 月，上海市率先建立城市居民最低生活保障制度，开始了解决城市贫困问题的探索。随后民政部肯定了上海的经验，部署在东部沿海进行试点，并号召将这项制度推向全国。同时，政府于 1994 年颁布了《农村五保供养条例》(2006 年 3 月 1 日废止)。1997 年 9 月《国务院关于在全国建立城市居民最低生活保障制度的通知》发布，要求 1999 年年底全国所有城市和县政府所在地的镇都要建立城市居民最低生活保障制度。城市低保制度转变为中共中央、国务院的一项重要决策，成为解决城市贫困人口生活问题的基本制度安排。1999 年 9 月，国务院颁布《城市居民最低生活保障条例》。该《条例》的颁布实施，标志着城市低保工作正式走上法制化轨道。对贫困人口的救助成为各级政府的法定责任，促进了低保制度的发展和完善。

有关社会救助的法规和政策的颁布、实施，使得一些因各种原因而生活处于困境的社会成员，得到了国家和社会的及时救助，摆脱了生活困境，消除了失业、下岗、贫困和灾害等给他们的生存权造成的威胁，其人格尊严得到了社会的尊重和国家的保护，维护了社会的和谐和稳定。

(四)制度建设的初步完善阶段

这个阶段里，社会救助制度在发展中形成了以最低生活保障制度为核心和基础，以灾害、医疗、教育和住房等专项救助制度为补充和保证的社会救助体系。在城市最低生活保障大力发展的同时，农村经过大规模的扶贫开发后，剩余的贫困人口主要是老弱病残等丧失劳动能力的人口，也急需低保制度的保障。民政部《关于进一步做好 2001 年城市居民社会救助工作的通知》中明确指出，要进一步扩大社会救助覆盖面。2004 年民政部《关于进一步加强和规范城市居民社会救助工作的通知》中指出，要积极推进“分类施保”，着手解决低保对象的特殊困难，实现应保尽保，合理规范低保标准和保障水平。虽然 20 世纪 90 年代中期农村低保制度就开始了试点，但是长期以来各地发展严重不平衡，有的甚至有名无实。直到 2004 年《中共中央、国务院关于促进农民增加收入若干政策的意见》重申“有条件的地方，要探索建立农民最低生活保障制度”，农村低保制度重新得到重视。2006 年 12 月中央农村工作会议要求“在全国范围建立农村最低生活保障制度”。2007 年 7 月《国务院关于在全国建立农村最低生活保障制度的通知》发布，标志着农村低保制度作为解决农村贫困居民基本生活问题的制度安排，由试点地区扩展到全国，进入全面发展完善阶段。2012 年国务院指出，要进一步加强和完善社会救助工作，进一步建立对救助申请家庭经济状况的审核机制，加强社会救助对象的动态管理。

专项救助制度开始建立和发展。灾害救助是指国家和社会依法向因遭受自然灾害袭击而造成生活贫困的社会成员提供一定的物质帮助，以保证其维持最低生活水平，帮助灾民确立自行生存能力的社会救助项目。民政部相继颁布《中华人民共和国公益事业捐赠法》《民政部应对自然灾害工作规程》《国家自然灾害救助应急预案》《救灾捐赠管理办法》等法律法规，灾害救助工作日益完善，较有效地解决了灾民的生产和生活问题。同时近些年非常重视城市低保的保障情况，逐年增加资金投入和提高低保的平均标准和人均补助水平。随着低保标准的不断提高，低收入人群的基本生活得到了更好的保障。目前，中国新型社会救助体系不断完善，形成新型农村五保供养制度、城市社会救助制度、城市医疗救助、教育救助、司法援助、住房救助及临时救助为一体的社会救助体系。

2014 年 2 月 21 日，国务院总理李克强签署国务院令，公布《社会救助暂行办法》（以下简称《办法》）。《办法》共 13 章 70 条，自 2014 年 5 月 1 日起施行。这是中国第一部统筹各项社会救助制度的行政法规。《办法》将最低生活保障、特困人员供养、受灾人员救助、医疗救助、教育救助、住房救助、就业救助和临时救助八项制度以及社会力量参与作为基本内容，确立了完整清晰的社会救助制度体系。规定社会救助坚持托底线、救急难、可持续，与其他社会保障制度相衔接，社会救助水平与经济社会发展水平相适应。社会救助工作遵循公开、公平、公正、及时的原则。

三、中日社会救助制度演变过程对比

通过对两国社会救助制度演变过程的介绍可以看出，日本与中国社会救助制度的发展都经历了四个阶段，参见表 3－2。

表 3－2　中日社会救助制度发展对比

发展阶段		时期	标志事件	主要特点
日本	制度的萌芽和形成时期	圣德太子时期—明治维新	1874 年制定了《恤救规则》，1875 年向退役军人提供年金	适用范围和救助对象较小，救助行为源于人道主义精神，救贫色彩和政府恩惠特征表现浓烈
	制度的确立和发展时期	20 世纪 30 年代	1932 年颁布实施《救护法》	日本福利制度的快速发展时期
	制度的完善时期	20 世纪 40 年代	1946 年 10 月颁布实施《生活保护法》（旧《生活保护法》）。	建立完善的社会救助体系，开始了救济制度的法律化
	制度的调整时期	20 世纪 50 年代至今	1950 年日本对《生活保护法》进行了全面的修订	新《生活保护法》是日本救助制度成熟和完善的重要标志，也是日本社会救助制度发展中的最高典范

续表

发展阶段		时期	标志事件	主要特点
中国	制度前的发展和确立阶段	封建社会时期—1949 年	现代社会救助制度萌生于鸦片战争,建立于 1943 年颁布的《社会救济法》	古代的救助以灾害救助和民间慈善救助为主
	传统的救济阶段	1949—1956 年	1950 年成立中国人民救济总会,1956 年实施“五保制度”	形成了国家保障与单位保障相结合,以单位保障为主的社会保障制度
	制度的改革发展阶段	1957—2000 年	1978 年制定救济重点是农村扶贫的政策,1999 年国务院颁布《城市居民最低生活保障条例》	制度的改革从解决农村贫困问题开始,随后开始了解决城市贫困问题的探索
	制度的初步完善阶段	2000 年至今	2007 年 7 月《国务院关于在全国建立农村最低生活保障制度的通知》,2014 年公布《社会救助暂行办法》	以最低生活保障制度为核心和基础,以专项救助制度为补充和保证的社会救助。城乡最低生活保障制度日趋完善

资料来源:根据相关资料整理而得。

观察两国的发展历程可以发现,社会救助是两国社会保障体系中起源最早的保障安排,并且都是反贫困的重要政策和制度安排。贫困和失业问题的存在是现代社会救助制度的两个重要催生力量,社会救助制度都是由贫困问题催生并且伴随消除贫困的努力而逐步完善的,其目标在于为遇到各种自然和社会打击而陷入生存危机的人们提供救助以保证其基本的生存权利①。

而两国的差异,主要体现在救助的法制建设、内容设置和项目层次上②。由于两国政治体制、经济基础、历史文化背景方面的原因,两国救助的内容、救助标准、救助法制等方面差异较大。在缓解消除贫困方面,救助模式也各有特色。比如,中国城乡二元体制下形成的农村“五保”供养制度、农村大规模的扶贫开发模式等。相比较下,日本的经济水平较高,在全民皆年金,全民皆保险的政策下,社会救助更多是保障民众的健康、文明生活,其层次较高。

从两国的社会救助制度建设层面的角度看,日本在 1929 年议会通过《救护法》,并首次明确地提出了救济贫困者是国家责任的观点。且日本政府先后制定并颁布了《母子保护法》(1938 年 1 月)、《医疗保护法》(1941 年 10 月)、《战时灾害保

① 江树革,[瑞典]比约恩. 古斯塔夫森. 国外社会救助的经验和中国社会救助的未来发展[J]. 经济社会体制比较,2007(4).

② 邢文柱. 日本社会低保制度及其对中国的启示[J]. 日本研究,2011(4):7 – 11.

护法》(1942 年 2 月)等相关的辅助法。1950 年日本政府又对 1946 年的《生活保护法》进行了全面修订,颁布了新的《生活保护法》,基本上建立了自己的社会救助法制框架。相比较下,中国社会救助方面立法层次低,仅颁布了《城市居民最低生活保障条例》等行政法规,没有国家立法机关制定的社会救助方面的法律,国家行政机关制定的法规、条例较多。这也显露出中国社会救助方面法制建设的低层次性和不稳定性①。

第二节　两国制度演变的一般规律

一、从强调恩赐的救济转向权利保障的救济

早期的救助,无论是宗教慈善事业,还是救灾济贫措施,由于统治者与被统治者的不平等,加之并没有相应的法律制度来规范这种行为,因而都是统治者对被统治者居高临下的施舍,即灾民与贫民并不天然具有获得救助的权利,他们是否能够得到救助,或这种救助能否解决他们的生存危机,完全取决于统治者和实施救助的教会等机构的意志。因此,接受救助者只能对救助者感恩戴德,而提供救助者则可以驱使被救助者,二者处于极不平等的地位。

从两个国家社会救助制度发展的四个时期可以看出,在社会救助的萌芽阶段,统治者都是将救助作为一种恩赐赋予人民。明治初期日本中央政府实施"恩给"制度,把老年生活费以及其他救助当作一种恩赐给予贫困者,具有十分强烈的政府恩惠特征。同样,中国的社会救助在实施初期也具有很浓重的恩赐气息,从封建国家出现到明清时期,中国建立了一种以封建君主政治为中心的君本位占统治地位的管理体制,从中央到地方设有一套完整的救灾机构。

随着社会经济的不断发展,在实现为民解困目标的同时,特别强调社会救助是政府的基本职责和公民的基本权利,强调人性化的管理。

二、从特殊主义的救济转向普遍主义的救济

纵观两国救助制度的发展历程,可以发现制度的发展都是由个别的针对性的救助发展为普遍的多方面的救助。日本中央政府在明治初期主要是由中央政府向退伍军人和退休官员发放老年生活费。明治中后期,这一制度的对象扩大到教职员、警察、官办企业的劳动者。1874 年,日本政府制定的《恤救规则》,对失去家庭抚养者实施由国家进行的最低限度的贫困救助。1875 年,日本开始给退役军人提

① 于秀丽. 日本生活保护制度的经验、困境及对我国的启示[J]. 东北亚论坛,2006(4):107-112.

供年金。1932 年颁布实施《救护法》，该法实施的第一年，接受社会救助的总人数就由 1931 年的 30 783 人增加到 172 708 人。1950 年，日本对《生活保护法》进行了全面的修订，进一步明确了无差别平等的原理，强调社会福利专业化和具体实施管理的规范化，增加了教育救助和住宅救助项目，实现帮助贫困者自力更生的目的。

而中国从封建国家出现到明清时期，从中央到地方都有一套完整的救灾机构。每当灾害发生时，中央政府派遣使臣奔赴灾区协助地方救灾或主持救灾。新中国建立初期的社会救助制度除了多项分类救济措施外，主要是针对特殊群体的救济。伴随着改革开放的进行和经济体制改革的深入，社会救助制度的改革从解决农村贫困开始，逐渐发展到城市新贫困问题的解决。随着经济的进一步发展，中国最低生活保障制度不断发展，各种单项社会救助日渐完善。从之前单一的救助项目发展成具有系统性普遍的制度体系。

社会救助的对象应是符合条件的所有社会成员，只要社会救助申请人的经济状况符合该国或该地区规定的救助标准，均应获得社会救助。而社会分配利益作为一种社会权利是专门提供给特定公民的，是对贫困者、残疾人或特殊困难群体所面临风险的回应。在实现普惠的前提下，对于存在特殊困难或临时性困难的公民，予以及时有效的专项救助或临时救助，以达到社会救助及时、有效、公平的目的。对于各个国家而言，保障公民的基本人权、生存权和发展权是国家的责任。国家和社会有责任为因某种原因陷入生活困难的人们提供现金和物质帮助，保障这些无法维持生计的社会成员的最低生活水准。

三、从民间临时的救济转向制度化的救济

无论是教会救助还是寺院救助，都体现出社会救助初期的宗教性质。同时，民间慈善群体在早期的社会救助中也扮演着重要的角色，这时的救助具有很大的临时性。

日本开始关注社会救济是由于当时大力提倡由中国和朝鲜传入的佛教，当时许多地方建立了各种用于慈善济贫活动的寺院，这是日后大力发展社会救助的启蒙阶段。日本最初的低保制度主要建立在邻里扶助、亲族扶助的基础上，其救助原则主要表现为绝对或独身贫困者的最低生活保障原则及政府救助限制原则，并未上升到国家义务救助和法律保障原则。最早的低保救助制度践行和贯穿着家族制度优先、扶养义务优先的基本原则，并作为社会救助的绝对资格要件。

而中国在鸦片战争以后，基督教的医疗和救济等各项慈善事业在各地都有深入的发展。随着社会的进步，政府逐渐意识到在社会救助中的责任和义务，使社会救助制度逐步建立和完善起来。民间救助也很好地补充了政府救助的不足，两者相互发展，互相促进。

四、从刚性笼统的救济转向柔性分类的救济

随着社会的进步，各国社会救济的集体分类更加具体与详细，对老人、儿童、妇女等特殊群体的分别救济，以及对生活、住房、教育等救助的区分更加明确，明确了城市低保制度的分类实施以及对低保家庭生活特别困难的实际情况进行补贴等。

日本由于各地区经济发达程度和生活水平存在差别，政府分地区分档次规定了最低生活标准。从 1987 年 4 月起，把最低生活标准分成三类六种：标准最高的是大城市，为一类地区，再分成两个档次；其次是县首府，为二类地区，也分成两个档次；标准最低的是市町村地区，为三类，同样分成两档。中国部分城市也对低保家庭中的老年人、残疾人、重病患者和单亲生活特别困难者，在进行差额补助的基础上，再适当地提高补助水平，改善其生存状况。这种柔性分类的制度更利于制度有效稳定的实施并发挥作用。

笼统的生活救援是不能解决贫困人口生活困难的。贫困人口除了会遇到生活困境之外，在教育、医疗、住房等方面同样遇到不能解决的困难。这就要求各国采取多元化分类的社会援助制度和项目齐全的社会救助措施。因此，建立综合性、整体性的社会救助体系是对各国社会救助制度未来发展的必然要求。也就是说，除了为贫困人口实施生活救助以外，与之配套的还要有相应的医疗救助、住房救助、教育救助、心理援助和司法救助等方面的社会救助体系。这是对贫困人口的一种综合性的保障。

第三节　两国制度演变的特殊性

一、日本社会救助发展的特点

（一）救助范围不断扩大

日本在生活保障方面的扶助多种多样。由《恤救规则》到《救护法》，从旧《生活保护法》到新《生活保护法》，救助的范围不断扩大。如今的社会救助体系可分为生活扶助、教育扶助、医疗扶助、生产扶助和丧葬扶助。此外，除提供资金扶助外，日本政府还在生活保护设施方面提供如下帮助：对因身体或精神上存在明显障碍而难以独立生活的人，提供救护设施；对因身体或精神上的原因需要收容和保护的人，提供治疗更生设施；对没有住处的被保护者，为其提供住所设施；对因身体、精神或家庭方面的原因而使就业能力低下的人，为其提供就业或技能学习设施。同时有对低收入者提供低息的生活福利贷款制度。

20 世纪 90 年代日本泡沫经济破灭后，大批企业倒闭，维持多年的终身雇佣制

也告终结,生活困难群体增加。日本的总人口是1.2亿人,2010年的统计显示,享受最低生活保护的家庭是137万户,人口为190.7万人。近几年,日本的低保人数呈继续增加的趋势,东日本地震之后又有增加,目前,全国享受生活保护者总数已经突破200万人。

(二)日本社会救助制度高度法制化

日本社会救助制度高度法制化包括理念、原则、程序和标准等。从萌芽到确立再到进一步的发展和完善,其多以立法的形式确定实施。由《恤救规则》到《救护法》,从旧《生活保护法》到新《生活保护法》,高度的法制化使其具有了统一性和规范性的特征。制度管理的统一和执行标准的统一,不仅对促使地区间制度的公平性起着重要的调节作用,更决定着责任划分与制度的权威性。

以新《生活保护法》为例,它在理念上强调国家是低保制度的责任主体,在法律上确定保障国民最低限度生活水平是国家的责任,以立法的形式保障了无差别和平等,明确了国家的救助责任。这部法律还规定,任何人均有请求生活保护的权利。而根据过去的情况,实施救助是由国家自上而下进行的,被保护者只有被动地接受。这部法律对申请保护的原则、低保标准、保护的种类及其方法和被保护者的权利义务等做了详细规定,从而保障了日本低保制度有法可依、依法有序运行。

(三)由单纯的物质救助转向培养被救助者的脱困能力

在旧《生活保护法》中,虽然强调了国家责任,但并未规定帮助贫困者自立的内容。但是,在旧《生活保护法》的运用实施过程中,厚生省也从防止养成惰民的观点出发强调帮助自立的思想。1949年日本政府在关于加强改善生活保护制度的劝告中,指出必须明确欠格条款的原则。而新《生活保护法》的目的有二:一是保障国民最低限度的生活水平;二是帮助享受最低生活保障的国民自立。生活保护制度中的生活保护,不仅是单纯的经济上的给付,而且提供服务,使享受保护者自立。

以新《生活保护法》为例,该法规定给予被保护者以创业补贴,除此之外,日本政府针对低收入群体制定了很多技能培训、创业方面的优惠政策。针对低收入者的就业相谈窗口、讲座也较为普遍,信息提供比较及时。许多大学也开设了针对低收入者的就业培训班,使得低保群体的就业支援不断加强。由于就业支援体系比较健全,扶持力度较强,享受生活保护者通过就业培训后很多都解决了就业问题,生活得到改善,达到了“自力脱贫”。

二、中国社会救助发展的特点

中国一直十分重视社会救助制度的建设,社会救助制度的建立既要体现公平原则,也要实现保障社会成员基本生活及生存权利的目标。中国社会救助制度经过一定时期的改革和发展，目前已经形成以最低生活保障制度、农村五保户制度、医疗救助制度、教育救助制度、法律救助制度和灾害救助制度等为主要内容的社会救助体系。政府是最低生活保障制度的实施主体，救助对象必须符合最低生活保障标准。纵观中国社会救助发展历程，它的发展有着自身的特点，这些特点与历史环境、内在规律、经济发展有着不可分割的联系。制度的发展中主要表现出六个特点。

（一）中国社会救助思想与实践具有鲜明的本土性特征

中国古代各种思想一脉相承是世界文明史上仅有的，其对中国社会救助的实践影响深远。这些思想均蕴含了丰富的社会保障思想，不仅流传至今，而且还在深刻地影响着当代中国的发展实践，成为社会保障本土理论的源头和凝聚当今社会救助共识的重要基础。重农思想作为中国的本土理论，构成了历朝历代仓储后备的重要理论基础，而这与西方的重商主义有着重大区别。

荒政、济贫、居养和优抚等均是数千年来建立在国家责任基础之上并从未中断过实践的本土制度，家族与邻里照顾、民间慈善则是建立在宗法、互助思想基础之上的、久远的非正式制度安排①。

（二）中国社会保障贯穿高度的国家责任

与日本贯穿始终的救助法制相比，中国社会保障自古以来贯穿着高度的国家责任，具有家国存于一体的特征，中国的社会保障自古以来被视为国家或政府职能的重要组成部分，并有一套复杂的制度体系②。强调国家责任不仅是中国古代思想家的主张，而且也是中国历代统治者的实践，家国存于一体在中国是一种普遍的文化认同，因此，不可避免地要影响到社会救助，就像父母要对孩子负责一样，国家也要对他的“孩子”负责。家国存于一体，国家责任表现在社会救助制度建立、发展及实践过程中，政府扮演着强势主导者的角色。

（三）中国社会保障靠传统文化维系

中国社会保障自古以来是柔性传承，靠传统文化维系。随着朝代更迭，一些制度安排被中断属于正常现象。然而，我们看到在社会救助的发展过程中许多措施却代代相传，在实践中表现为强大的传统文化维系下的柔性传承关系。这主要基于三个原因：一是自古以来影响中国社会保障的传统文化一脉相承。在儒家思想主导下，宗法思想根深蒂固，礼治社会自然延续，即使江山易主，社会主流文化依然保持着强大的约束力。二是新朝对旧朝的借鉴。即使是新朝立法，也大多会参考旧朝之法来确定。三是社会保障实践存在路径依赖。

---

① 郑功成．中国社会保障演进的历史逻辑［J］．中国人民大学学报，2014（1）：2－12.

② 郑功成．中国社会保障论［M］．北京：中国劳动社会保障出版社，2009：30－35.

（四）从依据身份救助到依据贫困程度救助

中国社会是典型的等级差序格局，是建立在礼治基础之上的立体型社会结构，讲究上下尊卑，身份并不具有平等性，但又是有秩序的。新型社会救助制度确立之前，传统救济水平的确定主要依据社会身份。不同社会身份的人即使困难程度相同，也会得到不同程度的救助，将救助水平的标准改为救助对象的贫困程度，使得救助政策更加公平合理。

（五）从无标准救助到有标准救助，从随意性救助到规范性救助

传统的社会救助虽然按照人群的社会身份制定了一些救助标准，但均可由政府财政状况和领导人以及具体承办人的认识来决定。在新制度的建立过程中，坚持实施标准化原则，体现了现代社会救助制度的科学内涵[①]。传统的社会救助在管理上几乎都没有严格的规定，没有对应的操作程序作为约束，工作人员的自由裁量权很大。新的制度是以严谨的家庭收入调查为基础，在救助对象的认定审批以及救助金的发放、申诉核查等方面有一套严格规范的操作程序。

（六）从零散的制度到系统的社会救助

新中国成立以来，有很长的一段时期，中国的社会救助是依附于救灾工作展开的，只有发生了灾害才会产生救助。而新的社会救助体系则是把救灾工作作为救助的一部分，这样便突出了社会救助的常态化、定型化和规范化。

传统的社会救助项目多因人而设、因事而设，缺乏救助的连续性和稳定性。新的救助系统将分散的救助项目整合到一起，分为基本生活救助、专项救助以及临时救助三种。1949 年以后，中国的社会救助体系发生了翻天覆地的变化：由新中国建立初期的临时性应急生活救助，到城乡有别、农村为主的有限救助，直至 1979 年以后建立以城乡低保为主要内容的社会救助体系。1979 年以来，中国的社会救助体系逐步发展为涵盖医疗、住房、教育、养老和生活低保等基本生活层面，覆盖城市和乡村，并以临时救助和社会帮扶为补充的全新的社会救助体系。救助的制度化程度和项目设定的规范化程度明显提高，救助资源的综合利用水平得到提高。

中国社会救助发展进程中所呈现出来的历史特征是鲜明的，它与中国独特的文化传统、政治制度及社会生态相适应。这些特征虽然伴随着全球化进程及国情的发展变化而发生变化，但无论怎样发展变化，中国社会救助的本土色彩不可能被抹掉。

① 姬升峰．中国社会救助制度发展研究[J]．社会福利（理论版），2012（3）：52－59.

第四章　中日社会救助制度内容框架比较

第一节　日本社会救助制度框架体系

日本的生活保护制度有八个种类，分别为生活救助、住宅救助、教育救助、医疗救助、护理救助、生育救助、就业救助和丧葬救助。

一、生活救助

生活救助是生活保护制度中最基本的救助，救助对象为由于贫困而不能维持最低限度生活水平的国民，主要分为三类：第一，以个人为单位，满足个人的基本生活需要；第二，以家庭为单位，满足家庭的基本生活需要；第三，以不能维持基本生活的残疾人、老人、单亲家庭为对象，满足他们的日常生活需要，或者满足住院病人、收容所的人的日常日用品需要以及满足其他各种临时救助需要。

生活救助的标准根据家庭所在地的级别而不同。第一，根据年龄层次、所在地区的级别确定给付的标准；第二，根据家庭人数、所在地区的级别确定；残疾人家庭、老年家庭以及单亲家庭则是在基本救助标准上追加补助额度。救助的内容主要为饮食费、被服费、电费、水费和取暖费等，给付方式以现金给付为主，也有实物给付和收容服务。

二、住宅救助

住宅救助是以由于贫困而不能维持最低限度生活水平的国民为对象，对房租、地租、房屋维修费等维持住宅的费用进行给付的一种社会救助。对于已经确定了的救助对象，在因为居住而产生费用，如入住房屋之前的押金、房租、地租的支付，以及房屋的改装、维修产生的费用等进行的救助。

救助的标准是根据地区的级别而制定救助的上限，原则上是以现金给付的形式进行救助。根据地区而设定的救助标准，最大的额度应该为最低标准的 1.3 倍。

三、教育救助

教育救助的对象是接受义务教育的学生，救助的内容为义务教育阶段学习所必需的费用。这是根据日本《宪法》第26条第2项关于上学的义务的规定，以及保障作为最低生活内容的义务教育而来的。具体的救助内容有伴随义务教育所必需的学习用品费、试验实习参观费、上学用品费以及课外活动费，这些费用是根据小学、中学的级别制定给付标准的；除此之外，购买课外读物、辅导书、练习本和字典等所需的费用、学校伙食费以及上下学的交通费、参加学校或者教育委员会举办的夏季活动、课外的俱乐部活动所需的费用也是教育救助的内容。

教育救助的方式原则上是现金给付，通常是和生活救助一起给付的。给付的对象，除了被救助者本人以及抚养义务人以外，也可以直接付给学校。这种直接付给学校的方式，对学校的费用支付相对方便一些，教育救助费也真正达到了教育救助的目的，通常在校学生的伙食费多采取这种支付方式。

四、医疗救助

根据生活保护法的规定，医疗救助作为社会救助的一部分，是以由于贫困而不能维持最低限度的生活水平的国民作为对象，向他们提供医疗服务的一种救助。作为保障国民医疗的制度，除了医疗救助以外，还有健康保险法、国民健康保险法规定的医疗保险制度，关于传染病的预防以及传染病患者的医疗法律、残疾人综合支援法等，但是这些制度都仅局限于适用的范围，所以最终的医疗保障还是医疗救助。医疗救助由承担各个市、区、村的福利事务所根据《生活保护法》的规定委托给指定的医疗机构实施。

五、护理救助

日本的护理救助，是以被救助的对象是否参加了护理保险为依据，负担的护理费用比例有所区别。对于参加了护理保险的被救助者，护理救助负担10%的护理服务费，其余部分由护理保险承担；而对于没参加护理保险的被救助者，护理救助负担全部的护理服务费。

护理救助的申请需要由接受护理救助要求的一方，向管辖地的福利事务所提出，但是，如果情况紧急，也可以不必申请就实行必要的护理救助。护理救助的给付方式，原则上是实物给付，承担实物给付的认定护理机构，是由厚生劳动大臣、都道府县的长官或者行政中心城市的市长，根据护理保险规定的从事居家服务、居家护理支援事业的人员，或者是护理机构的创办者的申请而认定的。认定的护理机构，在福利事务所发的护理单（证明被救助对象事宜的证书）上记载资格信息、护理费用的明细，然后向国民健康保险团体联合会申请护理费用。护理救助的护理方针和护理费用，原则上与护理保险同范围、同水准提供护理服务。

六、生育救助

生育救助旨在为享受最低生活救助的妇女提供必要的分娩费(包括生育前后的处理费用),以及脱脂棉、纱布等卫生材料费,采取现金给付的方式,难以按此方式提供救助的时候,也可以采用助产服务的方式。生育救助的标准如表 4－1 所示。

表 4－1　生育救助标准

区分	标准额
机构分娩	245 000 日元以内
居家分娩	249 000 日元以内

注:①在医院、助产所等机构分娩,需要住院(8 天以内)的时候,在标准额的基础上再追加最低限度的住院费。

②需要卫生材料费的时候,在标准额的基础上再追加 5 400 日元。

资料来源:http://www.kaigoseido.net/seiho/13/25seihokijyunkokuji.htm

七、就业救助

就业救助以激发被救助者的劳动能力,通过助长其劳动能力使其达到自立的目的,具有社会福利性质的就业救助与其他救助不同的是,其救助对象不仅包括由于贫困而不能维持最低限度生活的人,还包括具有此种贫困倾向的人。就业救助的范围包括:就业所必需的资金、工具费或者材料费、就业培训费等。

就业救助采取现金给付的方式,除此之外,在不能采用现金给付或者采用现金给付的方式不合适,而又有必要达到救助目的的时候,也可以采用实物给付的方式。实物给付包括:为了实现就业所必需的基础设施的建设,以及实施职业培训所需要的设施建设。就业救助的现金,直接支付给被救助者,但是,建设就业设施以及职业培训机构的费用,支付给职业介绍或者职业培训机构的负责人。

八、丧葬救助

丧葬救助的对象有两类:一是本身就是生活保护制度所救助的对象,在其死亡的时候,没有为其举行葬礼的法定抚养义务人;二是没有法定抚养义务的人,在其死亡的时候,其遗留下来的金钱和物品不足以为其举行葬礼的时候,可以实行丧葬救助。丧葬救助的事项包括死者的死亡鉴定费、尸体的搬运费、火葬和埋葬费、安放遗骨或者其他祭祀所必需的物品费等。

丧葬救助的方式为现金给付,除此之外,在不能采用现金给付或者采用现金给付的方式不合适,而又有必要达到救助目的时候,也可以采用实物给付的方式。对于第二类救助的对象,根据《生活保护法》第 18 条第 2 项的规定,在实施丧葬救助的时候,救助的实施机构可以将死者的遗留金钱以及有价证券充当救助费,并且在不够的时候,还可以将死者遗留下来的物品变卖,将所得价款充当救助费。

日本生活保护的内容参见表 4 - 2。

表 4 - 2 日本生活保护制度体系一览表

维持生活所产生的费用	救助的种类	支付内容
日常生活所必需的费用	生活救助	(1)饮食费等单个人费用;(2)以户为单位合计支出的水、电、热费
公寓等的租金	住宅救助	在规定的范围内支付的实际费用
接受义务教育所必需的学费、用品费	教育救助	支付规定的标准额
医疗服务的费用	医疗救助	费用直接支付给医疗机构(本人无须负担)
护理服务的费用	护理救助	费用直接支付给护理人员(本人无须负担)
生育费	生育救助	在规定的范围内支付的实际费用
就业培训的费用	就业救助	在规定的范围内支付的实际费用
丧葬费用	丧葬救助	在规定的范围内支付的实际费用

资料来源:日本厚生劳动省网站,http://www.mhlw.go.jp/stf/seisakunitsuite/bunya/hukushi_kaigo/seikatsuhogo/seikatuhogo/index.html

第二节 中国社会救助制度框架体系

一、城镇社会救助制度

(一)最低生活保障制度

1993 年,上海市下发了《关于建立本市城镇居民最低生活保障线的通知》,率先建立和实施最低生活保障制度,标志着这项制度在中国从此成为现实。上海市对城市救济对象逐步实行按最低生活保障标准进行救济,取得了很好的社会效果。民政部及时总结经验在全国推广。1997 年 9 月,国务院发出《关于建立城市居民最低生活保障制度的通知》,要求各地在 1999 年年底以前必须在全国所有的城市建立这项制度。

1999 年 10 月,国务院颁布了《城市居民最低生活保障条例》,使针对城镇贫困人口的社会救助有了法律依据。2003 年颁布《城市生活无着的流浪乞讨人员救助管理办法》,进一步拓宽了社会救助涉及面。应该指出的是,城市居民最低生活保障制度是迄今为止由国家立法保障和公共财政支持的社会救助制度的主体和核心。

值得指出的是，中国政府并没有制定全国统一的城市最低生活保障标准。1999 年《城市居民最低生活保障条例》有如下规定："城市居民最低生活保障标准，按照当地维持城市居民基本生活所必需的衣、食、住费用，并适当考虑水电燃煤（燃气）费用以及未成年人的义务教育费用确定。"根据这一规定，最低生活保障标准的确定，首要的依据是"当地"的情况。所谓"当地"，一般指一定的行政区划。中国幅员辽阔，无论是经济发展水平、人均收入和消费水平，还是物价水平，东部、中部和西部地区都有很大差异，不同民族、不同区域生活习俗、文化观念很不相同，贫困问题具有明显的地区差异性。所以，立足于缓解贫困的社会救助体系的基石——最低生活保障制度应当从各地的实际情况出发，制定各自的最低生活保障标准。这一点也同样适用于农村最低生活保障制度。

城镇最低生活保障资金的筹集主要采取两种形式：一是由市、区两级财政与机关企事业单位分担。生活救助对象有单位的，由所在单位予以困难补助；无单位或单位无力负担的由市、区财政给予生活救助。二是完全由市、区两级财政负担。目前，城镇生活救助一般采用发放生活救济金和实物的方式，个别地方还采取以工代赈的方式，而以工代赈也是目前农村普遍适用的行之有效的方式。

在实施生活救助的程序上，在城镇，先由需要生活救助的对象向当地社区委员会提出申请并填写有关表格。经社区委员会初审后，报上一级政府民政局，由民政局批准后，发放救助证，救助对象凭救助证明即可领取救助金。

（二）其他救助

除了城市最低生活保障制度之外，还有一些零散的社会救助项目，如表 4－3 所示。

表 4－3　城市其他社会救助项目一览表

项目名称	制度目标和设计理念	救助目标群体	资格确定	是否普遍提供	资金来源和职责划分
对三无人员的救助	对城市最困难的特殊群体提供救助，使其维持生计	城市三无人员	家计调查、亲属调查、能力调查	是	地方
城市临时救济	突发事件造成的临时性贫困问题	城市居民	临时困难情况出现	否	地方
灾害救助	对遭遇灾害的公民提供服务	遭受灾害人口	类型划分	否	中央

续表

项目名称	制度目标和设计理念	救助目标群体	资格确定	是否普遍提供	资金来源和职责划分
医疗救助	对收入在贫困线之下的公民提供医疗方面的特殊服务	城市贫困人口和特殊类型人口	家计调查 类型划分	否	地方为主 中央为辅
教育救助	对收入在贫困线之下的公民提供教育方面的特殊服务	城市贫困家庭中的儿童和在校学生	家计调查	否	地方
住房救助	对收入在贫困线之下的公民提供教育方面的特殊服务	城市贫困人口中住房困难的人	家计调查、住房调查	否	地方
城市流浪乞讨人员救助	对城市中无家可归的人提供临时性的衣食住行救助	城市中无家可归的人	类型划分	否	地方
就业帮助	就业培训和工作介绍	失业、下岗职工	工作历史	否	地方
其他类型的帮困和优惠措施	对城市贫困人口提供实物救助	低保对象	家计调查	否	地方
法律援助	为中国公民提供某个方面的特殊服务	符合条件的中国公民和刑事案件中的外籍被告	身份调查	是	中央、地方

资料来源:根据时正新,廖鸿《中国社会救助体系研究》(中国社会科学出版社 2002 年版)和多吉才让《最低生活保障制度研究与实践》(人民出版社 2001 年版)整理而得。

二、农村社会救助制度

农村社会救助制度是与城镇社会救助制度相对而言的,指的是国家和集体对农村中无法定抚养义务人、无劳动能力、无生活来源的老年人、残疾人、未成年人和因病、灾、缺少劳动能力等造成生活困难的贫困对象,采取物质帮助、扶持生产等多种形式,保障他们基本生活的一项社会保障制度。在中国,农村社会救助主要由民政部门负责实施。针对三类致贫原因:个人生理原因造成的贫困、个人能力原因造成的贫困和遭受自然灾害造成的贫困,目前,中国农村社会救助相应设立了“五保”制度、农村最低生活保障制度和农村救灾制度。

（一）“五保”制度

2006年1月26日，由温家宝总理签署的《农村五保供养工作条例》（第456号国务院令）正式发布，根据此条例，农村五保供养将从农村集体供养转为财政供养，五保供养对象的吃、穿、住、医、葬和未成年人教育的保障将纳入公共财政支出的范围。五保供养的对象为：老年、残疾或者未满16周岁的村民，无劳动能力、无生活来源又无法定赡养、抚养、扶养义务人，或者其法定赡养、抚养、扶养义务人无赡养、抚养、扶养能力的。

农村五保供养内容主要为：①供给粮油、副食品和生活用燃料；②供给服装、被褥等生活用品和零用钱；③提供符合基本居住条件的住房；④提供疾病治疗，对生活不能自理的给予照料；⑤办理丧葬事宜。供养标准不得低于当地村民的平均生活水平，并根据当地平均生活水平的提高适时调整。对农村五保供养对象未满16周岁或者已满16周岁仍在接受义务教育的，应当保障他们依法接受义务教育所需费用。对农村五保供养对象的疾病治疗，应当与当地农村合作医疗和农村医疗救助制度相衔接。

五保供养资金的主渠道为地方财政，在地方人民政府财政预算中安排。对财政困难地区的农村五保供养，由中央财政在资金上给予适当补助。同时，国家鼓励社会组织和个人为农村五保供养对象和农村五保供养工作提供捐助和服务。条例规定了相对严格的农村五保供养待遇申请、审批程序。同时也要求乡镇政府和县民政局，不得在审核审批过程中拖拖拉拉。条例规定，应当由村民自己向村民委员会提出申请，因年幼或者智力残疾无法表达意愿的，由村民小组或者其他村民代为提出申请。经村民委员会民主评议，并在本村范围内公告，无重大异议后，由村民委员会向乡镇政府报送评议意见和相关材料。乡镇政府应当在20日内，将审核意见等报送县民政局；县民政局应当在20日内，做出是否批准的决定。就申请人的家庭状况和经济条件，条例要求乡镇政府要进行调查核实，必要时，县民政局可以复核。申请人、村委会和村民，都有配合、接受调查，如实提供情况的义务。

农村五保供养形式较为灵活，对象可以在当地的农村五保供养服务机构集中供养，也可以在家分散供养。供养对象可以自行选择供养形式。集中供养的对象，由农村五保供养服务机构提供供养服务；分散供养的对象，可以由村民委员会提供服务，也可以由农村五保供养服务机构提供有关供养服务。作为一项具有中国特色的传统社会救济制度，农村五保户政策在绝大多数地区得到了较好的落实。

（二）最低生活保障制度

在农村建立最低生活保障制度，是完善社会保障体系的需要，也是把针对某些特定对象（如五保户、灾民等）的传统社会救济制度，改变为覆盖所有农村贫困人口的新救助制度的要求。实施的对象主要是那些达不到农村最低生活标准的农村贫困户，根据实际情况由政府出钱补足其达到农村生活最低标准的差额部分。从五保制度到最低生活保障制度，其覆盖面更宽了，不再局限于“五保户”，保障方式也向国际惯例接轨。

作为一种社会救助项目，农村最低生活保障的筹资渠道全部来自各级政府财政，并由不同级别的政府依照一定的原则分摊。目前，主要采取的是由县、乡（镇）两级财政分摊的模式。大体来说，县（市）财政分摊比重较高，而省级财政会对经济欠发达、财政困难的地区给予一定比例的转移支付，以缓解各地财政压力。

在实施生活救助的程序上，在农村，由需要生活救助的对象向村民委员会提出申请，由村委会审核后，报乡镇民政办事机构审批并报县民政局备案后，救助对象即可领取救助经费。救助经费包括现金和现金与实物相结合的形式。

（三）其他救助

与城市救助一样，也有针对农村贫困人口的零散社会救助项目，如表 4 – 4 所示。

表 4 – 4　农村其他社会救助项目一览表

项目名称	制度目标和设计理念	救助目标群体	资格确定	是否普遍提供	资金来源和职责划分
灾害救助	对遭遇灾害的公民提供服务	遭受灾害人口	类型划分	否	中央
医疗救助	对收入在贫困线之下的公民提供医疗方面的特殊服务	农村贫困人口和特殊类型人口	家计调查加类型划分	否	地方为主中央为辅
教育救助	对收入在贫困线之下的公民提供教育方面的特殊服务	农村贫困家庭中的儿童和在校学生	家计调查	否	地方
农村临时性救济	对农村因为临时原因遇到困难的人口进行救助	农村贫困人口	家计调查、不规范	否	地方
农村定期定量救济	对农村长期贫困的人口进行救助	农村贫困人口	家计调查、不规范	否	地方
法律援助	为中国公民提供某个方面的特殊服务	符合条件的中国公民和刑事案件中外籍被告人	身份调查	是	中央、地方

资料来源：根据时正新，廖鸿《中国社会救助体系研究》（中国社会科学出版社 2002 年版）和多吉才让《最低生活保障制度研究与实践》（人民出版社 2002 年版）等资料整理而得。

第三节　中日社会救助制度内容框架比较

一、城乡统筹的比较

日本的生活保护制度从建立开始就实现了城乡统筹的目标,《日本国宪法》第25条规定:“全体国民都享有健康而文化的最低限度的生活的权利。国家必须在生活的一切方面为提高和增进社会福利、社会保障以及公共卫生而努力。”《日本国宪法》明确了国民的生存权。因此,无论是在城镇,还是在农村,均实行统一的生活保护制度。这或许与日本高度的城市化水平有关。1960年,日本的城市化水平已经达到了63.5%①,并且日本不存在严重的城乡二元经济结构。

中国现行社会保障制度建设“先城后乡”“城强乡弱”的保障理念造成了城乡制度各异、保障有别,甚至部分保障项目呈现“城有乡无”的“城乡二元化”格局。城乡社会救助在法律建设、覆盖面、资金投入与筹资方式、保障标准与给付水平和管理体制等方面存在较大差异,农村社会救助事业的发展明显滞后于城市。

第一,城乡社会救助的内容存在很大差异。城市社会救助内容繁多,如城市低保、医疗救助、住房救助、未成年教育救助、水电优惠政策和司法救助等;而农村社会救助内容单一,除了领取五保、低保金和灾害救助外,很少有其他救助。

第二,由于城乡制度设计的差异,中国城乡差距大,农村社会救助无论是在救助资金投入、标准设立和救助人口比例上都远低于城市,有些确需救助的农村特殊困难群众很难得到及时救助。就生活成本来说,城市补助水平高于农村有其合理的一面,但两者的差距应该控制在一个合理的范围内。土地对于农民虽然能起到一定的保障作用,但对于农村被征地农民和丧失(或暂时丧失)劳动能力者,他们的基本生活成本可能与城市居民持平,甚至还要高一些。

第三,随着城镇社会救助制度的逐步确立与完善,城镇大多数居民享受着基本生活、医疗、教育、住房和就业等社会救助,救助标准较高、稳定而且制度化,而农村被救济的对象还主要是无劳动能力、无工作的极少数人,缺乏制度化、稳定的社会救助。

二、救助内容的比较

日本的生活保护制度体系分类较细,包括生活、医疗、教育、住宅、护理、生育、就业和丧葬,根据情况,被保护者可享受其中的一项、几项或者是全部。而中国社

---

① 于秀丽.日本生活保护制度的经验、困境及对我国的启示[J].东北亚论坛,2006(4):107-112.

会救助的内容单一,真正得到普遍实施的只有城乡最低生活保障制度与农村“五保”制度,教育、医疗、法律救助等专项救助正处在探索阶段,而就业救助、生育救助等更是未考虑在救助体系中。

关于救助标准,日本的生活保护制度是根据被救助家庭的结构、地区差异等,实行级差补助,一般把家庭分为标准的三人家庭、老年单身家庭、老年夫妇家庭、单亲家庭、年轻单身家庭和残疾人家庭等,而地区划分为一级地、二级地和三级地,东京都区等属于一级地,救助费的标准最高,地方郡等属于三级地,救助标准最低,这是根据各地区的生活水平和物价而定的,是“级地制度”。把八项救助费合计起来的金额就是最低生活费,而实际给付的费用是扣除了家庭收入的。因此,日本的救助标准既满足了被救助家庭的实际需要,又节约了政府的财政支出。中国的救助目标仅是保障国民最低限度的生活水平,停留在保障最基本的生存权利的基础上,因此救助的标准仅是依据各地维持居民最低限度生活水平而制定的,并没有考虑到家庭结构的差异以及被救助对象的实际需求,因此,救助标准的制定不够人性化,考虑的因素不够全面,分类不够详细。

关于救助方式,日本的生活保护制度包括两个方面:一是生活费用等方面的现金给付,二是生活保护设施方面的实物给付。其中,生活救助包括护理设施使用者的基本生活费,房租、水电费、简要的装修费等。教育救助包括学校的伙食费、上下学的交通费、教材费。而就业救助是指为低保户就业提供相应的资金、工具的费用以及负担职业教育培训费、就职过程中花费的相关费用的补助。日本的保护设施包括五种,分别为救护设施、再生设施、医疗保健设施、职业培训设施和住宅居住设施。低保户可无偿利用这些设施,值得一提的是为低保户专门修建的公寓和简易住宅,低保户申请后可以免费入住,家用锅碗瓢盆等生活用具齐全,水电气样样都有,中午有的地方免费提供午餐1次。因此日本的社会救助不仅体现了福利性,而且促进了接受救助的低保户的自立,具有激励性。

中国的救助形式以现金救助为主,主要是衣、食、住费用,并适当考虑水电燃煤(燃气)费用以及未成年人的义务教育费用,缺乏与就业相关的补贴,而救助设施等实物救助也不足,尤其是缺乏医疗保健设施和职业培训设施。众所周知,中国因病致贫的现象普遍存在,低保户家庭更容易因病而更加贫困,职业培训设施的缺失也使低保家庭无法获得找工作所必需的职业技能。因此,中国的社会救助无法真正满足被救助对象的实际需求,并且容易导致部分被救助者产生依赖意识,从而形成贫困陷阱,救助的效果不明显。

第五章　中日社会救助制度立法比较

第一节　社会救助制度立法的概念

社会救助是指国家和其他社会主体对于遭受自然灾害、失去劳动能力或者其他低收入公民给予物质帮助或精神救助，以维持其基本生活需求，保障其最低生活水平的各种措施。它对于调整资源配置，实现社会公平，维护社会稳定有非常重要的作用。社会救助是法律赋予公民的一项权利，社会救助的标准是满足公民最低生活需求。严格限制救助对象的资格，政府在接到公民请求社会救助的要求时要严格的审查，以防有一些妄想不劳而获的人靠社会救助发家致富，使一些真正需要救助的人得不到救助。

明确了社会救助制度的概念后，需要了解什么是立法。从世界各国立法实践看，各国都把社会救助纳入法律规范之中，并赋予公民社会救助的权利。中国《宪法》规定，公民有从国家和社会获得物质帮助的权利，以及退休人员享有生活保障权。这体现出中国把社会救助看作是公民的一项权利。具体理解为：第一，立法是由特定的有立法权的主体进行的活动。不同历史时期、不同国家的主体不同，可以是议会，可以是代表机关，在中国是全国人民代表大会及其常务委员会。第二，立法主体必须要有一定的立法权限才可以立法。可能是宪法赋予的权力，也可能是人民赋予的权力，或者是君主拥有的权力。如果不依职权立法，在立法时超越职权、滥用职权，或者是怠于行使立法职权，这样就不会制定出一部好的法律。第三，立法是依据一定程序进行的活动。不管是哪一个时期，立法都有一定的程序，如果没有一定的程序，会出现立法时的混乱，这样制定出来的法律并不是一部好的法律。第四，立法的过程需要采用各种立法技术来完成。立法要用科学的手段和方法。在现代的立法实践当中，一个明智的立法者一般都很重视立法的技术，他们知道如果不重视立法的技术，就会使自己的立法不够科学，很难实现立法的目的。第五，立法是一项系统工程，包括步骤，缺少任何一个步骤都不能很好地造福于人类。在中国立法有起草、制定、认可、修改、补充和废止等步骤，每个步骤都有它存在的必要性。

第二节　社会救助制度立法的起源

最初,社会救助制度是为了维护君主的统治,为了凸显君主的“德政”,是君主的一项安定社会的政策。在很长的一段时间内,社会救助制度并没有系统的制度体系,也没有专业的法律法规进行规定,直到16世纪,欧洲国家出现了济贫制度,这种济贫制度是由国家政府通过立法,直接兴办和管理的慈善事业制度。英国在1601年颁布了《济贫法》,目的在于应对资本主义原始资本积累阶段圈地运动中产生的社会动荡。这部立法主要应对英国失业问题、流浪问题和贫困问题。

英国的《济贫法》开启了以国家立法形式介入社会救助制度的先河,为整个欧洲甚至是整个世界的社会救助立法的发展奠定了基础,这部法律更加明确的规定了国家具有权利和义务保障公民的基本生存权利,并且明确规定了不同的社会救助形式。因此,英国颁布的《济贫法》可以说是社会救助制度立法的起源,标志着社会救助制度以立法的形式出现,对于缓解社会中的贫困问题具有积极的作用,保障了社会的有序安定发展。

第三节　社会救助制度立法的基本原则

一、宪法原则

社会救助制度立法应当遵循宪法原则特别是宪法的基本原则。立法应当以宪法为根据或不得同宪法相抵触,作为一项立法原则,可以称其为立法的宪法原则。

立法应当遵循宪法原则,是当今各国立法最基本的准则之一。宪法的基本原则是一国基本的国家制度和社会制度在宪法中的集中体现,其中,包括:人民主权原则、权力制约原则、基本人权原则和法治原则。各国立法遵循宪法的基本原则,就是要以这些原则为指导,体现这些原则。由此可见,社会救助制度的立法制度建设离不开宪法原则,需要遵循宪法原则,不得与宪法相违背。

二、法治原则

立法作为建设法治国家的前提和基础,也需要实行法治化,需要坚持法治原则。这一原则的基本要求和主要内容突出体现为:一切立法权的存在和行使都应当有法的根据,立法活动的绝大多数环节都依法运行,社会组织或成员以立法主体的身份进行活动,其行为应当以法为规范,行使法定职权,履行法定职责。在立法需要遵循的法的根据中，宪法是最高规格的根据。坚持立法的法治原则，就要有一套较为完善的立法制度，为立法权的存在和行使，为立法活动的进行，提供法的根据。特别要有关于立法权限划分、立法主体设置、立法运作程序，立法与政党、与政府、与司法的关系和中央立法与地方立法的关系等方面的健全而具体的法律制度。

三、民主原则

立法应当遵循民主原则，其理由在于：这是实现人民主权所必需。中国是人民主权国家，人民是国家的主人、民主的主体，国家活动的根本任务之一就是确认和保障人民的民主权利，特别是当家做主管理国家的权利。在立法中遵循民主原则，用立法的形式充分反映和保障人民的民主权利，让人民群众成为立法的真实主人。

社会救助制度的出现以及建设体现着民主的原则。人，生而平等，实现人民主权是全社会为之奋斗的目标。因此，社会救助立法制度的建设也需要遵循民主原则，制定民主的法律制度，才有利于社会救助制度的完善与发展。

四、科学原则

立法遵循科学原则，需要实现立法观念的科学化。要把立法当科学看待，以科学的立法观念影响立法，消除似是而非贻误立法的所谓新潮观念和过时观念。构造立法蓝图，做出立法决策，采取立法措施，应当自觉运用科学理论来指导。对立法实践中出现的问题和经验教训，应当给予科学解答和理论总结。

社会救助制度的立法体系建设需要遵循科学的原则，相关立法制度要科学合理，符合社会客观事实，用科学的立法观念影响社会救助制度立法体系的发展与完善，自觉运用科学理论指导法律制度的建设。

第四节　中日社会救助制度立法理论基础

一、日本社会救助制度立法的指导思想

日本的社会救助立法指导理念可概括为国民为本、统一而又具有合理差别、促进自立①。日本的社会保障体系是以人本主义思想为主的，因此，社会救助制度也处处体现着人本主义思想。日本社会救助制度有不同的覆盖主体，具体救助项目具有多样化特点，并且分别由特定的法律制度进行指导，解决不同人的贫困问题。

---

① 吕学静，康蕊．日本政府在社会救助中的立法责任研究——兼论对我国的启示[J]．中国劳动，2015(12)：70－74.

日本宪法中提到“最低生存权”概念与“国民为本”的指导理念，日本社会救助制度根据“最低生存权”和“国民为本”的思想与理念，针对被救助人群实施具体的生活保护。此外，不服申诉制度的确立也体现了这一点，不服申诉制度具体指申请人在生活保护或社会补贴的申请被拒绝，从而导致生活保护被中断或者停止的情况下可逐级向上申诉，有权要求重新审议。

社会救助制度的立法指导理念之一是坚持“统一”的原则，也就是说，申请人资格的确定，发放待遇层次的确定，都必须有统一的法定标准。生活保护的措施必须严格按照厚生劳动大臣确定的最低生活保护基准来实施，以此保证平等性和客观性。但《生活保护法》同样规定“对于申请人或家庭的实际需求加以判断”，以考虑不同家庭经济条件的不同需求，因人、因家庭而异的实施。因此，形成了一种合理的差别，根据不同人的生理差异、不同职业、家庭经济能力差异而形成不同的责任和权利情况，《生活保护法》的指导原则之一是补助性，避免过度强调国家责任而违背社会救助的初衷，减轻国家的负担，促进个人发展。具体来说就是，申请生活保护的对象，必须以个人尽了最大努力仍然不能保障基本生活为前提，才能享有申请生活保护的权利。

二、中国社会救助制度立法的理论基础

（一）基本人权理论

生存权是每个公民的基本权利，是人类社会的第一人权，是人能够有尊严的在社会中生活下去的基础。作为一切人权的起点，生存权随着社会的发展不断的发展，随着人类同自然界斗争的不断胜利而不断的丰富①。霍布斯和斯宾诺莎认为，生存权是来自人的自我保存的欲望，自然界的每种动物都在竭力保持自己的存在，而作为理性动物的人类当然也不例外。人类的生存权是人类的生命安全及生存条件获得基本保障的权利，没有人的生存权，其他的一切权利均无从谈起。既然生存是人们所有欲望中最优先的，而且生存权还是一项基本的权利，那么国家有必要通过法律对生存权予以保障。经过法律对生存权的确认和保障，才能更好地规范国家的行为和维护公民的基本权利。

社会救助制度就是一种对生存权进行维护的制度，进行社会救助立法，就是对生存权进行的法律保障。社会救助就是为了救助那些因年老、疾病、伤残、自然灾害或丧失劳动能力和丧失职业等原因，造成收入减少或收入中断而基本生活难以保障的人，这些人都是生存权受到了威胁，需要国家或者社会的帮助来解除他们的威胁。在当代世界，生存权已经被国际社会公认为是一种基本人权。在许多国家

① 韩德培.人权的理论与实践[M].武汉：武汉大学出版社，1995：364－380.

的宪法中,生存权已经被作为公民的基本权利得到宪法的确认和保障。在中国,《宪法》第四十五条肯定了获得物质帮助权是公民的一项基本权利,明确规定了公民在年老、疾病或者丧失劳动能力的情况下,有从国家和社会获得物质帮助的权利,这也体现了对公民生存权的保障。因此,在进行社会救助立法时一定要体现出对生存权的保障,并把保障生存权作为最重要的内容。

(二)社会契约理论

社会契约理论为人类社会提供了一个普通的政治真理,即:人民是国家的主权者,政府只是人民通过社会契约塑造的代理人,人民不是把自己的权利让渡给统治者,而是通过人民的代理人实现自己的权利。社会契约论的基本观是为解决社会状态的矛盾,人民通过契约对国家机关予以授权,这种授权,在于保障构成国家的每个公民实现其基本权利,国家权力由此成为实现个人权利的保障机制。

由此可见,社会契约论在这里可以作为社会救助立法的基础理论。人从出生就是平等的,平等的享有权利和自由。但是随着社会生活的发展,不同人有不同的体力、智力、财力等现状,因此,人们生活中开始出现不公平的现象。这个时候社会契约就产生了,由它来解决不公事件,约束人们的活动。人们订立社会契约的目的,在于追求自由平等的社会状态,社会契约在公民之间确立了一种平等,以致大家都遵守同样的条件,享有同样的权利。

社会救助制度是一种解决社会矛盾,维护社会稳定的制度。社会是由不同的个人组成的,每个人都是社会中的人,离开社会,个人将无法正常的生活,当个人的力量无法满足最低生活需要时,就需要社会公共力量的救助。社会契约是一个很好的治国理论,通过国家的权力来保障公民个人权利的实现。国家进行社会救助立法,是为了通过执行法律保障公民的权利。当公民个人生存权面临威胁时,有权利要求国家给予帮助渡过难关。国家不能无理拒绝这种要求,因为社会救助是国家的义务和责任。个人的力量是有限的,而公共的力量却是无限的,当个人遇到困难无法摆脱时就要借助公共的力量。这样有利于充分利用公共资源,实现资源优化配置。通过立法把社会救助规定为公民的权利和国家的义务,体现了社会契约的内涵。

(三)社会正义理论

社会救助立法的一个重要理论基础就是社会正义理论,探讨社会救助立法问题必定离不开社会正义理论。关于正义的界定学界有许多不同的观点,不同历史时期都有关于正义的研究。给予每个人以其应得的东西的意愿是正义概念重要的和普遍有效的组成部分,没有这个要素,正义就不能在社会中盛行,正义的出发点是维护自己的利益①。然而,正义并不能只是维护自己的利益,应该还有维护其他人的利益,只有这样才可以处理好与别人的关系,维护社会的和谐与稳定。

社会救助是社会资源再分配的重要形式,是社会正义的体现和基础。社会救助制度关注的是弱势群体的利益满足问题,他们需要的是平等的自由。社会救助法律制度体现了正义,一方面给予弱势群体以经济、物质和机会帮助,保证他们人格独立和个人尊严不受侵犯,也是保障了公民的基本权利。另一方面,当贫富差距过分悬殊,超过社会的容忍度,就会影响政局的稳定与社会的长治久安。这时就需要进行社会资源再分配,维护公平正义,保障社会稳定。

第五节　中日社会救助制度的立法历程

一、日本社会救助制度立法历程

日本现代的社会救助制度是从 1868 年“明治维新”之后发展起来的。1874 年,日本政府为了维持治安和保障公共卫生,颁布了救助贫困的《恤救规则》,其主要内容是对老人、儿童、患病和伤残者提供时限为 50 天的食品费。《恤救规则》规定的救助活动是建立在居民相互帮助、相互友爱基础上的,是道义性的救助,没有承认贫困者的生活请求权。

1932 年,日本颁布了《救护法》,效仿西方国家,紧随世界潮流,将政府责任从简单的“政策建议”上升到国家救助法的制定与颁布。确立了现代社会救助制度,该法将 65 岁以上的老年人和 13 岁以下的年幼者、孕妇、伤患、疾病和残疾等身心障碍、不能劳动而导致贫困的人纳入救助对象,规定由地方市町村长负责办理,这样就将救助义务法定化,具有了现代意义②。

第二次世界大战后,贫困问题成为日本政府面临的深刻的社会问题之一,为了救助处于贫困状态的人们,1945 年 12 月,日本政府制定了《生活困难者生活援助纲要》,并在美国占领军的监督和指导下确定了社会救助政策的几项原则:无差别救助原则、国家责任原则和提供充足的预算保证原则。

1946 年,日本政府出台的《生活保护法》正式确立了无差别保护等原则,其救助制度体现了国家责任,将分散的救助制度统一到生活保护制度中。旧《生活保护法》被认为是日本现代意义上社会救助制度的开端,但立法先行的制度性与

① [美]博登海默. 法理学——法律哲学与法律方法[M]. 邓正来,译. 北京:中国政法大学出版社,2004:277.

② (日)大须贺明. 生存权论[M]. 林浩,译. 北京:法律出版社,2001:101.

规范性始终贯彻了日本社会救助的发展脉络。1950 年，日本政府对旧《生活保护法》进行了全面修改，颁布了新《生活保护法》，将日本的社会救助制度带入了一个新的发展阶段，缩小差别与最低生活保障理念逐步在社会保护制度中得到贯彻。2013 年，日本政府对《生活保护法》进行了修改，创设了劳动自立给付金制度，着眼于健康、生活等方面的支援，在资产及收入所限定的调查事项中，增加了对工作状况、求职活动状况、健康状况和扶养状况等的调查权限。随着日本社会经济的发展，日本政府先后对《生活保护法》进行了多次修改，逐步形成完善而有特色的生活保护制度。

2013 年，日本内阁会通过了《生活穷困者自立支援法》，“生活贫困者”指“现时经济穷困，有不能维持最低限度生活之虞者”。该法规定，设置福利事务所的地方自治体实施自立咨询支援事业，并且向因离职而失去住房的生活穷困者支付相当于房租的“住居确保给付金”。

日本的社会救助形成了较为完整的制度体系，并且通过国家立法的形式加以确立，从而保证社会救助制度的规范性和强制性。如表 5－1 所示。

表 5－1　日本社会救助制度立法历程

年份	1874 年	1932	1945	1946	1950	2013
法律法规	《恤救规则》	《救护法》	《生活困难者生活援助纲要》	《生活保护法》	新《生活保护法》	《生活穷困者自立支援法》
主要内容	对老人、儿童、患病和伤残者提供时限为 50 天的食品费	将政府责任从简单的“政策建议”上升到国家救助法的制定与颁布	无差别救助原则、国家责任原则、提供充足的预算保证原则	正式确立了无差别保护等原则，其救助制度体现了国家责任，将分散的救助制度统一到生活保护制度中	将日本的社会救助制度带入了一个新的发展阶段，缩小差别与最低生活保障理念逐步在社会保护制度中得到贯彻	设置福利事务所的地方自治体实施自立咨询支援事业，并且向因离职而失去住房的生活穷困者支付相当于房租的“住居确保给付金”

资料来源：杨刚．中日社会救助制度的比较分析及其启示[J]．中国民政，2015(7)：33－36.

二、中国社会救助制度立法历程

（一）中国古代的社会救助立法

在中国自然经济占统治地位，因此由家庭自给自足，承担各种风险，所以形成

"养儿防老,积谷防饥"的历史传统。帮助有困难的人,自古就是中华民族的传统美德,《周礼》最早记载了有关社会救助的规定①。其规定是"一曰慈幼,二曰养老,三曰赈穷,四曰恤贫,五曰宽疾,六曰安富"。秦朝统一六国之后,采取各种有效的强国富民措施,社会救助逐渐成为地方官的重要事务。到了汉代,救助政策更加完备,首创了常平仓制度,促进了社会救助事业的发展。到了唐朝,封建社会发展到顶峰,出现了许多关于社会救助的积极举措。比如,在州县设医学博士及医学生为贫民治病,通过医疗进行救助。到宋代专设广惠仓,这是一种储备救济粮食的社会福利措施。明朝时期各种救助措施不断完善,明洪武七年制定镯免条例,明仿宋制,设养济院接收孤苦无依者,按月发口粮。到清朝,各种社会救助制度不断完善,许多措施载入法律之中。

(二)中国近代的社会救助立法

随着西方列强侵入中国,强行打开中国的大门,使得政治、经济、文化等受到外国的影响,人们的法律思想也受到了强烈的冲击,促进了中国立法事业的发展,对社会救助立法也起到了推动作用。1915 年颁布了《游民习艺所章程》,章程主要是针对当时一些无家可归的游民而出台的。1928 年,由于蒋介石刚担任南京国民政府主席,比较重视社会改革,颁布了许多关于社会救助的法规及条例,如《监督慈善团体法》《传染病预防条例》《各地方救济院规则》《义仓管理规则》《各地方仓储管理规则》等。1936 年受战争的影响,出现许多的饥民,国家不得不建仓囤积粮食,于是颁布《全国各地建仓积谷办法大纲》。1943 年《社会救济法》的出台是这个时期关于社会救助法律法规的一大创举,是中国第一次以法律的形式把这项制度规定下来。1944 年出台了《救济院规程》,除了这个规程之外,这一年还出台了其他的规范,只是这个文本最有代表意义。1945 年出台《处理私立救济设施规则》,这部规则的出现在一定程度上说明中国私立救助事业的发展,政府鼓励个人从事慈善事业。

(三)新中国成立后的社会救助立法

1. 1949—1978 年社会救助立法

1949 年,针对中国发生的各种灾难,政府出台了关于指导救灾的救助规定,其中,政务院出台的《关于生产救灾的指示》发挥了重大作用。1950 年 5 月,政务院发布了《救济失业工人的指示》,劳动部公布了《救济失业工人暂行办法》。1951 年,政务院颁布了《中华人民共和国劳动保险条例》,规定职工在疾病、伤残、死亡、生育及年老时获得必要物质帮助的办法。1952 年 8 月,政务院发布了《关于劳动就业问题的决定》。这些法令的颁布,对于当时解决失业工人的困难和促进失业工

① 杨芳. 我国社会救助立法研究[D]. 武汉:武汉大学学位论文,2005.

人再就业都起了很好的社会救助作用。1953 年,政务院又对《中华人民共和国劳动保险条例》进行了修订,进一步提高了待遇标准,扩大了实施范围,规范了救助程序。1954 年内务部颁布《关于加强沿海盐民生产救济工作的通知》,这是一项针对盐业的专项社会救助措施,有效地保护了中国盐业的发展。1956 年,社会救助工作逐步深入农村,对于农村中的一些困难群众给予帮助,形成了农村五保户供养社会救助制度。

从新中国成立到 1957 年,国家推行的社会救助制度主要实施于救助城镇失业人员,救助灾民,救助贫困地区,救助农村"五保户"。与此同时,国家还逐步建立了城镇按最低生活标准实行社会救助的制度,除了一些针对专门对象出台的救助措施,还出台了关于救助经费管理的办法,比较有代表性的是 1962 年政务部联合财政部出台的《抚恤、救济事业费管理使用办法》。新中国成立后由于中央和地方的高度重视,社会救助工作取得了不小的进步,但是依然没有一部涵盖所有社会救助内容的统一的社会救助法。

2. 1978 年以后的社会救助立法

1978 年中国改革开放以后,社会主义市场经济得到快速的发展。社会保障体制逐步建立,社会救助制度开始走向科学化和规范化。为了摆脱贫困,中国采取了各种各样的措施,在这些反贫困的措施中,社会救助是一种最有效的手段。中国自 80 年代初,就开始了扶贫救助工作,政府为贫困户提供现金及实物等,还为有条件的贫困户提供资金及技术以扶持他们发展,让他们脱贫致富。1984 年,中共中央、国务院发布了《关于帮助贫困地区尽快改变面貌的通知》,有效地帮助了一些贫困地区,使贫困人口的生活得到一定程度的改善。1985 年,《中共中央关于制定国民经济和社会发展第七个五年计划的建议》中,第一次明确提出了"社会保障"的概念,将中国的社会保险、社会福利、社会救助和社会优抚等制度归并于社会保障体制中。随后,国家权力机关和行政机关颁布了一系列有关社会救助的法规和政策。

1994 年,国务院颁布了《国家八七扶贫攻坚计划》,使扶贫工作上升到一个新高度。同年,国务院颁布了实施《农村五保户供养工作条例》,以法规形式确立了农村五保户供养制度。可以说这是社会救助立法中的第一部全国性正式法规,其在社会救助立法上的意义超出了法规本身的内涵。1996 年又将扶贫工作纳入国家的"九五"计划当中。随后中共中央、国务院又出台了针对农村贫困人口温饱问题的《关于尽快解决农村贫困人口温饱问题的决定》,以有效地解决农村贫困人员的生存危机。同时民政部印发了《关于加快农村社会保障体系建设的意见》,使中国农村居民最低生活保障制度建设取得了显著成绩。1997 年,国务院印发了《国家扶贫资金管理办法》,其中对贫困救助资金管理做出了规定,防止在以后的救助中出现资金管理的问题。1997 年,国务院发布了《关于在全国建立城市居民最低生活保障制度的通知》,从此中国的这项制度得到广泛发展,1997 年 12 月,全国人大常委会通过了《中华人民共和国防震减灾法》,该法第 33 ~ 35 条规定了有关遭受地震灾害时进行社会救助的各项措施。1999 年,国务院颁布了《城市居民最低生活保障条例》,对保障对象、保障原则、资金来源和申请程序做了明确规定。从 2006 年 9 月 1 日起,中国实施修订后的《中华人民共和国义务教育法》,规定国家实行九年义务教育制度,对义务教育实施后的贫困学生的教育,国家通过提供贷款、发放国家奖学金、减免学费等方法进行教育救助①。2014 年 5 月 1 日国务院正式颁布《社会救助暂行办法》。如表 5 - 2 所示。

到目前为止,尽管中国社会救助法律制度体系已经初步形成,但是还没有一部统一的《社会救助法》。因此,我们需不断完善相关法规制度,促进社会救助制度更好的发展。

表 5 - 2　中国社会救助立法历程

年代		立法名称
近现代社会救助立法	1915 年	国民政府颁布《游民习艺所章程》
	1936 年	内政部颁布《全国各地建仓积谷办法大纲》
	1943 年	国民政府颁布《社会救济法》
	1944 年	国民政府颁布《救济院规程》
	1949 年	《冬令救济实施办法》
1949—1978 年社会救助立法	1949 年	政务院颁布《关于生产救灾的指示》
	1950 年	劳动部颁布《救济失业工人暂行办法》
	1951 年	政务院颁布《中华人民共和国劳动保险条例》
	1953 年	政务院修订《中华人民共和国劳动保险条件》
1978 年后社会救助立法	1984 年	中共中央、国务院发布《关于帮助贫困地区尽快改变面貌的通知》
	1994 年	国务院颁布《国家八七扶贫攻坚计划》《农村五保户供养工作条例》
	1997 年	国务院颁布《国家扶贫资金管理办法》《关于在全国建立城市居民最低生活保障制度的通知》全国人大常委会通过了《中华人民共和国防震减灾法》
	1999 年	国务院颁布《城市居民最低生活保障条例》
	2014 年 5 月 1 日	国务院颁布《社会救助暂行办法》

资料来源:根据唐圆"论我国社会救助立法的完善"(湖南大学学位论文,2012)整理。

① 尹征. 论我国社会救助法律制度的完善[D]. 长春:长春工业大学学位论文,2010.

第六节　中国社会救助制度现存问题

目前,中国社会发展还落后于经济增长,对于社会中弱势群体的关注度还有待加强,因此,加快完善社会救助制度,不断健全社会救助法律体系,对于促进社会和谐发展具有重要意义。

一、立法理念相对落后

在中国受传统思想影响,很多老百姓把社会救助看作是政府的施恩行为,不习惯接受社会救助。一些富有的个人及企业也抱着慈善的思想,认为社会救助只是一种慈善行为,可有可无。从政府方面看,政府责任的意识还没有完全形成。中国在相当长的历史时期,社会救助并没有被看作民众的法定权利,而是统治阶级基于维持社会稳定目的或人道主义精神而对贫困者的一种施恩。受这种思想的影响,制定出的法律政策往往从国家利益出发,而忽略了人民的真正利益,没有将救助看作是一项基本权利。

二、社会救助立法体系不够完善

(一)社会救助立法的层次较低,规范性不强

中国社会救助法律规范形式上多表现为法规、规章,而由最高权力机关——全国人民代表大会所颁布的法律欠缺,法制建设的层次低。但是,日本社会救助的基本法律是以国家立法的形式规范的,比如,日本的《生活保护法》。从新中国建立到现在,构成中国社会救助法律制度主体的,依然是由国务院颁布的《城市居民最低生活保障条例》《城市生活无着的流浪乞讨人员救助管理办法》《城市生活无着的流浪乞讨人员救助管理办法实施细则》等,以行政法规和规章形式出现的法律文件,仅有的一部由全国人大常委会通过的《中华人民共和国防震减灾法》只是在灾害来临时的临时救助,而没有一部全面、系统的《社会救助法》。

(二)中国社会救助立法内容不完善

中国关于社会救助的立法中救助对象比较窄,不能概括所有需要救助的对象。日本社会救助法律体系涵盖对象是:儿童、妇女、老年人、残疾人、失业者、贫困家庭和受灾者,涉及生活、教育、住宅、医疗、护理、生育、就业和丧葬八个方面,各救助项目的规定衔接配套,几乎能够应对现代社会产生的所有贫困问题。具体分成三个层次:第一,低生活救助,就是为被救助者提供维持日常生活所需的吃、穿、水、电等方面的援助;第二,在温饱基础上更高水平需求的教育、医疗、住宅、护理、生育、丧葬和失业救助;第三,针对儿童、残疾人等特殊群体的补贴。由此可见,日本社会救

助制度立法体系具有完善性，内容具有丰富性，中国这方面有待提高。

三、社会救助程序规范缺失

中国具体规定社会救助制度的法律规范不少，但是很少具体规定如何执行、执行的方式、救济的方式等，即使有也只是一些简单的规定。因此，在实施过程中容易产生问题。例如，我们对于孤儿领养问题的规定、相关审批程序复杂并且不完善，如果国家能够简化社会救助的审批程序，那么会有更多的社会组织或者个人加入社会救助工作中。除此之外，要对社会救助进行监督，加强动态监督程序，行政机关在实施救助行为之后，审查受救助者的经济状况是否已经好转，当其能够维持最低生活时，则应当停止救助。

四、社会救助立法建设城乡步调不一致

基于中国的基本国情和发展的实际情况，社会救助制度立法呈现城乡二元结构。中国对于社会救助制度的立法建设最先关注的是城市的贫困问题。因此，政府对于城市的社会救助制度建设比较完善，而对于农村来说，由于政府的重视程度较低，资金不足等问题，立法制度建设相对于城市而言比较落后。因此，逐渐形成了社会救助立法制度的城乡二元局面，1999 年，中国颁布了《城市居民最低生活保障条例》，而农村最低生活保障制度到 2007 年才完成制度建设。由此可见，农村社会救助立法制度的建设晚于城市八年。除此之外，不同地区的农村也有不同的低保制度，因此，要逐步调节城乡社会救助立法制度的二元结构，使城乡发展步调保持一致。

第七节　中国社会救助制度立法的构思

一、提高社会救助制度法律的立法层次

目前，中国社会救助法律制度的内容比较混杂，有各种相关的法律制度，但又缺乏系统的安排与稳定的制度框架，有些实质上是社会救助的行为，但体现为一种非正式的制度安排，如逢年过节的“送温暖活动”、走访孤儿院等。然而，中国在社会救助立法方面长期由行政机关行使立法权，实有行政越权之嫌，而且许多具体的社会救助法律制度缺乏有机的整合，使得中国社会救助法律制度的框架与内容十分含糊和不确定。中国现在还没有一部完整的《社会救助法》，全国性的社会救助法律制度主要包括《城市居民最低生活保障条例》、《城市生活无着的流浪乞讨人员救助管理办法》及《实施细则》，《农村五保供养工作条例》《农村敬老院管理暂

行办法》《社会福利机构管理暂行办法》《救灾捐赠管理暂行办法》①。其他的社会救助行为则大多表现为单行的政策，甚至是不成文的规定，如农村最低生活保障安排、农村扶贫安排、特殊群体社会救助安排、灾害救助安排、冬令救助、医疗救助、教育救助、住房救助和法律援助等，而且这些表现为社会救助的措施是否确实归入社会救助法律制度的框架体系之内，尚无明确的结论，许多正式或非正式的规定还是在一种模糊的状态下运行。

中国应该尽早制定统一、全面的《社会救助法》，我们要通过制定仅为原则性的《社会救助法》，同时通过社会救助所涉及的各项内容的高标准立法。以统一的《社会救助法》为核心和基石，兼顾各单行法的协调，完善社会救助的各项法律制度。在立法进度上，社会救助的各项单行法是十分急迫的，应当齐头并进，没有主次和轻重之分。就目前农村社会救助法律规定的整体而言，不仅立法层次、位阶不高，且相关内容较为分散，需要进行内部调整与完善。注重现有法律间的协调，应以城乡一体化理念建构全国统一的社会救助法，规范全国的社会救助活动。这样不仅可以为城乡一体化的社会救助提供法律上的支持，为城乡主体平等的发展提供保障，而且可以提升社会救助法的位阶，从而保证法律适用中的高效性和平等性。

二、明确社会救助的立法原则

在确立社会救助立法原则之前，首先应尽快形成与国际接轨的立法意识和规范，社会救助相关法律的立法过程同立法观念息息相关。中国在社会救助相关法律的立法过程中，应尽快形成与国际接轨的立法意识和规范，树立社会救助立法的新理念。社会救助立法应更加关注公民权利，专注于公民生存权和发展权。社会救助制度是保障生存权的制度，而且要满足公民的基本生活水平。因此，在立法过程中，维护公民的生存权成为法律的关键所在，而发展权进一步强调自身的自由和公平。因此，只有树立正确的理念，才能确保社会救助立法的有效性。除此之外，在社会救助立法的过程中，离不开对国家义务理念的强调。

总之，社会救助立法一方面要结合本国的国情，既要实现救助贫困者的目的，也要考虑国家经济发展现状；另一方面，要注重社会化的参与。尽管国家是社会救助的主体，但是在未来的发展道路上，仅依靠国家是不够的，特别是像人口众多、经济发展不协调的中国，社会化的参与对社会救助的发展至关重要。因此，在社会救助立法中也应树立社会化理念，鼓励社会积极参与到社会救助事业中去。

（一）强调福利选择性原则

任何一项法律制度都应该有明确的立法原则，它是整个法律制度的灵魂所在，

---

① 刘佳莹. 论我国社会保障法律制度的存在问题和完善[J]. 改革与开放，2010(24)：4，7.

只有遵循基本原则才能真正达到创建法律制度的目的。政府在提供社会救助的过程中，并不仅是发放社会津贴的“救世主”，而是向社会提供优质服务的主体。在社会救助的发放过程中，应该强调福利选择性原则。应该将受助者分为三种，第一种是由于客观因素，自身确实是没有工作能力的低收入者；第二种是有工作，但是由于各种客观原因，收入较低，且无法维持最低生活水平的低收入者；第三种是有工作能力却因为有福利依赖心理未参加工作，而导致贫困的低收入者。针对第一种受助者，通过调查核实，由于自身或各种客观因素无法工作的，政府应给予社会救助。例如，老年人、残疾人和患病者。对第二种受助者，政府应鼓励其寻找工作，社会救助的发放应该较第一种受助者减半。针对第三种受助者人群，经过调查核实，确实是有工作能力却因为有福利依赖心理未参加工作，政府不应该将其纳入社会救助范围。在解决社会救助问题的过程中，政府应强调权利和义务的统一，不能只享受权利不承担义务。在社会救助的发放过程中，也应该进一步增强社会救助的激励作用。将低保金同个人的工作收入挂钩，多劳多得，少劳少享，避免不劳动者获得社会救助。同时，应进一步促进就业和加强对享受社会救助人员的培训，真正实现社会救助人员的能力脱贫和知识脱贫，摆脱依赖救助金生活的状况，达到经济上的独立。

（二）公民待遇原则

社会救助制度的基本理念是以人为本、人权平等以及尊重人格、不把贫穷当成罪恶、不歧视贫困群体，也不把贫困的主要原则归咎于个人和特定的家庭，原则上它对那些需要救助的对象提供经济援助，并且在其他方面提供尽可能的帮助。凡是无力生活者，均可以法律规定享受救助，属于法律赋予的一项权利。

（三）国家责任原则

国家承担确保贫困人口基本生活的义务，所以只要人民有生活上的困难，政府就有责任给予救助。因此，社会救助的责任主体是国家，并以此社会政策维护社会公平。同时倡导民间参与，弥补政府财力的不足，以便更好地解决贫困人口的生活和其他问题。所以，企业和社区以及各种社团的救助行为，只能作为辅助和必要补充。

（四）合理确定贫困线原则

社会救助针对贫困问题，因此要确定社会贫困的标准，确定贫困线的关键在于计算出科学合理的最低生活水平标准。从世界范围看，确定贫困线主要有四种方式，即恩格尔系数法、市场菜篮法、生活形态法和收入比例法。不论采用哪种方法，都有其合理性，关键是要立足于中国现有的国情，吸取西方国家的成功经验，确立符合中国实际的“贫困线标准”，才能科学合理地进行社会救助立法。

在社会救助发放待遇方面，规定领取社会救济金的资格条件、程序、发放方式、救济方法和发放标准。领取社会救济金的公民收入应该是在国家规定的贫困线以下。社会救济金的发放方式可实行现金发放或实物发放和同时辅予医疗、住房、食品和教育等补助方式。可参考的社会救济方法有两种：一是补足受助者的实际收入与社会救助标准之间的差额，如香港地区；二是给予定额补贴，如美国。我们可将两者结合到一个制度框架中，设置两条救助标准线。

三、明确社会救助法律责任

（一）明确社会救助责任主体

国家和政府作为社会救助责任的主体有义务与责任保障公民的基本生活。政府应当采取积极措施推动社会救助工作，保障社会救助工作的顺利进行。在社会救助发展过程中，应秉承社会救助社会化的理念，由政府承担社会救助主要责任，非政府力量的私立救助机构承担相应的救助责任。社会救助机构承担着社会救助的责任，但是具体工作的执行是由社会救助机构中的工作人员完成的。只有对社会救助机构工作人员规定要承担的责任，才会对社会救助机构工作人员产生约束作用。这些工作人员为了履行责任，必会更加积极认真地完成社会救助工作，从而保障中国的社会救助事业顺利进行。

（二）明确社会救助的法律责任

国家设立专门的社会救助机构来管理社会救助事务，统一指导社会救助工作，当这些社会救助机构有行为不当时，就要对自己的不当行为承担责任。通过规定救助机构要承担的法律责任，对社会救助机构起到很好的约束作用，有助于规范社会救助事业，从而更好地维护公民社会救助权利。除此之外，工作人员是社会救助机构的重要元素，正是由于工作人员的存在，社会救助机构才可以正常运作。社会救助机构工作人员的行为直接影响到中国社会救助事业能否顺利进行，因此要规定社会救助机构工作人员的责任，以保证社会救助事业顺利进行。救助机构的工作人员在救助工作中做出失职不当的行为，对社会救助事业造成伤害时，要对自己的失职不当行为承担责任。在社会救助活动中，救助对象不仅有接受救助的权利，同时救助对象还有一定的义务。如果不要求救助对象承担责任，那么会使一些救助对象滋长堕落思想，他们会逃避社会责任完全依靠国家，造成社会资源的浪费。所以，当救助对象不履行工作义务逃避责任时，应该让他承担一定的法律责任。此外，救助对象有如实告知的义务，当救助对象隐瞒时，可以责令救助对象改正、要求救助对象返还已领取利益、降低领取标准、取消救助对象受救助资格，情节严重可以处以一定的罚款。我们要科学地规定救助对象的法律责任，有效地约束救助对象，保障中国社会救助事业的顺利发展。

第六章　中日社会救助管理比较

第一节　社会救助管理概述

一、社会救助管理的概念

社会救助管理是指依据国家法律法规、方针政策，由政府以及社会组织等，通过一定程序与手段，对社会救助进行计划、组织、规范、协调、控制以及监督的管理过程。其目的在于既保障社会救助的公平，又确保救助过程的效率，实现社会的和谐稳定发展。由于社会救助的对象是生活中最困难的社会成员，一旦出现管理上的失误，将造成社会成员陷入生存危机，并可能酿发社会动乱或不安定①。

二、社会救助管理的内容

社会救助管理的内容有六个方面。

(1)依据社会救助法律法规，制定出符合实际的、可操作的、具体的社会救助政策。

(2)建立健全社会救助管理体系，协调控制好与社会保险、社会福利等社会保障环节。

(3)依法筹集、管理、使用社会救助资金。

(4)社会救助对象、社会救助标准、申请的程序以及经办服务的确定。

(5)建立健全社会救助管理的监督机制。

(6)依法指导管理民间社会救助活动。

三、社会救助管理的手段

一般来讲，社会救助管理的手段包括法律手段、行政手段、经济手段和社会监督等。

(一)法律手段

国家通过制定、颁布有关社会救助的法律、法规来达到管理的目标，这一手段

① 乐章. 社会救助学[M]. 北京：北京大学出版社，2008：294.

具有强制性、稳定性、规范性等特点。它是国家意志的体现。

（二）行政手段

通过国家主管社会救助工作的职能部门——民政部，以及审计、财政、监察等部门的日常管理，确保国家社会救助法律、法规的落实，亦可以在法律的规范下制定具体的社会救助政策，作为具体操作的依据。

（三）经济手段

运用经济杠杆，如社会化集资、税收减免、财政补贴、扶贫开发和扶助民间社会救助机构等达到调节的目的。

（四）社会监督

社会救助对象、救助标准等的确定，要在公开、公平、公正的环境下和在不侵犯救助对象隐私的前提下接受群众评议、群众监督，确定的救助对象可通过网络、手机短信、报纸和电视等多种渠道或方式在一定范围内公布①。

四、社会救助管理的原则

（一）依法管理的原则

社会救助管理作为社会救助运行机制中必不可少的环节，必须依法管理、依法救助、依法监督以及依法惩处。依法管理可以避免社会救助管理过程中发生管理职责紊乱等，避免社会救助管理在运行过程中出现非正常状态，同时，可以保障社会救助管理的合法性、权威性与科学性，保证社会救助管理机构在合法的范围内合理地行使权力，不滥用权力。

（二）救助管理公平与效率相结合的原则

社会救助管理机构的职权应当公开透明化，使管理对象能够明确自己的相关权利与义务；在管理过程中，以公平、公正的态度，广泛听取人民群众的意见，从人民的根本利益出发及时解决矛盾与纠纷；保证公平的同时，要始终保持社会救助管理的效率，实现政令畅通，努力降低社会救助管理的成本，提高保障公共安全与处理突发事件的能力，使社会救助资源得到最优配置。

（三）保障公民基本权利，尊重公民基本隐私

社会救助所救助的对象都是身陷困境者，以自愿的接受救助制度取代强制性的收容遣送制度，保障公民基本权利，尊重公民基本隐私。越来越多的国家出于对公民权利与隐私的考虑，对于申请者的家庭经济收入也不进行调查，只是采用申请者定期陈述其家庭经济情况变化、参加劳动技能培训以及完成社区服务等方式进行社会救助管理。

---

① 胡芳肖.社会救助理论与实务[M].西安:西安交通大学出版社,2015:346.

（四）积极救助同时注重救助对象的义务

社会救助不仅是对受助者进行物质救助，更重要的是精神的救助，比如，对其进行劳动技能的培训、组织参加社区服务等，使其可以通过自己的力量去摆脱贫困，而不是助长其惰性。同时，社会救助管理机构应该注重对其进行鼓励、引导，在促进就业的同时完善其人格的健康发展。权利与义务一直都是相互依存、相互作用的，受助者在享受社会救助的同时也应当履行其义务，可以参加其所在社区组织的公益性社区服务活动等。

第二节　中日社会救助资金管理

社会救助资金是指依法为实施社会救助制度所筹集的经费总称。社会救助资金原则上不包括各种途径所筹集的用于社会救助的实物。但需要注意的是，社会救助资金经常以购买救助实物的方式开支，也常以实物的方式提供给救助对象；社会救助经费筹集过程中也经常存在着大量的实物（物资），特别是社会捐赠或海外捐赠，在计算方式上，也常将物资折合成货币计入社会救助经费里①。

一、日本社会救助资金管理

（一）社会救助资金来源

日本生活保障资金来自于税收，是政府通过转移支付实现的制度，是针对贫困的一种事后“救贫”措施，因此受助者与成本负担之间没有必然的联系。《生活保护法》明确规定，社会救助所需费用的75%由中央政府承担，25%由地方政府承担，甚至在福利设施的建造维护上，也都详细规定了中央与地方政府各自的职责。

（二）社会救助资金的支付

1. 支付范围

生活保护的目的在于维持被保护人的最低生活需求，生活保护费的支付需要按厚生劳动大臣规定的基准计算最低生活费，并与申请人的家庭收入相比较，如果收入低于最低生活费的标准，将两者之间的差额作为保护费进行支付。根据补足型原理，在申请人有其他收入来源时，应该先用其他收入来源维持生计，只有在其他收入不足时才给予生活保护费的支付②。

2. 费用负担

生活保护制度中包括的费用支出可分为：生活保护费（各项补贴的支出合

---

① 胡芳肖．社会救助理论与实务［M］．西安：西安交通大学出版社，2015：351．

② 宋健敏．日本社会保障制度［M］．上海：上海人民出版社，2012．

计)、保护设施管理费、各项委托事务费以及保护设施的建筑费、设备费等。以上费用均由中央及地方的财政拨款负责筹措。其中,中央财政应该负担的费用包括:生活保护费、保护设施管理费和各项委托事务费的3/4,保护设施的建筑费、设备费的1/2。地方财政应该负担的费用包括:生活保护费、保护设施管理费和各项委托事务费的1/4,保护设施的建筑费、设备费的1/2。总体来说,生活保护费支出占财政支出的比例基本稳定,因为虽然生活保护制度的受助人即受助家庭的数量逐渐减少,但是待遇水准却不断上升①。

(三)社会救助资金的管理

在日本,机构设置比中国更加精简,各项业务均由地方的社会福利事务所全权负责,无论是申请、审批均由该部门集中处理。

生活保护分为金钱保护和实物保护。其中,金钱保护是通过金钱给付达到生活保护的目的,实物保护则是通过实物给付达到生活保护的目的。从实际情况看,除医疗救济中的实物给付外,其他原则上都是金钱给付。实物保护指修建一些救护、医疗保护、康复、助产和宿舍等生活保护设施,利用这些生活保护设施实施生活保护。为了用金额有限的财政支出最大限度地保障国民最低生活水平并有助于其自立,必须根据需要把钱用于重点救济方面。

图6-1概括了日本社会救助基金的管理情况。

二、中国社会救助资金管理

(一)社会救助资金的来源

中国社会救助资金主要来源于政府财政拨款、社会筹集、信贷扶贫和发行福利彩票等。

1. 政府财政拨款

政府财政拨款是社会救助资金比重最大的来源渠道,主要分为中央财政拨款和地区各级政府财政拨款。政府对社会救助的财政拨款,是国家为实施社会救助,通过财政拨款以及税收收入的方式实现的一种国民收入再分配性质的货币形态。从来源看,社会救助资金来源于物质生产部门劳动者剩余劳动创造的价值,是通过剩余价值再分配形成的社会消费资金的一部分;从去向看,是通过各项社会救助机制最终分配给贫困人群,转化为被救助对象的个人消费资金②。具有三个特点。

(1)基础性。社会救助是社会保障的最后一道防线,保障的对象是因各种原因导致贫困的弱势群体,因此相对于社会福利、社会保险等自身带有基础性。

① 杨立雄,等.中日韩生活保护制度研究[M].北京:中国经济出版社,2012:111.

② 乔东平,邹文开.社会救助理论与实务[M].天津:天津大学出版社,2011:179.

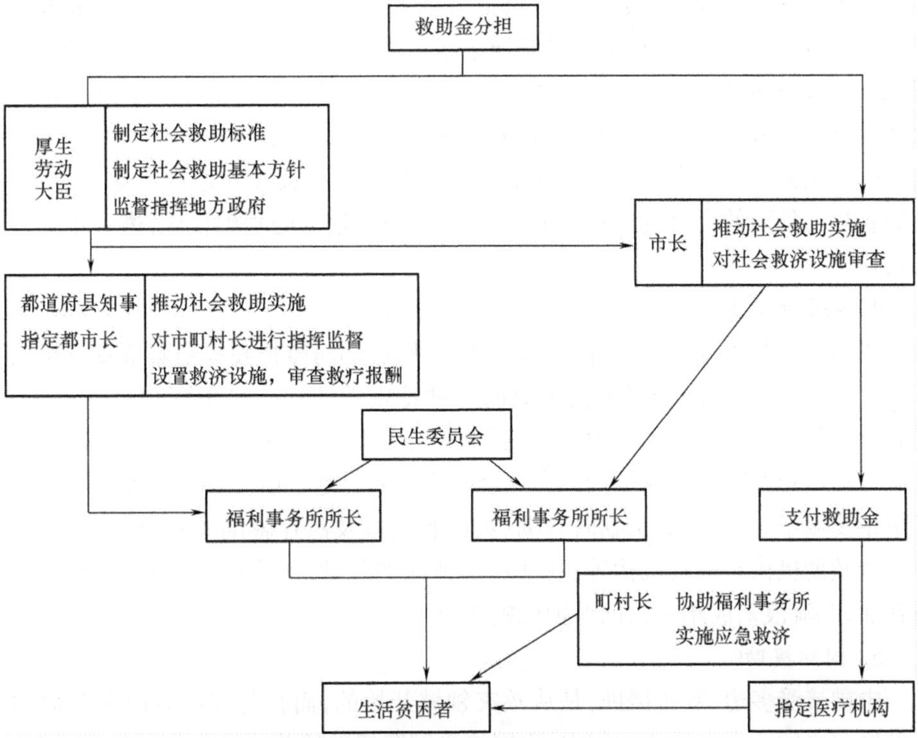

图 6－1　日本社会救助基金管理

资料来源：根据驹村康平编《最低所得保障》（岩波书店，2011 年版）整理。

（2）法定性。与社会捐赠的自愿性相反，政府对社会救助资金的财政拨款是依据相关法律法规，通过各级政府来保障贫困人群基本生活需求，是政府的责任与义务，为社会救助资金提供可靠的资金来源与保障。

（3）财政性。政府财政拨款是以国家为主体而筹集与使用的，是国家参与国民收入分配的一种财政职能。

2. 社会筹集

随着社会救助的不断完善，社会筹集的资金在社会救助资金中的比重日益增大。主要表现形式包括：①乡镇统筹，主要是农村通过各级地方政府统一筹集粮款，以供养农村“五保户”；②救灾扶贫互助储金会的储金；③募捐，由社会组织或者个人无偿捐赠的款物；④社会福利企业和扶贫经济实体享受的免税优惠与利润分成。

3. 信贷扶贫

通过金融部门筹集融通资金，发放低息或贴息优惠贷款，支持贫困地区经济开发，扶持贫困户发展生产。自20世纪80年代以来，信贷资金在社会救助资金来源中的比重有逐步扩大的趋势。扶贫贷款项目主要从当地扶贫项目库中由农业银行自行选择，项目库由当地扶贫开发领导小组成员单位根据当地实际情况推荐，经由当地扶贫开发领导小组确定纳入扶贫开发项目库。项目选定后，由农行根据“放得出、收得回、有效益”的原则，自主经营决策。目前，中国信贷扶贫贷款的投放区域是592个国家扶贫开发重点县。扶贫贷款支持的重点放在农业产业化企业，把分散的农户与外面的大市场连接起来，同时改善贫困地区的基础设施，进一步提高农民素质。

4. 福利彩票发行

福利彩票是国务院领导、民政部门主管、财政部门监督和福利彩票发行机关运作，专门为救助社会困难群体而采取的一种特殊性的社会募集资金的方式①。福利彩票发行的宗旨是为了扶困济贫，目的是为筹集基金发展社会救助与社会福利事业。福利彩票既是一种奖励性的社会募捐行为也是一项社会公益性事业。福利彩票主要用于五个项目：①临时救助、灾民救助以及医疗救助等社会救助；②建立与改造救助机构与福利机构等；③艾滋病孤儿的救助；④残疾人的康复治疗、教育与就业；⑤流浪未成年人救助保护设施建设等。

5. 国际援助

中国接受多边、双边援助，是从救灾领域开始的，而且是伴随着改革开放的步伐发展起来的。未来一段时间内，中国接受国际援助的总体考虑是，根据中国经济社会发展状况，继续积极争取多边、双边发展援助，落实以人为本，全面协调可持续发展的科学发展观。进一步配合西部大开发战略、振兴东北地区老工业基地战略以及促进中部地区崛起，支持革命老区、少数民族地区、边疆地区和其他欠发达地区加快发展；积极引导无偿援助资金向扶贫开发、公共卫生、环境保护、计划生育、妇幼保健、社会保障以及提高政府管理水平等方面投入。其中扶贫开发仍然是重中之重。

（二）社会救助资金的使用

1. 社会救助资金的使用原则

（1）有偿使用与无偿使用相结合。将社会救助资金中的一部分以无息或者低息的方式借贷给受助者，限期使用，扶持生产发展，到期收回，实现周期使用；社会救助资金主要的使用方式是将救助款物无偿发给受助者，但这种方式易使受助者形成惰性、缺少自力更生的积极性。

（2）分散使用与集中使用相结合。将社会救助资金分散直接发放给受助者，

---

① 时正新，等. 中国社会救助体系研究[M]. 北京：中国社会科学出版社，2002.

用于其基本生活需求的被称为分散使用方式；将社会救助资金集中用于扶贫地区或贫困户发展生产被称为集中使用方式。

(3)专款专用与重点使用相结合。专款专用是指各项社会救助资金必须用于相对应项目的救助；重点使用是将有限的救助款物用于急需者，而不是进行平均分配。

2. 资金支付类型

根据社会救助的不同类型，资金支付的类型可分为临时救助、定期定量救助以及紧急救助。

(1)临时救助。国家对于发生因病、生育等特殊情况无法维持基本生活者。经营破产或其他原因造成收入锐减，而不能维持基本生活者和因灾害造成生活苦难者等社会成员，给予一次性的临时救济，以帮助其渡过难关。

(2)定期定量救助。社会救助机构在一定的期限内，对灾区或非灾区的特定救助对象依据政策规定标准，定期发放现金和实物等生活补助的救助。国家及地方政府制定定期救助的标准，其经费来源于政府财政拨款，是政策性强、救助标准依法制定、救助对象稳定的一种社会救助方式。

(3)紧急救助。社会救助机构对遭受紧急患难事件等原因，而陷入生存困境的社会成员给予的一次性救济。一般紧急救助对象有三类：自然灾害、社会灾害以及重大疾病。

3. 社会救助资金支付形式

社会救助资金支付形式主要有三种。

(1)现金救助。现金救助是指国家或社会救助机构以发放现金的形式，帮助受助者摆脱生活困难的一种救助手段，受助者可根据自己的实际困难规划使用。主要对象为定期救济对象与部分临时救助对象。

(2)实物救助。实物救助是指国家或社会救助机构以发放实物的形式，帮助受助者满足基本生活需求的一种救助手段。根据受助者的实际情况，用社会救助资金购买一般生存资料与部分生产资料，无偿发放给受助者。主要受助者包括：灾区老弱病残者和无法安排生活的重灾户，紧急抢救、转移安置的灾民，以及非灾区的严重或特殊贫困户。

(3)以工代赈。以工代赈具有现金救济与实物救济的双重支付标准，是由政府组织灾民或贫困者兴修水利、道路、堤坝等工程，以结算工资或以食品支付的形式帮助灾民或贫困者解决生活困难。按国家有关规定，以工代赈由工程主办单位给付，因而一般不计入社会救济费中。

(三)社会救助资金的管理

社会救助资金的管理是指依据法律法规与政策，国家和社会通过一定的程序、采取一定的手段或方式,对社会救助资金进行组织、规范、协调和监督的活动过程。

1. 社会救助资金筹集的管理

社会救助资金筹集的管理包含两方面内容:一是政府财政拨款,需要按定期定量救助和临时性应急救助实行预算管理;二是社会集资和募捐,包括企业和个人捐资、捐物和社会有奖募捐,要求加强对集资或募捐方式、资金来向进行有效管理。社会救助资金受到法律保护,任何单位和个人无权挪用、挥霍,在社会救助资金使用中,应严格按照法律法规政策规定的救助对象、救助标准、救助范围发放。

2. 社会救助资金管理的机构

社会救助资金管理机构一般由地方政府成立社会救助管理工作领导小组,负责领导、协调以及解决社会救助资金使用及管理中的相关问题。社会救助管理工作领导小组设在民政部门,负责领导小组的日常工作,负责对社会救助资金筹集、管理、使用等情况进行监督。各地方民政部门设立社会救助管理工作办公室,负责受理本辖区内特殊困难群体的社会救助申请,负责社会救助资金的管理、使用等工作。

3. 社会救助资金的管理与监督

社会救助资金的使用发放工作坚持公开、民主、平等的原则,实施公开化、动态化、规范化的管理。同时本着量入为出的原则,对资金实行分级筹集、分级管理、分级使用。构筑社会救助监督体系,具体包括社会救助资金内部监督机制、社会救助资金外部监督机制以及社会救助资金监督法制,通过环环制约、层层监督,努力消除不利于社会救助资金使用的行为和因素,提高社会救助资金的安全性和效率性,确保社会救助资金的规范使用。

第三节　中日社会救助管理体制

管理体制是指管理系统的结构和组成方式,即采用怎样的组织形式以及如何将这些组织形式结合成为一个合理的有机系统,并以怎样的手段、方法来实现管理的任务和目的。具体地说:管理的体制是规定中央、地方、部门、企业在各自方面的管理范围、权限职责、利益及其相互关系的准则,它的核心是管理机构的设置。各管理机构职权的分配以及各机构之间的相互协调,它的强弱直接影响到管理的效率和效能,在中央、地方、部门、企业整个管理中起着决定性作用①。

① 胡芳肖.社会救助理论与实务[M].西安:西安交通大学出版社,2015:346.

一、社会救助管理模式

（一）日本的社会救助管理体制

社会救助的纵向管理共有三种类型：中央政府统管方式、地方政府负责具体管理方式和中央政府与地方政府分别负责不同制度的方式。

日本属于地方政府管理模式，由中央政府提出救助标准，地方政府负责具体事宜，同时地方政府根据当地具体实际情况对救助标准、救助范围等做出相应调整。与中央政府统管模式相比，社会救助的地方政府管理方式，可以使社会救助更好地适应各地区的需要和财政能力，满足个人的实际需求。地方政府相对于中央政府来说，更了解所辖地区的问题，便于制定相应的救助方案、标准等。同时，在地区进行试点的风险要小于在全国推行救助改革的试验，透明度也更高；如果地区试点的方案失败，并不会对整体社会救助造成重大的影响，不仅可以及时地做出相应调整，也可以成为其他地区的前车之鉴。中央一级机关只负责制定法律规章、对运营实施进行监督指导等，并不参与具体事务。生活保护制度的实施过程中，其具体权利以委托的方式移交给地方的实施机构及其负责人。并且，日本生活保护制度的资金也由地方政府解决。

在地方政府分散管理模式下，一般由中央政府负责制定生活保护制度的基本方针，地方政府根据本地的实际情况具体实施。在这种情况下，一国之内会有多种生活救助的实施方式和补贴标准。这种管理方式的优点是比较灵活，给予地方政府较大自由度，可以根据本地的情况制定社会救助政策，因地制宜。但是这种方式也有很大的局限性。

第一，地方分散管理会造成地区间待遇水平的差异，损害生活保护制度的公平性。生活保护制度是以公平为基本理念的，其目的是保证每个公民的生存权，使其达到一定标准的最低生活水平，而同为需要社会救助的弱势群体，生活在不同地区得到的救助水平却有巨大的差异，显然有违生活保护制度的初衷。

第二，分散管理会造成制度的碎片化，对制度的未来发展会造成负面影响。在中国，最低生活保障标准由各个区县制定，全国有几千种，但是这种制度安排是基于当前发展水平的一种现实性选择，随着经济的进步、不同地区间差异的缩小，生活保护制度不可能继续维持不同区县不同标准的情况，必然要进行一定程度的整合，提高其统筹层次，而现阶段过度碎片化的安排会给制度的调整带来巨大障碍。

第三，在实行地区分散管理模式的国家，不同地区难以统筹共济，不符合生活保护制度的“社会化”要求。在中国一些经济发达地区，就业情况比较好，财政充裕，而一些落后地区，不仅需要救助的人数多，而且政府的财政能力也偏低。由于实行分散管理，地方政府各自为政，难以在一个较大的范围内统筹共济，导致部分地区生活保障水平偏低，难以满足基本需求。

（二）中国的社会救助管理体制

1. 横向管理体制

在政府主管部门的主导下，在社会救助管理的某一或各个层级上，各级政府有关部门分工合作，吸引社会组织广泛参与，是世界各国普遍采用的社会救助横向管理体制。中国的横向管理体制模式可归纳为：党的领导、政府主导、民政主管、部门合作和社会参与。

（1）党的领导。社会救助的形成与发展离不开党委的领导，社会救助的实施也是通过党的领导来保证的，党的正确领导与组织保障是中国社会救助发展的政治优势。

（2）政府主导。在社会救助管理体制中，政府的责任和其所掌握的行政、经济资源在社会救助事业建设中处于主导地位，主要责任体现为草拟法律、制定法规；制定政策、规划；安排人力、物力、财力用于社会救助；动员、组织、协调各方面力量参与社会救助；规划和建设社会救助设施；对社会救助的实施进行监督；等等。在政府主导的体制中，省级统筹与以县为主处于统筹与实施的关键位置，需要进一步规范与加强。

（3）民政主管。民政部门作为政府分管社会救助工作的主要职能部门，是党、政府社会救助工作的参谋助手。具体负责根据国情起草社会救助相关政策法规；制定管理方案和资金测算方案；组织开展救助制度的实施；统筹建设社会救助体系；对申请各类救助的家庭进行资格认定，同时配合其他部门的救助工作，管理和促进慈善事业的发展等。

（4）部门合作。按照政府的分工，各相关部门在自己的职责范围内参与相关救助法规政策的制定，并相互配合做好相关的救助工作。各部门的任务一般在出台的各项政策或规章中予以明确。

（5）社会参与。社会管理体制的发展趋势是“小政府、大社会”，“小政府”是指政府将原有的一部分功能剥离出去，由社会救助国家化的传统模式向广泛的社会参与乃至社会救助社会化的方向转变。社会参与包括：引导志愿者组织、支持扶贫的非政府组织、慈善组织，以及鼓励企事业单位、社区、个人参与社会救助，发挥社会提供资金、实物与服务的功能。同时也将一部分管理、服务、资金筹集和监督等功能依法转交给社会组织和社区，发挥社会的作用，提高社会救助效率，拓宽社会救助渠道。

2. 纵向管理体制

中国社会救助管理具有中国特色，各种不同项目的管理模式也不同。从法律法规政策的制定、救助的要求等管理看，属于中央政府统管方式；从救助相关内容的调整、贯彻实施、资金的发放等管理看，属于分散管理模式；从资金的筹集看，中央政府财政拨款虽大约占总比重的一半以上，然而政策规定是以地方政府为主要责任主体，同时地方政府会根据自身情况开设新的社会救助项目并自行管理。这都属于中央政府与地方政府分别负责的管理模式。

中国最低生活保障制度完全采用“属地管理”的分散管理体制。采取这种管理模式主要有两个原因。

第一，中国地域辽阔，人口众多。中国国土面积广大，实行集中管理模式是不现实的，中央政府不可能深入每一个地区对社会保障事务的具体实施进行干预和管理，这样不仅会造成管理工作的无序和低效，还需要投入大量的行政成本。

第二，中国地区之间差距大，发展不平衡，因此中国不同地区很难使用同一标准。另外，中国存在较大的物价水平差异，发达地区的物价以及生活成本比偏远地区要高得多。由于中国最低生活保障管理层次主要在区县，造成中国最低生活保障标准多达几千个。

二、社会救助管理体制

（一）日本社会救助管理体制的构成

日本社会救助管理运行机制中，厚生劳动大臣处于最高层，是最高负责人；各都道府县长官是下一层责任人，具体的实施机构是都道府县下设的民生主管部委托的社会福利所，町村是辅助机构，其中民生委员主要负责具体事务的实施。

根据《生活保护法》的规定，中央的厚生劳动省对于生活保护制度的保护对象的确认、补贴内容、补贴标准等拥有政策的制定权和解释权。而在生活保护制度的具体开展过程中，中央政府（厚生劳动省）则通过委托的方式把生活保护制度的实施权力移交给地方政府。具体来说，在日本，对于生活保护制度申请人的审核以及生活保护制度实施的决定权，归属于各个都道府县的知事、市长和设有社会福利事务所的町村行政首脑。这一权力是以委托执行的方式由中央政府移交给地方政府的。地方政府中一般设有主管社会福利和社会保障工作的民生部或民生局。民生部中设有主管生活保护制度的保护处（或被称为厚生处、社会处等）。保护处主要负责监督经办机构——福利事务所的工作情况，指导和检查保护设施的运营情况，以及生活保护制度的预算编制等工作。生活保护制度的具体执行权由地方政府通过委托方式移交给当地的社会福利事务所所长，并由其负责具体的实施工作（见图6－2）。

（二）中国社会救助管理体制的构成

中国社会救助管理体制是通过民政部门进行的。各级民政部门设立了相应的管理社会救助事务的职能机构。从中央人民政府到村（居）民委员会，是纵向领导关系，而各级民政部门及其所属社会救助管理职能部门之间则只是业务指导关系（见图6－3）。

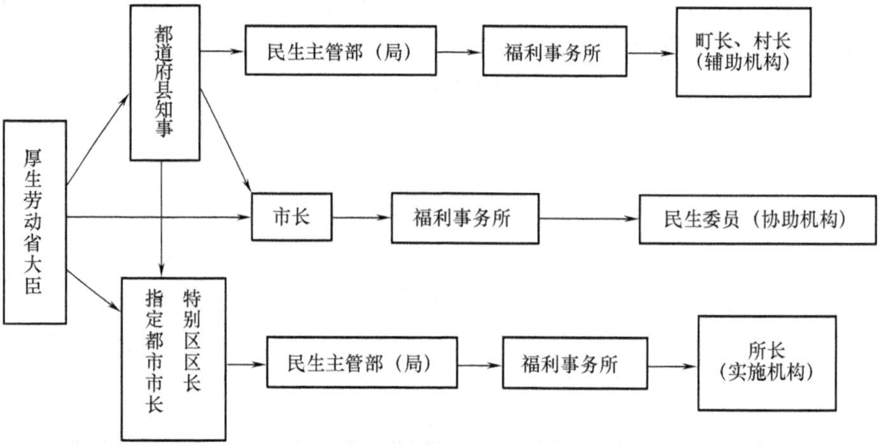

图6-2　日本社会救助管理体制的构成

资料来源:宋健敏. 日本社会保障制度[M]. 上海:上海人民出版社,2012:353.

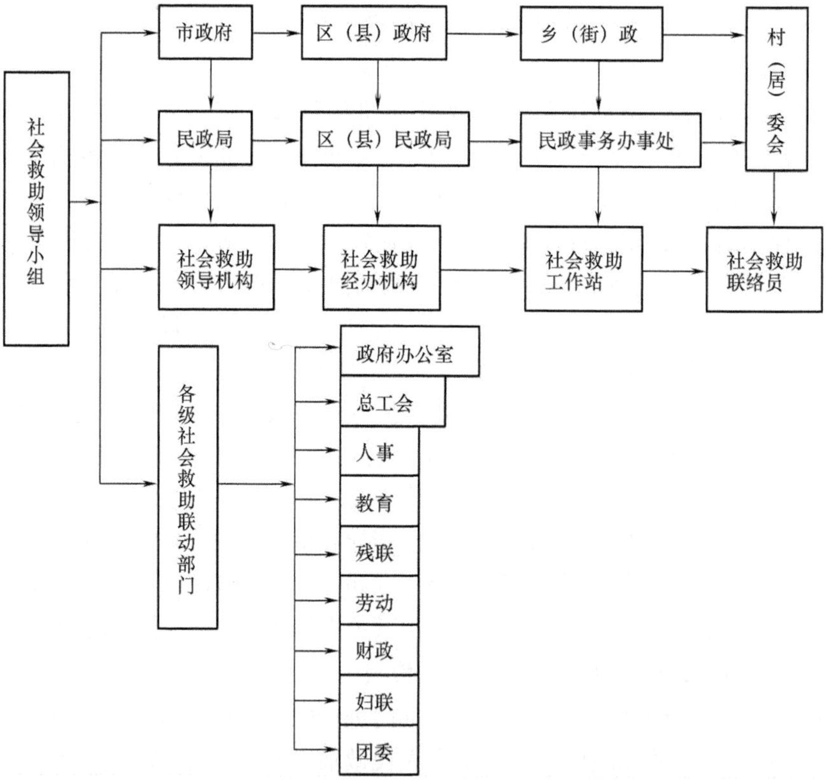

图6-3　中国社会救助管理体制的构成

资料来源:乐章. 社会救助学[M]:北京:北京大学出版社,2008:300.

第四节　中日社会救助管理机构

一、日本社会救助管理机构

（一）实施机构与服务人员

生活保护制度的实施机构是各福利事务所。每个都道府县以及指定都市、特别区都必须按区域划分福利地区，并在每个福利区设立福利事务所（《社会福利事业法》第13条第1项）。福利事务所除所长之外，另设有具体从事生活保护项目的现业员。现业员就是社区工作者，需要具有“社会福利士”的专业资格，从事被保护家庭的访问、面谈，对其进行资产调查并判定其是否需要保护以及保护的具体实施工作等。还有与对现业员进行指导、检查、监督的指导员和事务职员（《社会福利事业法》第14条第1项）。

没有设置福利事务所的町村，当其辖区内出现不能耽搁的被保护者时，町村首长有责任采取紧急措施，对其进行必要的保护（《生活保护法》第19条第6项）。《生活保护法》对町村首长做出以下义务的规定：①发现需要被保护者以及将其生活状况及时通报给保护实施机构或者福利事务所；②接受被保护申请时，将其交送保护实施机构；③根据保护实施机构或福利事务所的需要，将保护物资送交被保护者；④根据保护实施机构或福利事务所的需要，实施对被保护者的调查（《生活保护法》第19条第7项）。

（二）辅助机构与协助机构

上述直接设置社会福利事务所的都道府县知事以及指定都市市长、特别区区长等都被称之为生活保护设施机构，而无社会福利事务所的町村以及社会福利所的社会福利主事则被称之为辅助机构，其职责是辅助都道府县知事等落实生活保护事务。还有被称之为“民生委员”的民间无报酬福利工作人员，作为协助组织协助社会福利事务所、市町村进行各项生活保护的咨询、调查以及执行等各项工作。

二、中国社会救助管理机构

中央层级社会救助行政主管部门是民政部。在民政部的职能部门中，负责社会救助管理工作的机构主要是社会救助司，此外，涉及社会救助管理工作的还有社会福利和慈善事业促进司、社会事务司、救灾司等。

（一）社会救助司

社会救助司（原“最低生活保障司”）作为社会救助主管机构，主要职能有：制定社会救助政策和标准，建立健全社会救助体系；主管全国社会救助信息管理工作;制定五保户社会救济政策;组织城乡最低生活保障、医疗救助、临时救助工作;分配和监管中央财政最低生活保障投入资金;参与拟订教育、住房、司法救助相关办法。

(二)社会福利和慈善事业促进司

社会福利和慈善事业促进司负责组织和指导社会捐助工作;拟订老年人、孤儿和残疾人等弱势群体权益保护政策;拟订社会福利事业发展规划;拟订社会福利企业扶持政策;拟订社会福利机构管理办法和福利彩票发行管理办法;促进慈善事业的发展。

(三)社会事务司

社会事务司与社会救助有关的职能主要是流浪乞讨人员(包括流浪儿童)的救助管理。具体包括制定救助流浪乞讨人员的相关政策;组织建设救助保护项目;规范指导管理救助管理机构;协调开展救助工作。

(四)救灾司

救灾司与社会救助有关的职能主要是灾民救助。主要职责包括:订立救灾工作政策;建立自然灾害应急体系;协调组织救灾活动并统一发布工作;监督核查灾情;严格进行中央救灾款物管理、分配及监督使用工作;协调相关组织紧急转移安置灾民;恢复重建农村灾民毁损房屋;及时发放灾民生活救助与房屋受损补助;承办中央救灾物资储备工作;组织和指导救灾捐赠;拟订减灾规划;承办国际减灾合作事宜。

第五节　中日社会救助制度的管理比较

一、相同点

(一)履行事前申请原则

要获得救助,受助人必须根据自身的情况向有关部门申请。这种制度安排强调的是生活困难要主动寻求帮助,并不是被动地当然覆盖。在中国,《城市居民最低生活保障条例》第七条规定,城市最低生活保障的申请,首先要由户主向户籍所在地的街道办事处或镇人民政府提出书面申请,并出具有关证明材料,填写《城市居民最低生活保障待遇审批表》;在农村,由村委会接受和审理本辖区农村最低生活保障待遇的申请。村委会对提出申请的家庭进行登记,填写《农村居民最低生活保障待遇申请登记表》。在日本,申请人要到当地的社会福利事务所提交《保护申请书》,然后由社会福利事务所对其所提交材料进行审查,并在四天之内向申请人发出是否受理的通知。

（二）履行家计调查程序

家计调查是两个国家社会救助程序中的中心环节，直接决定申请人能否获得救助及救助水平。中国的家计调查由申请人所在基层组织的派出人员进行，城市中由申请人所在地的街道办事处或镇人民政府派遣调查员对其生活情况进行家计调查；在农村，由村委会派相关人员对申请人的家庭情况进行核实。日本的家计调查由福利事务所组织实施。

（三）中日最低生活保护程序中都有退出机制

在中国，《城市居民最低生活保障条例》第十条规定："享受城市居民最低生活保障待遇的城市居民家庭人均收入情况发生变化的，应当及时通过居民委员会告知管理审批机关，办理停发、减发或者增发城市居民最低生活保障待遇的手续。"在日本，相关法律规定，在被保护期间，被保护人有向社会福利事务所提交定期报告的义务，社会福利事务所也应通过家庭访问等形式对其生活给予定期的指导。

二、区别

（一）经办服务机构存在区别

中国最低生活保障经办业务主要由乡镇或街道低保经办机构承担。而日本的机构设置比中国更加精简，各项业务由地方的社会福利事务所全权负责，无论申请还是审批都由该部门集中处理。

（二）申请程序不同

在中国，只有本人提出申请，并履行所有程序后，方能获得救助，这种管理方式被称为"单向度的自下而上"式管理。在日本，生活保护的获得不仅可以由受助者主动申请，在一些紧急情况下，可以由社会救助机构先主动履行职责，事后再进行救助调查与核定，是一种自上而下的救助形式。这种制度安排，赋予了相应职权部门更多的自主权与弹性，使相关部门可以主动发现救助者，并先为其解决燃眉之急，再履行家计调查的程序。这种救助形式使被动地等待救助变为主动寻求救助者，使一些由于自身能力或知识局限难以主动申请的受助者可以获得相应扶助。

（三）对隐私的保护程度有所不同

中国的《城市居民最低生活保障条例》第九条规定："对经批准享受城市居民最低生活保障待遇的城市居民，由管理审批机关采取适当形式以户为单位予以公布，接受群众监督。任何人对不符合法定条件而享受城市居民最低生活保障待遇的，都有权向管理审批机关提出意见；管理审批机关经核查，对情况属实的，应当予以纠正。"公示制度有利于降低救助过程中的欺诈行为，但是也造成了受助者的耻辱感。而日本没有此种程序。

(四)退出程序不同

中国的生活保护政策只是原则性地规定最低生活保障家庭应当主动申报其收入变化情况,办理退保手续,而并没有对其如何具体实施、各部门如何进行监督做出安排。目前,作为主管城市最低生活保障工作的民政部门,几乎没有办法动态监控受助者的经济收入。而受助者所在的社区居委会并没有一套科学规范的标准来衡量被保人的家庭经济状况。这种情况导致了在一些地区,依靠个人主动申请的最低生活保障退出制度“名存实亡”。与中国相比,日本的退出机制更加完善,受助者要定期向管理部门提交报告,并且,相关工作人员还会通过家庭访问的形式对受助者给予定期指导。

第六节　中国社会救助管理存在的问题

一、社会救助管理法制建设不健全

尽管《中华人民共和国社会救助法》已经提上了立法日程,但自2008年发布意见征集稿起,到2013年8月列入立法计划,这部法律还没有真正颁布与施行。中国社会救助立法层次低,多是国家行政机关制定的法规、条例,没有国家立法机关制定的社会救助方面的法律。2014年5月1日正式施行的《社会救助暂行办法》,也没有达到预期的法律层次。可以说,社会救助问题并没有引起政府的足够重视,立法层次低导致制度不稳定,使得社会救助管理无法可依,降低了社会救助管理的公平与效率,使得不法不良行为有空可钻。

二、社会救助资金筹集机制不完善

中国社会救助资金主要来源于国家财政拨款以及社会筹集,除此之外还有信贷扶持、国际援助以及福利彩票的发行等。日本社会救助的资金全部来源于国家财政拨款,而中国每年投入社会救助的资金占财政支出的比重甚微,虽然近年来比重有所提高,但是相对于中国贫困人口的数量与需求来说,仍是相距甚远。目前,中国更多地强调地方社会救助的责任,但是,中国东西部经济水平差距显著,经济发达地区的地方财政可以承担社会救助资金,经济落后地区往往无法承担,需要中央的财政支持。同时,中央对地方社会救助的具体情况无法准确做出财政预算、估算,可能会造成地方贪污腐败的现象。对于中国社会资源进行的社会救助,其机制不完善、缺乏法律政策环境、慈善机构缺乏公信力以及人民缺乏慈善意识等,造成社会救助需求与供给信息不匹配,利用社会资源进行社会救助的实际与中国人口大国的事实不相匹配。

三、社会救助管理效率低

中国社会救助管理部门过于繁杂，有众多部门参与其中，并承担相应职责，但是没有明确规定其责任主体，各部门之间信息不畅、缺乏合作协调与交流，使得社会救助管理效率非常低。管理成本随之增加，社会救助的公平性也难以保证，不能满足受助者的不同救助需求。在现行分散管理体制下，各个地方救助标准、范围、内容等不同，无法形成统一的管理，工作衔接不畅，综合救助能力严重削弱，造成政府在整个社会救助体系中的错位乃至缺位，造成中国社会救助事业停滞受阻。同时众多部门中并没有社会救助监督部门，容易造成权利滥用与缺失，不能形成社会救助管理的激励与制约机制。

四、社会救助管理体制运行不畅

中国社会救助管理体制虽已初具规模，建立了自上而下的社会救助相关机构与队伍，完成了一定程度的信息化建设，但是人员素质低的问题较严重。目前，很多单位没有专门的社保经办人员，部分单位还让非相关人员兼任，即使有专门经（代）办员的单位，由于没有准入制度，其社保经办人上岗前没有接受过专业培训。而目前政策变化快、政策出台密集，没有系统知识和技能很难胜任；为了增强瞄准性，兼顾公平和效率，低保制度的设计不可避免地会带来耻辱感问题，同时耻辱感还受传统思想、思维认知以及低保的具体操作方式的影响。耻辱感的存在或加强会使一些低收入者避免进入低保的救助范围，成为低保制度目标定位的死角。中国的最低生活保障制度从 1997 年实施后，一直遭遇骗保、漏保、关系保及人情保等现象的困扰，尤其是出现一些“住豪宅、开豪车、领低保”的极端状况，引发社会的极大争议，造成恶劣的社会影响。产生这种现象的原因是多方面的，其中与中国低保对行为不端者惩罚力度小有一定关系。此外，中国社会救助信息化程度仍然较低，50% 以上的县级单位仍是人工操作。

第七节　日本社会救助管理对中国的启示

一、为社会救助管理提供法制化支持

立法机关应组织专门力量对中国社会救助工作进行立法调研，同时中国的法学界、社会学界和管理学界应结合目前社会救助的实际情况，对社会救助做深入系统地研究，为立法机关制定有关社会救助的法律提供理论上的支持，待条件成熟时，可颁布《社会救助法》的专项法律。通过国家最高形式的立法，真正让社会救助工作做到有法可依，规范全国的社会救助工作。

《社会救助法》须由全国人民代表大会及其常委会依照立法程序制定和颁布；《城镇居民最低生活保障制度》等一系列有关失业救助、住房救助、农村五保供养和流浪乞讨人员救助的行政法规是国务院根据《宪法》制定的，应由总理签署以国务院令颁布；各地区的有关社会救助的实施性条例由省、自治区、直辖市以及较大的市的人民代表大会及其常委会根据本行政区域的具体情况和实际需要制定。国务院部门规章，由国务院联合相关部委根据法律制定，但各职能部门制定的规章必须在各自权限范围内。例如，有关经济适用住房的管理规章，2007年由中华人民共和国建设部、国家发展和改革委员会、国土资源部以及中国人民银行等共同制定；有关失业救助的管理规章，由国务院、人社部联合制定。地方政府规章依照同样的模式进行责任划分，最低生活标准的特性要求考虑地方实际，各市、县人民政府联合物价、统计、财政和审计等部门制定，并经本地人民政府批准才能执行①。

二、完善社会救助资金筹集机制

社会救助是社会保障的最后一道防线，是满足最低生存需求，具有收入再分配功能的制度，世界各国的社会救助均由政府承担筹资责任，中国和日本也不例外，有所差异的是，中央与地方的责任分摊问题。从制度上看，日本的中央与地方责任划分更为明确，《生活保护法》明确规定，社会救助所需费用的75%由中央政府承担，25%由地方政府承担，甚至在福利设施的建造维护上，也都详细规定了中央与地方政府各自的职责。中国则把压力更多地压给了地方，筹集模式是“原则上由地方政府进行筹集，纳入财政预算，中央财政给予适当补贴”，没有将中央政府作为筹资主体，然而在制度运行中，近年来，中国中央财政的出资比例均超过了50%。

中央政府应设立社会救助专项基金，并根据中国实际国情及时调整基金支出结构，形成以实际需求为导向的资金投入结构。地方各级政府可依据人口状况、经济状况等，进一步优化财政结构，并将社会救助资金纳入当年财政预算中，提高社会救助支出在财政支出中的比重。建立社会救助资金多元化的筹资机制，进一步开放社会救助渠道，除传统固有的慈善模式，个人、企业以及社会的捐赠，随着淘宝众筹、支付宝爱心捐赠等新兴渠道的出现，促进了社会救助资金来源的多元化和有效性，但由此产生的问题是如何更加严格有效地监管社会救助资金的使用。首先应加快社会救助信息化建设的脚步，推进社会救助体系中各部门政务公开、财务公开（包括各个慈善机构），建立社会公示制度，方便群众进行监督，并建立专门监察

---

① 吕学静，康蕊．日本政府在社会救助中的立法责任研究——兼论对我国的启示[J]．中国劳动，2015(12)：70－74.

小组或者部门不定期进行抽查、检查；定期对受助者进行家庭收入情况复核，减少不必要的资金支出；各级民政部门也要对下一级部门的社会救助资金的发放、使用等进行监督；各街道办事处、居委会以及基层的民政部门在社会救助钱、物发放时，也要坚持透明公开化。

进一步吸引国外的慈善机构和社会团体在中国开设救助机构，同时加强与联合国救助机构的合作与交流，获取更多的社会救助资源发展中国社会救助事业。

三、明确各级政府责任

要明确各级政府的社会救助职能，形成清晰的政府职能框架。比如，中央政府应该注重整体的把控与调整、掌握整体框架，特别是资金方面的使用；省级政府要依据具体情况确定救助标准、调节社会救助资金分配等；基层的区县级政府一是要具体执行好社会救助的权利，二是要承担一部分支出的责任。此外，需要改变当前的不同项目分属不同管理部门的现状，调整和统一不同部门在社会救助工作中的职责，促使信息、物质和资金资源整合利用，提高资源利用和管理效率。

民政部、财政部采取开展重点抽查、建立低保经办人员和近亲属享受低保备案制度，地方各级政府要定期开展专项检查和通过政府购买服务等方式，鼓励社会组织参与、评估、监督低保工作，财政部门通过完善相关政策给予支持。建立健全低保投诉举报核查制度，公开监督咨询电话；民政部和省级民政部门对重大信访事件可直接督办①。

四、社会救助管理规范化、信息化

目前为加强公民的权利意识，应该加大低保等社会救助项目的宣传力度，让人们了解和接受基本生存权是自己的基本权利。同时，要优化工作程序，提高工作人员的素质，改善具体操作方式，让低收入者感受到友好、温暖和信任，使他们能够更好地配合低保工作。同时建议加大中国低保对行为不端者的惩罚力度，加大违法成本，以遏制违法行为。

加快信息化建设速度，积极推动薄弱环节即基层信息化的建设，填补部分地区信息化建设的空白；坚持“国家指导，地方负责，中央适当补助”的原则，以需求分析为先导，明确不同层次社会救助信息平台的主体需求，确立建设的重点与目标，各有侧重地推进各级信息化建设，协调处理决策、资金、经办服务的关系。建立自然灾害管理系统和救灾辅助决策支持系统，制定灾害评估、统计、紧急救援办法，探索灾情科学预报、评估、合理分配救灾款物的新途径，不断提高救灾的科学化管理水平。

---

① 胡芳肖，等. 社会救助理论与实务[M]. 西安：西安交通大学出版社，2015：373.

第七章　中日社会救助制度的政府责任比较

第一节　政府责任概述

在自由资本主义时期，盛行“廉价的政府”，坚持市场配置资源，反对政府的干预。亚当·斯密在《国富论》①中提出的主要观点是理性经济人假设理论。认为市场使社会更加公平，充满正义，是消除剥削的最佳手段，而政府只不过是充当着“守夜人”的身份，应放弃对市场的一切不必要的干预②。随着自由放任的资本主义市场的发展，贫富差距、两极分化、外部性和信息不对称等市场的弊端逐渐显现出来，社会利益矛盾日益尖锐，在这种情况下凯恩斯主义应运而生。凯恩斯反对自由放任主义，主张政府对市场的宏观干预，强调政府应该对社会财富实行收入再分配，救助社会贫困人口，扩大内需，促进经济增长，同时实现社会的和谐稳定。随着凯恩斯主义经济学的诞生，政府责任得以凸显。20 世纪 70 年代中期，西方出现了福利国家危机，市场失灵转变为政府失灵，但这仅说明政府的干预是有限的。不可否认的是，政府作为一种非市场机制，有责任去处理由市场失灵所带来的各种问题③。

政府责任是指政府及其官员因其享有和行使国家行政权而承担的遵循宪法原则，维护国家法律制度，保护国家安全、发展公共事业、维护公民生命和财产不受侵犯等方面的责任。对公民负责任的是责任政府，责任政府作为现代民主社会的基本诉求，意味着宪法和法律是政府及其官员施政的准绳；公民的权利与义务受政府切实的保障；政府的渎职、失职与违法行为必须承担法律责任。各国虽然在政治体制、行政体制方面有一定的差异，但都追求政府责任与责任政府的政治理念和模式，体现了现代政府的责任意识。

政府责任是一种责任意识，以人民主权为政治信念，以“法治”治理政务，推崇“负责任的政府”。政府是责任主体，政府对自己的各种行为或制度设计承担相应的责任形式，并对政府的消极行为进行制约，如政府可能因自身的行

① [英]亚当·斯密. 国富论[M]. 唐日松，等，译. 北京：华夏出版社，2013.

② 李珍. 社会保障理论[M]. 北京：中国劳动社会保障出版社，2013：293.

③ 李珍. 社会保障理论[M]. 北京：中国劳动社会保障出版社，2013：305.

为或制度设计而承担社会责任、经济责任、制度责任、生态责任等多种形式的责任①。

社会救助制度作为社会保障的基础系统，政府是当然责任主体。

第一，从社会救助制度的历史沿革看，政府应当成为社会救助的责任主体。1601 年，英国政府颁布了《伊丽莎白济贫法》(The Elizabeth Poor Law)，该法案的出台标志着济贫事业的开始。1942 年，英国经济学家“福利国家之父”贝弗里奇起草了《贝弗里奇报告——社会保险和相关服务》，强调了对那些未被社会保险覆盖的人员实行国民救助，政府承担主要责任。1948 年 7 月，英国颁布《国民救助法》，标志着现代社会救助制度的正式成立，从原有的恩惠救济转变为国民权利和政府的责任。随后日本等国也建立了现代社会救助制度。中国作为社会主义国家，以集体主义为原则，更加注重社会救助的政府责任。从经济学的角度分析，社会救助制度涉及收入的初次分配、再分配以及第三次分配。初次分配由市场调节，再分配则主要是政府的分配，第三次分配主要是社会的分配。其中，收入再分配是指政府通过制度安排，利用各种手段将一部分资源转移给弱势群体，以缩小贫富差距。

第二，从社会救助制度的发展目标看，政府应是社会救助的当然责任主体。社会救助制度以公平正义为原则，旨在减少社会成员之间收入、地位的不平等，克服贫困，维持人们基本的生活水平。因此，在效率与公平的选择中，社会救助制度更注重公平。而确保该制度的公平性，有效的途径是充分发挥政府的责任。

第三，社会救助制度作为一种公共产品，政府是当然的责任主体。萨缪尔森给出了公共产品的定义：公共产品是指这样的物品，即每个人消费这种物品不会导致别人对该物品消费的减少。公共产品有两个基本特征：一是非排他性，指某一个人或厂商对某产品的消费并不妨碍任何其他人对该物品的消费；二是非竞争性，是指当一种产品在增加一个消费者时的边际成本为零。如果市场提供公共产品，则会导致产品“闲置供应”或供应不足。所以，政府应当参与公共产品的供给并发挥主导作用。

社会救助制度是社会保障的最低层次，是社会弱势群体的“生命线”，是政府设立的最后一道安全网。无论日本还是中国，政府是社会救助的主体，直接主办并承担费用责任，运用资金、实物、服务等手段，以完成帮扶无法享受社会保险的穷人或享受社会保险后仍然生活在贫困线以下的个人和家庭。

---

① 陈建先，王春利．“政府责任”的语义辨析[J]．探索，2007(4)：76－79.

第二节 日本社会救助的政府责任

一、立法责任

社会救助是国家应该承担的法律责任,也就是说,社会救助具有强制性,不是可有可无的,这一强制性必须通过国家立法才能得到有效的体现。政府必须在社会救助制度的建立上担负起责任,包括制度的设计,制定法律、法规等。

在旧《生活保护法》的提案理由中,明确倡导了国家责任理念。当时的厚生大臣河合良做了如下说明:“毋庸讳言,虽然当前救护法、母子保护法、医疗保护法等仍在实施,还有对生活贫困者紧急生活救济事业也在开展,但是,这些法律都具有限定性,且保护的内容程度有差别,与当前的实际情况不符合。”因此,国家“为增进国民的福祉”,“有必要废除诸法规,新制定生活保护法。现在需要生活保护的人口众多,应不问其理由如何,废除差别性、优先性的做法,站在普遍平等的立场实行保护”①。

早期日本政府颁布大宝律令,对贫困人口实施救济,属于对弱势群体的恩惠政策,尚未具备社会救助制度的基本理念。1874 年,日本政府颁布了《恤救规则》,标志着日本社会救助制度的萌芽。在这部规则中,规定救助的对象是 70 岁以上由于残障、病重、衰老等引起的丧失劳动能力的老人以及 13 岁以下的儿童。明治中期以后,日本政府又颁布了一系列关于社会救助的法律,如《行旅②病人及行旅死亡人处置法》《下士官兵卒家属扶助令》《军事救护法》等,虽然这些法律都带有明显的恩惠和施舍的特点,但在当时却是社会的稳定器,有助于制度的进一步完善。

第二次世界大战结束后,日本陷入了极度混乱的状态,国民的生活水平普遍下降,大量国民处于生活贫困状态。日本政府于 1946 年颁布了《生活保护法》,并于 1950 年对旧《生活保护法》进行了全面修改,颁布了新《生活保护法》,将日本的社会救助制度带入了一个新的发展阶段,随着社会和经济的不断发展,日本政府先后对《生活保护法》进行了十多次的修订,逐步形成了日本完善而有特色的生活保障制度:对所有贫困的国民,根据其贫困的程度实施必要的保护,保障其最低限度的生活。

《生活保护法》与以往贫困制度的根本不同点是,它强调了国家的责任和保障国民最低生活水平无差别和平等。以立法的形式保障了无差别和平等,以立法的形式明确了国家对救助社会弱势群体具有不可推卸的责任,国家有责任保障所有国民享有“健康的、文明的”最低生活。

---

① 韩君玲. 日本最低生活保障法研究[M]. 北京:商务印书馆,2007:90.

② 行旅病人及行旅死亡人的意思是:外出途中发病或途中死亡的人。

无论城市还是农村,战争给日本带来了大量的战争孤儿和流浪儿,政府于1947年通过了《儿童福利法》。在明确国家对儿童健康成长应负责任的前提下,通过设立儿童咨询所、儿童福利司等机构,积极推进包括不满18岁的未成年人在内的儿童福利政策。与以往日本针对贫困儿童的保护和救护政策所不同的是,这是一种旨在保护和增进儿童的健康、改善和充实儿童成长环境的现代儿童福利制度。

《残疾者福利法》于1950年正式实施,一改以往只针对伤残军人的救助政策,把所有的残疾者都包括在国家救助的范围内,国家负责建造各种残疾者的训练设施,以此来帮助残疾者自食其力,增进残疾者的福利。

《精神病患者福利法》于1960年出台,该法为援助精神病患者,使其早日康复并进行必要的保护提供了制度性保障。

1963年,日本政府颁布的《老年福利法》,倡导以全体老人为福利对象,保护高龄者整体的利益。其主要内容是保障老年人的收入及从事保障收入以外的活动,如进行老人的健康检查,建立老年俱乐部、养老院等。在老龄社会还未到来的20世纪60年代,日本就颁布了面向全体高龄者的社会福利政策,这一点在当时具有一定的超前意识。

1964年,日本政府出台了《母子福利法》,有效地稳定和改善了母子的家庭生活,使儿童身心得到健康发展,并保障母子的健康和文化生活。

2013年,日本政府对《生活救助法》进行修改,在促进劳动自立方面:被保护者就业后,由于需要缴纳税金、社会保险费,为了支援其脱离最低生活保障后的不安定生活,创设了劳动自立给付金制度;在实施范围方面:新增保护实施机关的被保护者;在实施项目方面:着眼于健康、生活等方面的支援;在被保护者的义务方面,新增规定被保护者负有维持和促进健康,以及负有把握收入、支出等生活状况的义务;在福利事务所的调查权限方面:在资产及收入所限定的调查事项中,增加了对工作状况、求职活动状况、健康状况和扶养状况等的调查权限;在罚则方面:对于不正当领取生活保护费行为,从过去的“处以3年以下徒刑或30万日元以下罚金”修改为:“处以3年以下徒刑或100万日元以下罚金”,对于不正当领取生活保护费的返还金,另征收40%的费用金。

同时,日本国会通过了《生活穷困者自立支援法》。生活贫困者指现时经济穷困,不能维持最低限度生活者。该法规定:设置福利事务所的地方自治体实施自立咨询支援事业,除此之外,其业务也可以委托社会福利协议会、社会福利法人、非政府组织等实施;设置福利事务所的地方自治体,向因离职而失去住房的生活穷困者支付相当于房租的“住居确保给付金”。

要建立完善的社会救助体系,就应该首先使社会救助有足够的法律保障,从维护人的基本生存权、发展权角度出发,综合考虑困难群众多方面的需要,形成较为完整的制度体系，并且通过国家立法的形式加以规范，从而保证程序的严格性与稳定性，实现社会救助制度的规范性和强制性①。日本高度重视社会保障的立法，每一项社会救助项目都是立法先行而得以建立，整个社会保障制度从建立到执行都有完善的法律加以保护，避免了制度的随意性和因执政党改变而引起的社会救助政策上的较大变动。

二、财政责任

社会救助发展的理论与实践表明了政府在社会救助中承担不可推卸的财政责任。财政责任即提供社会救助资金与经费的责任。社会救助是用经济手段解决社会问题从而达到政治目的的制度安排，采取的是非供款制与无偿救助的方式，政府作为社会救助的义务主体，责无旁贷地承担社会救助的财政责任。

日本实现一级政府一级财政，各级财政只对本级政府负责，预决算由本级政府审批，各级政府独立征税的财税管理体制。国家财政由中央财政和地方财政组成，都道府县和市町村的财政统称为地方财政。在划分各级政府事权的基础上，确定中央财政和地方财政的收支范围，将税收划分为中央税、地方税和共享税。日本中央财政通过三种方式对地方政府实行补助：地方交付税、地方让予税和国库交付金。地方政府向中央政府的转移同样存在，但是数额很小。具体到社会救助领域，中央主要是通过国库支付实现财政转移，且关于社会救助的转移支付占国库支付金的主要部分，可细分为社会救助负担金、儿童保护费负担金、残疾人自立支援负担金和儿童津贴交付金等。如图 7－1 所示。

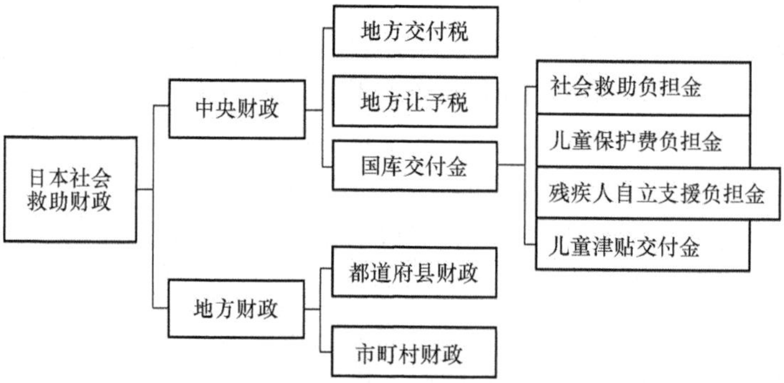

图 7－1　日本社会救助财政支出分类

资料来源：根据韩君玲《日本最低生活保障法研究》（北京：商务印书馆，2007 年版，第 32 页）内容整理而得。

① 张彦军．国外社会救助经验对我国的启示［J］．理论探索，2011（2）：95－98.

1929 年日本制定并于 1932 年开始实施的《救护法》规定，对因贫困而无法生活者依本法进行救护，救护的机关为被救护者居住地的市町村长，救护的费用由市町村负担，道府县及中央按照一定的比例给予补助。“为鼓励设置救护设施，促进其发展”，对救护设施，国库补助“1/2 以内”，道府县补助“1/4”[①]。道府县、市町村及其他公共团体对用于救护设施的土地或建筑物不能课租税及其他公税，救护设施负责人可以让收容在设施里的收容者进行适当的劳动。

旧《生活保护法》规定，生活保护所需费用原则上由市町村负担（东京都内区的某地域内居住者由东京都负担），无居住地者所需保护费由都道府县负担，国库补助 8/10，都道府县对于市町村的负担，再补助 1/10。立法者出于防止滥救的情况发生，规定其中一部分由地方负担。

新《生活保护法》第十章“费用”中规定，保护所需费用，由实施保护的市町村全额支付，国家、都道府县及市町村按照各自承担的划分比例负担费用。市町村必须支付实施保护所需费用，以及生活保护法施行所需必要的人事费及其他事务费。都道府县必须支付福利事务所管辖区域内所需的保护费、保护设施事务费及委托事务费，设置的保护设施的设备费，伴随本法施行所需必要人事费及行政事务费。

都道府县依据政令的规定，必须负担市町村支付的保护费、保护设施事务费及委托事务费的 1/4；市町村支付保护设施设备费的 1/4。国家必须负担市町村及都道府县支付的保护费、保护设施事务费及委托事务费的 3/4，市町村及都道府县支付的保护设施设备费的 1/2[②]。

三、监管责任

政府对全国社会救助工作的监管是一件庞大而又复杂的工作，需要一系列法律制度的保障，其中，责任追究制度是关键，也是监管得以实施的有力保障，可以说，没有严格的责任追究制度，就没有监管的良好效果。

对社会救助运行的监控，主要是通过有力的监督系统来实现，一般包括行政监督系统、财政监督系统、专门监督系统、司法监督系统和社会监督系统[③]。其中，行政监督系统包括：

（1）劳动和社会保障部门。通过其内设的基金检查机构，对社会保障经办及服务机构是否依法运行、有无损害受保障者的权益等行为进行监管。如厚生省 11 个局及 7 个部门，以及地方相对应机构。

（2）财政部门。监管内容包括：社会保障收支的年度预算情况，中期、长期计

① 韩君玲. 日本最低生活保障法研究[M]. 北京：商务印书馆，2007：32.

② 韩君玲. 日本最低生活保障法研究[M]. 北京：商务印书馆，2007：32.

③ 郑功成. 社会保障学[M]. 北京：商务印书馆，2012：128.

划执行情况，财政性社会救助基金使用情况。

(3)审计部门。对社会保障经办机构是否依法运行，社会救助基金的收支、运营情况进行审查。由大藏省的主计局负责拟订、执行国家预算和决算，由会计检察院负责财政收入与支出的监管。

(4)民政部门。监管内容为社会救助的财政拨款、待遇是否发放到位，慈善团体的运行是否规范。

四、实施责任

新《生活保护法》更好地融入了西方民主主义思想，凸显了基本人权的保障理念，真正实现了国家对贫困者生活扶助行为的“双向性”，即为国家低保管理机关从上而下依据低保法主动实施的职责扶助，以及贫困者从下至上向生活保障机关主动提出救助申请而获得的申请扶助。在日本，生活保障属于政府行为，由各级政府承担责任，厚生劳动省具体负责实施。最低生活基准的决定人是厚生大臣，实施人为都道府县及各地方市村的行政长官，具体事务则由专设的福利事务所负责。其中，厚生大臣在考虑需救助者的性别、年龄、收入、家庭总人数及家庭所处生活区域等客观因素的基础上界定低保救助标准，同时还需考察救助者是否具有独立生活的能力、资产的多寡和抚养义务是否繁重等因素。

日本的生活保护制度属于政府行为，政府为社会救助的责任主体。由各级政府负责实施，各个城市的市长负责城市贫民享有最低生活，町村则由都道府县的知事负责①。在实际保障工作中，由各地福利事务所承担生活保障制度的实施。1956年，日本颁布《社会福利事业法》，规定各市必须普设福利事务所，对需要救助的儿童、残疾人、弱智者、老人和寡母等实行生活保障。据厚生劳动省2009年的调查显示，日本有福利事务所1 242个②。福利事务所的人员编制包括所长、现业员、指导员和事务职员。其中，现业员相当于社工，拥有“社会福利士”的专业资格，是面向需要救助人群的一线工作人员。他们主要负责具体的生活保障项目的实施，如访问被保护的家庭、与被保护者面谈、对被救助家庭进行资产审查、判定是否对其实施救助以及保障程度如何等。而指导员和事务职员主要负责监督、指导、检查现业员的工作实施情况。

根据法律规定，各地的福利事务所具体承担生活保障制度的实施，由于可根据当地情况自行决定是否设立，町村的福利事务所很少。对于未设福利事务所的町村，由所属的都道府县福利事务所负责。一旦在未设福利事务所的町村出现需要救助的弱势群体，町村首长有责任采取紧急措施，对其进行必要的保护(《生活保

---

① 冯英，聂文倩. 外国的社会救助[M]. 北京：中国社会出版社，2007：81.

② 厚生劳动省网站. http://www.mhlw.go.jp/toukei/list/dl/75-16a.pdf.

护法》第 19 条第 6 项)。《生活保护法》规定了町村首长的几项义务:①发现需要被保护者以及将其生活状况及时通报给福利事务所或者保护实施机构;②接受被保护申请时,将其送交福利事务所;③根据福利事务所或者保护实施机构的需要,将保护物资送交被保护者;④根据福利事务所或者保护实施机构的需要,对被保护者实施调查。

日本的生活保护制度规定符合条件的被救助者有权享有生活补贴、住宅补贴、医疗补贴、教育补贴和其他补贴。表 7 - 1 显示了部分年份享受各项补贴的受助人员数量变化情况。

表 7 - 1　享受各项补贴的人员数量变化情况　　(人)

年份	人员合计	生活补贴	住宅补贴	医疗补贴	教育补贴	其他补贴
1990	1 014 842	889 607	730 134	711 268	135 793	3 080
1995	882 229	760 162	639 129	679 826	88 176	2 414
2000	1 072 241	943 025	824 129	864 231	96 944	69 148
2005	1 475 838	1 320 413	1 194 020	1 207 814	135 734	195 623
2006	1 513 892	1 354 242	1 233 105	1 226 233	137 129	208 079
2007	1 543 321	1 379 945	1 262 158	1 248 145	135 503	222 153

注:①其他补贴包括护理补贴、生育补贴、创业补贴和丧葬补贴四项。

②表内数据为该年度月平均人数。

资料来源:根据各年度厚生劳动省大臣官房统计情报部:《社会福祉行政业务报告》整理而得。

从表 7 - 1 得知,在各年度中,享受各项补贴的受助人员数量总体呈现下降趋势;享受生活补贴的人员最多,大约占受助人员的 90%;由于出生比率下降以及青少年受助人员比率越来越低,享受教育补贴的人员有所减少。

第三节　中国社会救助的政府责任

一、立法及制度责任

制度供给是社会救助发展的前提和基础,社会救助发展过程也是社会救助制度的完善和法制化过程。综观各国社会救助制度的产生和发展历程,都是以“先立法,后实施”为基本规律。社会救助的国家主导性,决定了国家在社会救助制度供给中的主体地位。国家必须在社会救助制度的建立上担负起责任,包括制定法律、法规和具体的制度设计等,将社会救助对象应当享有的各种正当性的利益诉求予以制度化,并最终实现权利化和法律化,为社会救助工作提供法律依据,使得社会救助各个方面的工作都能够做到有法可依,有章可循[①]。

新中国成立到20世纪末,中国的社会救济分为三类:自然灾害救济、孤寡病残救济、城乡贫困户救济。社会救济制度一直都没有形成比较系统的体系,可以说是应急性规定比较多。伴随着经济体制的改革、新的社会保障体系的建立,社会救助从20世纪90年代开始出现迅速的发展[②]。

1990年12月28日,第七届全国人民代表大会常务委员会第十七次会议通过了《中华人民共和国残疾人保障法》,并于1991年5月15日起施行。1997年12月,第八届全国人民代表大会常务委员会第二十九次会议通过《中华人民共和国防震减灾法》。1994年,国务院颁布了《农村五保供养工作条例》,对五保供养的对象、内容、形式及监督管理进行了规定。1997年,国务院在总结全国各地经验的基础上,发布了《关于在各地建立城市居民最低生活保障制度的通知》,要求在20世纪末,全国所有的城市都要建立城市居民最低生活保障制度。1999年9月,国务院颁布了《城市居民最低生活保障条例》,在全国范围内建立了城市居民最低生活保障制度。1999年,建设部制定了《城镇廉租房管理办法》,启动了城镇廉租住房建设工作。

2001年,《国务院关于基础教育改革与发展的决定》(国发〔2001〕1号)明确提出从当年开始,对贫困地区家庭经济困难的中小学生进行免费提供教科书制度的试点,在农村地区推广使用经济适用型教材。采取减免杂费、书本费、寄宿费等办法减轻家庭经济困难学生的负担,从此开始了"两免一补"的进程。2001年,党中央、国务院公布《中国农村扶贫开发纲要(2001—2010)》,确定了新世纪头十年中国农村扶贫工作的基本内容、实现途径、政策保障及组织领导。2003年,国务院颁布了《城市生活无着的流浪乞讨人员救助管理办法》,标志着中国城市生活无着的流浪乞讨人员救助管理制度正式建立。这是一项针对城市流动人口而设立的社会救助制度。将强制性收容遣送改为关爱性救助管理,建立以自愿受助、无偿受助为原则的新型社会救助制度,是中国社会救助制度的重大改革。

2003年2月开始,由民政部、卫生部、财政部共同建立实施的农村大病救助制度,拉开了农村医疗救助制度建设的序幕。2003年7月,《法律援助条例》于国务院第15次常务会议通过。2004年2月,国务院通过《基金会管理条例》,对基金会的设立、变更和注销、基金会的组织机构、财产管理和使用、监督管理及法律责任做出了明确规定。

2006年,国务院颁布新的《农村五保供养工作条例》,实现了农村"五保"从农民集体互助共济向财政供养为主的转变,五保供养制度成为真正意义上的社会保

---

① 杨思斌. 论社会救助法中的国家责任原则[J]. 山东社会科学,2010(1):44-48.

② 胡务. 社会救助概论[M]. 北京:北京大学出版社,2010:70.

障制度。

2006 年 1 月,《国家自然灾害救助应急预案》出台,明确了救灾工作的四级响应流程。按照救灾工作分级负责、救灾资金分级负担、地方配合投入资金,保障灾民灾后有饭吃、有水喝、有衣穿,有病能医,有房可住。2006 年,社会救助法被全国人大法工委列入立法计划,《社会救助法(草案)》8 月提交国务院法制办进行论证,并于 2007 年提请全国人大审议。

2007 年 7 月,国务院下发了《关于在全国建立农村最低生活保障制度的通知》,农村最低生活保障制度成为一种制度性安排,由试点地区逐渐扩大到全国农村。农村低保制度的目标是通过在全国范围内建立农村最低生活保障制度,将符合条件的农村贫困人口全部纳入保障范围,稳定、持久、有效地解决全国农村贫困人口的温饱问题。它克服了 20 世纪 50 年代初以来传统农村社会救助存在的救济面窄、救济标准低、制度建设落后等缺陷。2007 年 12 月 1 日,建设部、国家发展和改革委员会、监察部、财政部、国土资源部、中国人民银行和国家税务总局联合发布《经济适用住房管理办法》,以经济适用住房解决大多数人住房问题,为中低收入群众造福。2008 年 1 月,《就业促进法》正式实施,各级人民政府建立健全就业援助制度,采取税费减免、贷款贴息、社会保险补贴和岗位补贴等办法,通过公益性岗位安置等途径,对就业困难人员实行优先扶持和重点帮助。2011 年,国务院发布《关于保障性安居工程建设和管理的指导意见》,要求全面推进保障性安居工程建设,进一步加强和规范保障性住房管理,加快解决中低收入家庭住房困难,促进实现住有所居目标。

有法可依是建立社会保障制度的前提,完善的社会救助法规应该包括社会救助项目的管理、运营等环节,明确政府、企业、个人的三方责任。虽然中国已经制定了《城市居民最低生活保障条例》等文件,但中国的社会救助法律体系层次较低,仅限于“条例”层次,尚未出台社会救助法。因此,应加大立法力度并提高立法层次。如果说有法可依是前提,那么执法必严则是必要条件。对于违规操作行为,不仅应在法律条文中明确规定,更要在实际处置中给予严格的惩罚,并接受社会的监督,只有两者的默契配合,才能构建完善的社会保障体系。

二、财政责任

资金问题是社会救助的核心问题,社会救助的资金是否充足对于社会救助至关重要。政府必须在社会救助经费的筹集上负主要责任。与社会救助有关的各种费用都应由政府全额负担,从政府财政预算中列支。社会救助制度中受助者权利和义务的不对称性,决定了它不能像社会保险那样依靠社会共济、利益共享和风险共担的原则来筹资,只能由政府无偿地提供资金,并由政府根据实际情况采取不同的方式进行支出。

社会救助制度的实施首先要有稳定的资金基础。由政府实施社会救助制度的单向性、无偿性决定，在世界许多国家的财政总支出中，包含救助性制度安排的社会保障支出都占有相当的比重，政府财政一直是社会救助工作的财力基础。从中国社会救助资金来源看，中央财政、地方财政以及县级财政是社会救助的来源渠道。

由于中国政府宪政框架呈多层级发展的态势，因此确定以公共财政制度为基础的社会救助制度分级负担的财政安排成为必然。一是中央财政和地方分担。如作为较早制度化的城市最低生活保护制度，条例规定所需资金由地方人民政府列入财政预算，从 1999 年开始，中央财政开始为地方提供资金补助，并重点向中西部经济欠发达地区和各民族地区倾斜。目前从资金总量上看，中央财政已占较大份额。二是地方财政分级负担。参照中央与省级政府划分支出责任的做法，在已经建立社会救助制度体系框架的多数地方，也结合本地实际按照某种标准对救助制度所需财政资金在省、市、县、乡(镇)政府间划分。如有些地方出台的省级农村最低生活保障制度规定，所需财政资金按照政府行政级次分担。

中国是一个地区发展不平衡的大国，考虑到国民的社会救助权利应当平等，以及地区差距非短期内可以化解的现实，实行中央政府主导下的地方分责制是比较妥当的责任分担机制。换言之，在实施社会救助的过程中，制度性的、大规模的财政开支应当实行不同层级政府分担的原则。这种责任分担可以强化各级责任，增强社会救助支出的基础，但也带来同一层级政府之间责任不均等问题。按照现行的财政税收管理体制，社会救助资金主要由地方政府承担。这种机制造成当某一行政区域有较多贫困现象发生时，当地政府就要支付较多救助费用；而较少发生贫困现象的地区，政府可以少支付救助费用。从财政收入看，中央财政收入已超过地方财政收入，中央财政对社会救助的投入事实上也占国家财政供款的主体①。加之中央财政和省级财政在实现公共服务均等化的过程中负有重要责任，反映到社会救助制度的财政体制安排上，中央、省、市三级形成了一种梯次转移支付的工作架构，集中体现为中央财政要向省级财政转移部分财力，省级财政要向市县级转移部分财力以满足财政支付能力不足地方实施相关社会救助制度的需要②。

社会救助的资金保障，由地方各级人民政府列入财政预算，专项管理，专款专用；对财政困难的地区和遭受特大自然灾害的地区，中央财政按照规定给予适当补贴；发生重大自然灾害时，各级人民政府民政部门可以开展救灾募捐并接受国内外

---

① 郑功成. 中国社会保障改革与发展战略——救助与福利卷[M]. 北京：人民出版社，2011：62.

② 江治强. 我国社会救助的财政问题与对策探析[J]. 山东社会科学，2008(5)：46－51.

的社会捐赠。受赠的财产应当按照国家有关公益事业捐赠的规定使用①。

享受居民最低生活保障待遇的家庭，由乡镇人民政府或者城市街道办事处每月按标准发给最低生活保障金或实物券，也可以给付实物。符合专项救助标准的家庭子女，在义务教育阶段，县级以上地方人民政府应当免费提供教科书，补助寄宿生活费。符合专项救助标准的家庭成员参加城镇居民基本医疗保险或者新型农村合作医疗支付参保费用有困难的，统筹地区人民政府应当给予帮助。

三、监管责任

世界各国的社会救助制度发展进程表明，建立健全的监控机制会促进社会救助的良性发展，而缺乏有效监控的社会救助制度必然会偏离其预定的轨道。政府是社会救助政策的制定者，也是社会救助相关法律法规的立法参与者，政府应该承担监管责任。

（一）对社会救助金的监管

根据宪法和审计法等相关法律规定，按照党中央、国务院的部署，审计署在各级财政、人力资源社会保障、民政、卫生和银行等部门及单位的密切配合下，对 31 个省（区、市）、5 个计划单列市本级及所属市（地、州、盟、区）、县（市、区、旗）三级政府（以下分别统称省、市、县）和新疆生产建设兵团管理的 18 项社会保障资金，以及人民银行、农业发展银行实施行业统筹管理的职工基本养老保险基金进行审计，对地方试点或开展的其他社会保险进行调查，其中，城乡最低生活保障资金、城乡医疗救助基金、农村五保供养资金被列为重点审计对象。审计报告包括资金收支和结余情况，审计主要发现的问题及需要进一步完善的问题。

（二）对救助对象的监管

以城市居民为例，中国《城市最低生活保障条例》规定：享受城市居民最低生活保障待遇的城市居民有下列行为之一的，由县级人民政府民政部门基于批评教育或者警告，追回其冒领的城市居民最低生活保障款物；情节恶劣的，处冒领金额 1 倍以上 3 倍以下的罚款：采取虚报、隐瞒、伪造的手段，骗取享受城市居民最低生活保障待遇的；在享受城市居民最低生活保障待遇期间家庭收入情况好转，不按规定告知管理审批机关，继续享受城市居民最低生活保障待遇的。

（三）对慈善组织的监管

1988 年 9 月，国务院发布了《基金会管理办法》，对基金会的设立条件、基金的使用和管理做出原则规定。1989 年 10 月，国务院在对 1950 年政务院《社会团体登记暂行办法》修改补充的基础上，发布了《社会团体登记管理条例》，内容包括：总

---

① 贾楠. 中国社会救助报告[M]. 北京：中国时代经济出版社，2009：54.

则、管辖、成立登记、变更登记、注销登记和监督管理。《社会团体登记管理条例》在明确国家保护社会团体依照其登记的章程进行活动，其他任何组织和个人不得非法干涉的同时，强调了社会团体必须遵守宪法和法律、法规，维护国家的统一和民族的团结，不得损害国家的、社会的、集体的利益和其他公民的自由和权利。

1998 年 10 月国务院发布并实施了新的《社会团体登记管理条例》，加强新形势下对民间组织的管理。

1999 年 9 月颁布的《中华人民共和国公益事业捐赠法》开始施行，其旨在鼓励捐赠、规范捐赠和受赠行为，保护捐赠人、受赠人和受益人的合法权益，促进公益事业的发展。

四、实施责任

实施责任包括：建立社会救助实施机构，提供组织保障，承担具体的社会救助事务，提供相应的服务，建立社会工作专业制度，等等。社会救助的具体事务包括：对救助申请的登记、审查，社会救助者档案的管理，基金的使用、调剂和运营，基金的征集、计算和支付，提供相应的服务，等等。同时，政府应管理资金，防止资金流失，政府加强对资金的筹措和使用方面的管理工作。另外，政府举办相应的工程项目进行扶贫，为贫困人口举办技术培训班以帮助其就业，设立救助站收留流浪人口，设立公立医院进行医疗救助，提供法律援助，等等。实施对象范围的不断扩大，一定程度上体现了近些年中国政府救助责任的不断完善。如表 7－2 所示。

表 7－2　中国社会救助情况　　（万人）

年份	城市居民最低生活保障人数	农村居民最低生活保障人数	农村集中供养五保人数	农村分散供养五保人数	传统救济人数
2007	2 272.1	3 566.3	138.0	393.3	75.0
2008	2 334.8	4 305.5	155.6	393.0	72.2
2009	2 345.6	4 760.0	171.8	381.6	62.2
2010	2 310.5	5 214.0	177.4	378.9	59.5
2011	2 276.8	5 305.7	184.5	366.5	68.7
2012	2 143.5	5 344.5	185.3	360.3	79.6
2013	2 064.2	5 388.0	183.5	353.8	73.0

资料来源：根据《中国财政年》（2013）及民政部《2013 年社会服务发展统计公报》整理而得。

在国外，实施民间救助最主要的力量莫过于慈善机构，也可以反过来说，慈善机构的显著特点是民间性和社会性，慈善事业主要依靠民间的力量，弥补政府财力之不足。然而,中国却恰恰相反,政府在慈善事业发展中扮演了主角,中华慈善总会是一个具有政府背景的慈善组织。政府不仅是慈善组织经费的重要资助者,也是慈善活动的组织者、参与者以及管理者。另外,中国政府还负有对民间组织参与民间救助活动通过立法或政策给予积极的引导责任,以支持、鼓励和协调民间力量参与社会救助。比如,辽宁省政府大力引导非政府组织或民间团体参与社会救助,并得到了非常好的效果,已经建立了“扶贫超市”,形成了区(县、市)、街道、社区三级连锁网络,实行家电下乡。同时省及各市民政部门开通了便民服务系统,建立了服务承诺制、厅(局)领导接听制、机关干部值班制等项制度。当地弱势群体能得到及时的救助,摆脱生活的困境。

第四节　中日社会救助中政府责任的比较

一、机构设置比较

日本社会保护制度的行政部门分为管理部门和执行部门。其中,负责管理社会福利工作的国家行政机关是厚生劳动省。在中央一级的行政机关中,配合厚生劳动省参与社会福利管理与监督工作的还有总务省(老年人对策、青少年对策)、经济产业省等有关部门。在地方,一般设有主管社会福利和社会保障工作的民生部或民生局。民生部中一般设有主管生活保护制度的保护处(或厚生处、社会处等名称)①。社会保护制度的执行部门为当地的社会福利事务所,由其负责具体的实施工作。除上述政府组织以外,日本的民生委员会也参与生活保护管理,此会属于协助政府进行社会救助管理及实施工作的志愿者组织。除此以外,日本还有许多民间的福利组织共同参与社会救助工作。

中国最低生活保障工作的管理部门是民政部门,最低生活保障制度实行地方各级人民政府负责制。目前,中国最低生活保障的行政管理实行五级管理。县级以上地方各级人民政府民政部门具体负责本行政区域内居民最低生活保障的管理工作。目前,只有北京、上海、天津和重庆四个直辖市实行省级统一管理,其他省区均实行省级以下管理,大部分地区由区县负责管理。最低生活保障的经办管理则主要由村委员或居委会负责,少数地区建立了最低生活保障的专门经办机构。

在日本,厚生劳动省社会救援局是最高管理机关,而真正负责审核和执行的机构是社会福利事务所,社会救济制度主要靠市町村进行运作②。

在中国,社会救助属于社会保障中的一部分,所以相对应的机构为人力资源和

---

① 杨立雄,于洋,金炳彻. 中日韩生活保护制度研究[M]. 北京:中国经济出版社,2012:105.

② 方洁. 日本社会救助制度中的财政责任问题研究[J]. 群文天地,2012(18):237 - 238.

社会保障部，但社会救助由民政部门主管，且社会的行政管理、资金管理和救助对象管理分属政府多个行政部门。社会救助基金的支出由财政部及地方各级政府负责，保障房建设牵涉住建部的部分工作，教育救助须教育部配合相关政策落实，卫生部则配合医疗救助工作。

日本的“低保”制度规定了不服申诉的权利救济程序，需保障者的申诉路径为向市町村长、都道府县、厚生大臣逐级提出生存保障的请求。

中国农村低保的实施程序遵循个人申请、村级初审、乡镇审核、县级审批、全面公示和社会化发放的运作机制。

中日社会救助机构设置情况如表7－3所示①。

表7－3　中日社会救助机构设置比较

	日本	中国
中央	厚生劳动省、总务省、经济产业省	人力资源和社会保障部、民政部、住建部、教育部、卫生部
地方	民生部或民生局社会福利事务所、民生委员会	地方人社局、地方民政局

二、财政责任比较

国内国外的大量事实证明，政府的财政投资于人，投资于公共医疗和社会保障事业，才是最高效率、最少浪费的投资。社会救助制度的有效运行离不开资金的支持，其中公众个人和社会都有一定责任，但是起主要作用的还是政府。例如，公共设施的建立，职能部门日常运转与管理的维持，相关工作人员待遇的发放以及不同社会救助项目中政府直接承担的资金支持责任等。随着国家经济的发展，用于社会救助方面的支出也应随之增长，这是国民感受到分享社会发展成果的途径。社会救助和最低生活保障制度是针对社会最底层群众提供的经济扶助，以帮助其维持最基本的生活水平，应该由政府承担完全的财政责任②。

在当今世界，社会救助往往被视为纯粹的政府行为，其中，为社会救助提供财政支持是政府履行这一职责的主要方式。日本的财政支出体系较为成熟，各层级职责划分清晰，由国立社会保障人口问题研究所提供的《社会保障统计年报》分别显示了按服务对象、服务项目划分的社会保障支出，其中生活保护支出占社会保障总支出的2.5%～3.6%。在中国，社会救助财政支出分为：就业补助支出、城市居

① 丁国峰，赵新龙，王祥军．日本“低保”制度及其对我国的借鉴意义[J]．北京交通大学学报(社会科学版)，2011(3)：99－103.

② 陈兵．论政府在社会保障中的责任[J]．劳动保障世界(理论版)，2012(11)：4－8.

民最低生活保障支出、自然灾害生活救助支出和农村最低生活保障支出，其中，就业补助与城市居民最低生活保障所占比重较大，约占社会保障总支出的6%左右。如表7-4所示。

表7-4　中日社会救助财政支出比较

年份	中国		日本	
	社会保障支出（亿元）	社会救助支出（亿元）	社会保障支出（亿日元）	社会救助支出（亿日元）
2007	5 447. 16	496. 71	927 031	23 259
2008	6 804. 29	997. 32	953 621	23 946
2009	7 606. 68	1 003. 67	1 010 998	27 136
2010	9 130. 62	1 319. 84	1 046 793	29 069
2011	11 109. 40	1 572. 19	1 074 950	39 478
2012	12 541. 79	1626. 8	—	—
合计	52 639. 94	7 016. 53	5 013 393	142 888

资料来源：根据社会保障费用统计（2011年）及《中国财政年鉴（2013）》整理而得。

三、救助对象比较

日本的生活保护对象包括：失业人员、下岗的就业人员以及非正规劳动力（非正式工）、老年人、孕妇、母子和残疾人等。日本生活保护制度受助群体主要集中与老年人和劳动年龄阶段的人员。目前，日本在"全民皆保险"的政策下，多数人都有一定的生活保障。但社会也如同大网捞鱼，总有些小鱼要从网中漏掉一样，会有人没有受到最低生活的保障。所以，日本宪法规定，所有的日本国民都有过健康、文明的最低限度的生活的权利，生活保障制度就是为实现这一目标设定的。因此，可以说，日本生活保障制度的对象是所有国民[①]。日本老年人受助比重连年攀升的原因主要是人口老龄化的冲击。日本严重的人口老龄化问题给日本的养老金制度造成了财务上的重大冲击，加之受经济危机和经济发展不景气的影响，得不到有力的财政支持，日本老年人的年老风险不得不下放到生活保护制度中，以此维持老年人的基本生活。

中国自实行城市居民最低生活保障制度以来，救助对象主要为下岗人员、退休人员、失业人员及其家属以及"三无"人员（指由民政部门收养的无生活来源、无劳动能力、无法定抚养义务人的公民）。中国城市居民最低生活保障制度中的受助对象主要以工作年龄段的人为主。这种情况出现的原因有三点：一是中国作为人口大国，劳动

① 吕学静．日本的生活保障制度及其对中国的启示[J]．民政论坛，2000(4)：39-43.

力市场中一般技能的劳动力供给远大于市场需求，加之农村也存在劳动力剩余的问题，使得城市中工作年龄阶段的人找不到工作处于失业状态较为常见。二是中国存在着大量的临时就业人员，这些人员的工作状态并不稳定，使得许多临时就业人员随时面临丢失工作而陷入失业和贫困的风险。三是中国社会保障体系的不完善，如医疗保险报销门槛高、工伤保险程序烦琐、失业保险缺乏激励就业功能等导致了劳动年龄阶段的社会成员在遭遇疾病、工伤和失业风险后，返贫风险增加。

中国农村最低生活保障的受助者则以老年人为主。农村贫困出现老年化趋势的原因在于：一是农民缺乏养老保险，使得农民遇到的最大风险——老年风险得不到来自制度安排上的化解，加之农村家庭养老功能的弱化，导致农村老年贫困发生率居高不下；二是农村的医疗保险制度因其滞后性和不合理性，使得农村老年人在遭遇疾病时，无法从现有的新型农村合作医疗保险制度中获取足够的保障；三是中国农村居民收入长期偏低，老年人在失去劳动能力后，无法依靠微薄的积蓄养老，而子女的转移支付能力也长期不足，因而老年人易陷入生活困境。中日社会救助对象情况如表 7 – 5 所示①。

表 7 – 5　中日社会救助对象比较

救助对象	日本	中国
儿童（学生）	《儿童福利法》 《母子福利法》	《国务院关于基础教育改革与发展的决定》《关于建立健全普通本科高校高等职业学校和中等职业学校家庭经济困难学生自助政策体系的意见》
残疾者	《残疾人福利法》 《精神病患者福利法》	《残疾人保障法》
老年人	《老年人福利法》	
城镇居民	《生活保护法》	《城镇居民最低生活保障制度》 《经济适用住房管理办法》 《就业促进法》 《关于保障性安居工程建设和管理的指导意见》
农民	《生活保护法》	《农村五保供养工作条例》 《中国农村扶贫开发纲要（2001—2010）》 《关于在全国建立农村最低生活保障制度的通知》
流浪乞讨人员	《生活保护法》	《城市生活无着的流浪乞讨人员救助管理办法》
自然灾害受害者	《生活保护法》	《国家自然灾害救助应急预案》 《中华人民共和国防震减灾法》

① 贾楠. 中国社会救助报告［M］. 北京：中国时代经济出版社，2009：64.

第八章 中日社会救助实施状况比较

第一节 社会政策评估概述

社会救助政策属于公共政策的范畴,因此,其评估可以借鉴公共政策的评估标准。政策评估标准就是政策评估的参照系或基本依据,其实质就是对政策进行评判的价值准则。政策评估的价值标准可以区分为基本价值标准和具体价值标准,基本价值标准决定和制约着具体的价值标准。基本价值标准的取向不同,就产生了不同的政策评估理论和相应的评估路线。自公共政策科学产生以来,政策评估理论经历了两个阶段,即实证主义政策评估和后实证主义政策评估。从公共政策运行的实践看,在操作过程中,目前,人们比较认同的政策评估标准有效果标准、效率标准和效应标准。社会政策的目标一般都是多维的,其中缓解贫困是其首要的目标。结合一般意义上的公共政策评估标准,我们将从三个方面对社会救助政策进行评估。

一、社会救助政策对贫困人口的包容能力

社会救助制度的效果如何,简单和直接的评价指标就是制度的覆盖面如何,是不是做到了应保尽保。在此,我们将通过社会救助制度的救助规模指标来评估其对贫困人口的包容能力,主要包括享受城乡低保的户数和人数、医疗救助的人数、临时救助的人数等。

二、社会救助政策的保障水平

社会救助政策的重要功能性目标是保障和改善受益对象的生活,因此,政策能在多大程度上缓解贫困取决于制度的保障水平。当然这种保障水平并不是越高越好,而是有个适度标准,且随着经济的发展在不断发生变化。社会救助政策的保障水平指标主要包括城乡低保的标准、人均受助金额、财政投入水平等。

三、社会救助政策的公平性

维护社会公平是社会救助政策的天然使命。要发挥社会救助政策的效果,就要

确保制度的公平性，让不同地区处境相同的贫困人群拥有大体相同的收益。目前，中国的最低生活保障制度是城乡分割的，社会救助的公平性如何，尤其值得关注。

第二节　日本社会救助实施现状与效果评估

一、救助规模

据日本厚生劳动省的公开数据，日本生活救助人数和救助率呈连年上升趋势。2006 年，日本生活保护救助人数为 18 166 704 人，月平均救助 1 513 892 人；2011 年，救助总人数上升至 24 806 933 人，月救助人数为 2 067 244 人。如表 8－1 所示。

表 8－1　日本生活保护制度救助人数、保护率的变迁

年份	2006	2007	2008	2009	2010	2011
总人数	18 166 704	18 519 854	19 111 434	21 162 859	23 424 756	24 806 933
月平均人数	1 513 892	1 543 321	1 592 620	1 763 572	1 952 063	2 067 244
保护率(%)	11. 8	12. 12	12. 5	13. 8	15. 2	16. 3

资料来源：根据国立社会保障·人口问题研究所相关资料整理而得。

以日本生活救助中的医疗救助为例，近五年来，其救助人数也是连年上升的。2007 年，医疗救助总人数为 1 248 145 人；2011 年，上升至 1 657 093 人。如表 8－2 所示。

表 8－2　医疗救助总人数的变迁　　（人）

年份	2007	2008	2009	2010	2011
人数	1 248 145	1 281 838	1 406 456	1 553 662	1 657 093

资料来源：根据国立社会保障·人口问题研究所相关资料整理而得。

二、救助水平

相比于救助人数和家族数，日本生活保护的救助水平提高的速度并不快。2007 年，生活保护的人平均救助额是 141 333 日元；2011 年，增长到 141 686 日元。其中，2009 年和 2010 年增长幅度较大；2011 年又有所下降。如表 8－3 所示。

表 8－3　生活保护人均月救助额　　（日元）

年份	2007	2008	2009	2010	2011
平均救助额	141 333	141 306	142 097	142 141	141 686

资料来源：根据国立社会保障·人口问题研究所相关资料整理而得。

三、生活保护制度财政支出

日本生活保护费的总支出一直呈现连年上升的趋势，2005 年为 25 942 亿日元；2010 年上升至 33 296 亿日元，2012 年上升至 37 232 亿日元。如表 8－4 所示。

表 8－4　生活保护财政支出　（亿日元）

年份	2008	2009	2010	2011	2012
总财政支出	27 006	30 072	33 296	35 148	37 232

资料来源：根据国立社会保障・人口问题研究所相关资料整理而得。

从生活保护制度的各个项目看，其财政支出均呈上升趋势。以医疗救助支出为例，2006 年该项目财政支出为 13 509 亿日元，2010 年上升至 15 701 亿日元。如表 8－5 所示。

表 8－5　医疗救助财政支出　（亿日元）

年份	2006	2007	2008	2009	2010
财政支出	13 509	13 061	13 395	14 525	15 701

资料来源：根据国立社会保障・人口问题研究所相关资料整理而得。

社会救助制度各项救助费占总救助费的比例是不同的，一般来说，医疗救助费所占比例最高，一般都在一半左右，近年来有下降的趋势；生活救助费所占的比例也比较大，一般在 1/3 左右，近年来有上升的趋势；住宅救助费所占比例超过 10%，近年来上升趋势也比较明显。如表 8－6 所示。

表 8－6　日本社会救助各项目救助费占比

年份	2005	2006	2007	2008	2009	2010
生活保护费总支出（亿日元）	25 942	26 333	26 275	27 006	30 072	33 296
医疗救助费占比（%）	51.9	52.3	49.9	49.6	48.3	47.2
生活救助费占比（%）	32.7	32.8	33.3	33.2	33.8	34.7
住宅救助费占比（%）	12.6	13.1	13.7	14.1	14.7	15
护理救助费占比（%）	1.8	1.9	2.1	2.1	2.0	2.0
其他救助费占比（%）	0.9	1.0	1.0	1.0	1.2	1.1

资料来源：根据国立社会保障・人口问题研究所相关资料整理而得。

从支出占 GDP 的比重看，日本生活保护支出比重不断上升。1990 年，生活保护支出占 GDP 的比重仅为 0.3%，2002 年上升至 0.44%，到了 2012 年已达到 0.78%。可见，日本对生活保护制度的投入力度不断加大。如表 8－7 所示。

表 8－7　日本生活保护支出占 GDP 的比重（%）

年份	1990	2003	2004	2005	2006	2007	2008	2009	2010	2011	2012
比重	0.3	0.49	0.50	0.51	0.52	0.51	0.54	0.64	0.69	0.75	0.78

资料来源：根据国立社会保障・人口问题研究所相关资料整理而得。

第三节　中国社会救助实施现状与效果评估

一、救助规模

救助规模体现了社会救助制度的覆盖广度，反映制度所惠泽的人数。在其他条件不变的前提下，中国城乡居民最低生活保障制度在实践中所救助的人数受到两个因素的直接影响：一是城乡居民的收入和财产状况，即贫困程度；二是各地最低生活保障标准。一般而言，如果制度的瞄准不发生差错，所有符合当地低保制度规定标准的贫困人员（家庭）都属于救助对象。

（一）城乡低保规模

截至 2014 年年底，全国共有城市低保对象 1 026.1 万户，1 877.0 万人，从对象人数和家庭数看，与 2013 年相比均有所下降（截至 2013 年年底，全国共有城市低保对象 1 097.2 万户，2 064.2 万人）；截至 2014 年年底，全国有农村低保对象 2 943.6万户，5 207.2 万人，低保对象和家庭数与 2013 年基本持平（截至 2013 年年底有农村低保对象 2 931.1 万户，5 388.0 万人）；截至 2014 年年底，全国有农村五保供养对象 529.1 万人，比上年下降 1.5%（截至 2013 年年底，全国有农村五保供养人口为 537.2 万人）。其中：农村五保集中供养 174.3 万人，集中供养年平均标准为 5 371 元/人，比上年增长 14.6%；农村五保分散供养 354.8 万人，分散供养年平均标准为4 006元/人，比上年增长 14.5%（截至 2013 年年底，农村五保集中供养 183.5 万人，集中供养年平均标准为 4 685 元/人，比上年增长 15.4%；农村五保分散供养 353.8 万人，分散供养年平均标准为 3 499 元/人，比上年增长 16.3%）①。如表 8－8 和图 8－1 所示。

① 2014 年民政部《社会服务发展统计公报》。

表 8－8　城市、农村最低生活保障制度规模　　（万人）

年份	2007	2008	2009	2010	2011	2012	2013	2014
城市	2 272. 1	2 334. 8	2 345. 6	2 310. 5	2 276. 8	2 143. 5	2 064. 2	1 877. 0
农村	3 566. 3	4 305. 5	4 760	5 214	5 305. 7	5 344. 5	5 388. 0	5 207. 2
农村五保	531. 3	548. 6	553. 4	556. 3	551	545. 6	537. 2	529. 1

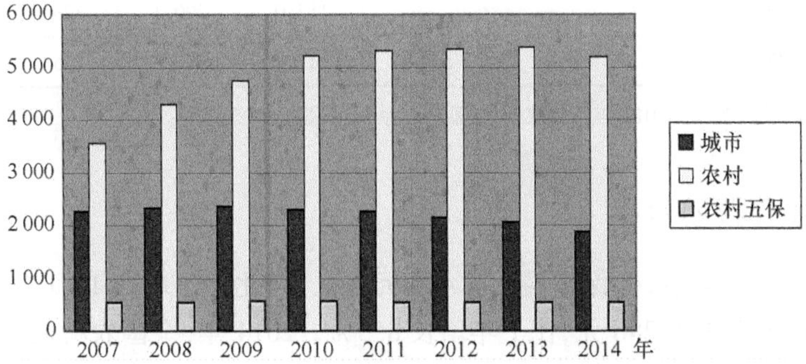

图 8－1　城市、农村最低生活保障制度规模

资料来源：根据 2007—2014 年民政部《社会服务发展统计公报》整理而得。

（二）医疗救助和临时救助规模

中国的医疗救助和临时救助制度建立以来，发展速度非常迅速。2003 年和 2005 年，中国分别建立了农村医疗救助和城市医疗救助制度，2009 年建立了临时救助制度。从分城乡的数据看，城市救助规模的扩展更为明显。城市医疗救助 2008 年为 1 086. 2 万人次，此后连年上升，到 2011 年为 2 222 人次，2012 年略有下降；2013 年民政部门资助参加城镇居民基本医疗保险 1 490. 1 万人，民政部门资助参加新型农村合作医疗 4 868. 7 万人，直接医疗救助 2 126. 4 万人次；2014 年，全国实施医疗救助 9 119 万人次，其中，住院救助 1 106. 6 万人次，门诊救助 1 288. 7 万人次，资助参保参合人次为 6 723. 7。

临时救助建立以来救助人数也呈上升趋势，2012 年，城市和农村共临时救助约 900 万人次。2013 年临时救助 698. 1 万户次，其中，按户籍性质分类，城市家庭 323. 0 万户次，农村家庭 375. 1 万户次；按属地分类当地常驻户口 681. 0 万户次，非当地常驻户口 17. 2 万户次；按救助类型分类支出型临时救助 620. 5 万户次，应急型临时救助 77. 6 万户次；2014 年临时救助 650. 7 万户次，其中，按户籍性质分类城市家庭 333. 5 万户次，农村家庭 317. 2 万户次；按属地分类当地常驻户口 631. 5 万户次，非当地常驻户口 19. 2 万户次；按救助类型分类支出型临时救助 533. 9 万户次，应急型临时救助 116. 8 万户次。由以上数据可见，城镇临时救助的规模在扩大，而农村临时救助的规模却有所缩小。如表 8 –9 所示。

表 8 –9 医疗救助和临时救助规模 （万人次）

年份	2008	2009	2010	2011	2012	2013	2014
城市医疗救助	1 086. 2	1 506. 3	1 921. 3	2 222	2 077	1 490. 1	—
农村医疗救助	4 191. 9	4 789. 1	5 634. 6	6 297. 1	5 974. 2	4 868. 7	6 723. 7
城市临时救助	—	—	—	153. 0	290. 1	323. 0	333. 5
农村临时救助	—	—	546. 4	613. 7	596. 8	375. 1	317. 2

资料来源：根据 2008—2014 年民政部《社会服务发展统计公报》整理而得。

二、社会救助水平

2014 年，全国城市低保平均标准 411 元/人、月，比上年增长 10. 1% ；全国城市低保月人均补助水平 286 元，比上年增长 8. 3% 。2014 年，全国农村低保平均标准 2 777 元/人、年，比上年提高 343 元，增长 14. 1% ，全国农村低保月人均补助水平 129 元，比上年增长 11. 4%①。如表 8 –10 所示。

表 8 –10 社会救助水平 （元/人、月）

年份	2009	2010	2011	2012	2013	2014
城市低保平均标准	227. 8	251. 2	287. 6	330. 1	373. 0	411
城市低保月人均补助水平	172. 0	189. 0	240. 3	239. 1	264. 0	286
农村低保平均标准	100. 8	117. 0	143. 2	172. 3	202. 8	231. 4
农村低保月人均补助水平	68. 0	74. 0	106. 0	104. 0	116. 0	129
资助参加城镇居民医疗保险人均救助水平	52. 0	67. 9	84. 0	53. 5	96. 7	—
直接资助城市居民人均救助水平	809. 9	793. 6	858. 6	764. 7	—	—
资助参加新型农村合作医疗人均救助水平	30. 3	45. 6	57. 5	25. 9	61. 7	—
直接资助农村居民人均救助水平	657. 1	635. 8	721. 7	676. 6	—	—

资料来源：根据 2009—2014 年民政部《社会服务发展统计公报》整理而得。

三、社会救助财政支出状况

（一）城乡低保财政支出

2014 年，全年各级财政共支出城市低保资金 721. 7 亿元，比上年略有下降。其

① 2014 年民政部《社会服务发展统计公报》。

中，中央财政补助资金 518.88 亿元，占总支出的 71.9%。2013 年各级财政共支出城市低保资金 756.7 亿元，比上年增长 12.2%，其中，中央财政补助资金 545.6 亿元，占总支出的 72.1%①。

2014 年，全年各级财政共支出农村低保资金 870.3 亿元，比上年略有增加。其中，中央财政补助资金 582.6 亿元，占总支出的 66.9%；2013 年，全年各级财政共支出农村低保资金 866.9 亿元，比上年增长 20.7%，其中，中央补助资金 612.3 亿元，占总支出的 70.6%②。如表 8－11 所示。

表 8－11　城市和农村低保财政支出　　（亿元）

年份	2008	2009	2010	2011	2012	2013	2014
城市低保金财政支出	393.4	482.1	524.7	659.9	674.3	756.7	721.7
其中：中央补助资金	—	359.1	365.6	502.0	439.1	545.6	518.88
农村低保金财政支出	228.7	363.0	445.0	667.7	718.0	866.9	870.3
其中：中央补助资金	—	255.1	269.0	502.6	431.4	612.3	582.6

资料来源：根据 2008—2014 年民政部《社会服务发展统计公报》整理而得。

（二）医疗救助财政支出

2008 年，中国城市医疗救助制度从试点时期进入全面实施阶段，农村医疗救助制度进一步规范完善，中国城乡医疗救助模式基本确立。2009 年，民政部等四部门出台关于进一步完善城乡医疗救助制度的意见，城乡医疗救助已纳入国家基本医疗保障体系。2012 年覆盖城乡的医疗救助制度全面建立。2013 年各级财政共支出城镇居民参加医疗保险资助参保资金 14.4 亿元；资助农村居民参加新型农村合作医疗资金 30.0 亿元；各级财政共支出直接医疗救助资金 180.5 亿元；支出优抚医疗补助资金 32.5 亿元；2014 年支出医疗救助资金 252.6 亿元，其中，住院救助 180.2 亿元、门诊救助 24 亿元，资助参保参合 48.4 亿元③。如表 8－12 所示。

表 8－12　城乡医疗救助财政支出　　（亿元）

年份	2008	2009	2010	2011	2012
城市医疗救助	29.7	41.2	49.5	67.6	70.9
农村医疗救助	38.3	64.6	83.5	120.0	132.9

① 2013 和 2014 民政部《社会服务发展统计公报》。
② 2013 和 2014 民政部《社会服务发展统计公报》。
③ 2013 和 2014 民政部《社会服务发展统计公报》。

（三）社会救助支出水平

改革开放以来，中国国民经济蓬勃发展，经济总量连上新台阶。1979—2012年，中国经济年均增速达9.8%，财政收入也不断增加。随着经济的发展，中国在社会救助方面的支出也从2007年的496.71亿元人民币增加到2011年的1 572.19亿元人民币。但与日本相比，中国社会救助方面的支出占GDP的比重仍然较低。如表8－13所示。

表8－13　中国、日本社会救助支出占GDP的比重　（%）

年份	2007	2008	2009	2010	2011	2012
中国	0.19	0.32	0.29	0.33	0.33	0.31
日本	0.51	0.54	0.64	0.69	0.75	0.78

资料来源：根据2007—2013年民政部《社会服务发展统计公报》和国家统计局相关资料整理而得。

第九章　中日社会救助面临新问题及未来挑战

第一节　中日社会救助制度面临的新困境

一、日本面临的新困境

（一）超高老龄化与少子化严重

国际上通常把60岁以上人口占总人口的比例达到10%，或65岁以上人口占总人口的比重达到7%，作为国家或地区进入老龄化社会的标准。按照这一国际通用标准，日本在1970年前后进入老龄化社会，而且在进入老龄化社会较早的国家里，老龄化的速度快，如表9-1所示，日本仅用了24年，高龄人口在总人口中所占比率由7%上升到14%，快于美国、英国、德国和法国等发达国家，而法国则历经了一个世纪才完成这一转变。据日本总务省2013年9月公布的人口统计数字显示，日本65岁以上老年人口达3 186万人，人口老龄化比率刷新历史最高纪录达25%。这就意味着4个日本人中就有一个是65岁以上的老年人。

表9-1　主要发达国家人口高龄化进展速度比较

国名	65岁以上人口的到达年度		所要年数
	7%	14%	
日本	1970年	1994年	24
美国	1942年	2003年	71
英国	1929年	1976年	47
德国	1932年	1972年	40
法国	1864年	1979年	115
瑞典	1887年	1972年	85

资料来源：[日]日本总务省. 国势调查[R]. 东京：日本总务省，1998.

在日本，与老龄化问题如影随形的还有“少子化”即低生育率问题。日本少子化的历史可以推溯到日本刚迈入老龄化社会的20世纪70年代中后期，同时也是日本经济发展达到巅峰的时候。随着经济发展和社会压力的增加，人们的生活方式和观念也发生了很大变化。人们因为城市的高物价连带的育儿成本上升，以及城市里的过度竞争等因素，不再愿意养育儿女，认为其是社会负担。

一般而言，一个国家的总和生育率（妇女在育龄内的平均生育数）如果能够维持在2.1~2.2左右，则该国的人口数量和结构则能够保持在一个相对合理和稳定的范围内。但日本育龄妇女的总和生育率自1975年首次跌破2之后便一路下行。据日本厚生劳动省公布的统计数据显示，2011年，日本育龄妇女的总和生育率仅为1.39。2012年，日本出生人口为1 037 101人，人口自然增长比上年减少219 153人。日本总务省在2015年5月5日"儿童节"前夕公布的人口估算结果显示，截至4月1日未满15岁的儿童人数为1 617万人，连续34年减少。

"少子化"给日本社会发展的各个方面带来了巨大的影响。特别是随着人口老龄化程度逐渐加深，劳动力年龄结构老化趋势明显；年轻劳动力供给相对减少等问题日益突出。不仅对日本的就业结构产生了影响，而且在一定程度上制约了日本经济社会发展。

超高老龄化与少子化的严重趋势客观上增大了社会救助的需求，是社会救助制度面临的一大困境。

（二）家庭规模缩小

日本受东方特色的传统文化影响，老年人问题总是与家庭紧密联系，第二次世界大战结束以前，"家"制度在日本起主导作用，家庭是老年人资源、援助系统的核心。老年人生活所必需的资源和援助基本上都是由家庭来保障。第二次世界大战后，日本制定了新宪法，1947年颁布了经过大幅度修改的民法（新民法），废除了专制的家长权和长子优先继承权，强调夫妻双方在婚姻、继承等问题上的平等，"家"制度由此而崩溃[①]。从某种意义上说，家庭扶助在社会救助乃至社会保障制度中仍然起着重要的基础防线作用。

随着工业化的发展及社会分层结构和职业结构的变化，日本家庭规模变小的趋势较为明显，在40年的时间里，日本家庭平均人口减少了近2.27人，可见，日本家庭规模变化之快，与不断下降的出生率相关（见表9-2）。日本厚生劳动省2010年人口普查1%抽样数据显示，户均人口为2.46人，创下历史新低。家庭规模的缩小弱化了家族的功能，对社会救助制度提出了不小的挑战。

---

① 吴建华，潘光伟，黄海．近代以来日本家庭结构与功能的变迁[J]．西南师范大学学报（人文社会科学版），2000(5)：166-171.

表9－2　日本平均家庭人口数量变化情况

年份	1955	1965	1975	1985	1995
家庭平均人数	4.97	3.99	3.44	3.18	2.88

资料来源：[日]社会保障入门编辑委员会．社会保障入门[M]．中央法规出版社．2010：22．

（三）经济低迷及就业形势严峻

1990—2000年初期，日本泡沫经济崩溃后，经济长期不景气，史称“失去的十年”（见表9－3）。泡沫经济后增长率一蹶不振，2002年的实际GDP增长率只有0.1%。21世纪初期有回暖现象，但是失业率并没有显著下降，增长率多来自大企业的资方获利。据日本内阁府公布的数据显示，剔除物价变动因素的2014年日本经济实际增长率为零增长，名义经济长率为1.7%。

表9－3　日本1990—2000年经济增长率（%）

年份	名义GDP增长率	实际GDP增长率
1990	8.1	7.5
1991	5.3	2.5
1992	1.8	0.4
1993	0.9	0.4
1994	1	1.1
1995	2	2.5
1996	2.6	3.4
1997	1	0.2
1998	－1.1	－0.6
1999	－0.2	1.4
2000	－0.6	1

资料来源：马建堂，杨正位．日本经济：全面衰退、积重难返、教训深刻[J]．世界经济，2002(1)：3－12．

经济不景气导致失业人数和贫困线以下人口增加，进而导致社会保障用于失业救济和其他福利方面的支出增加，而同期由于失业增加、缴费者人数减少，导致社会保障收入和资金积累减少，这时社会保障资金的支出大于收入或支出的增长快于积累的增长。

随着日本人口老龄化的加剧和就业形势的日趋严峻，日本社会救助制度面临着资金支出居高不下、各类保障负担日益沉重、财政赤字不断增加等严峻问题。尤其是近年来日本经济持续低迷，没有稳定工作和固定收入的贫困人群越来越多，使得日本国民养老保险的缴费越来越困难，越来越多的人成为贫困人口而不再承担缴费义务，但支出却持续扩大，养老金资金缺口巨大。

二、中国面临的新困境

（一）老龄化问题日益加重

国家统计局发布的2013年国民经济运行情况显示：2013年年末，中国大陆总人口136 072万人，比上年末增加668万人。其中，60周岁及以上人口20 243万人，比上年增加853万人，占总人口的14.9%，增加了0.6个百分点。65周岁及以上人口13 161万人，占总人口的9.7%。根据国家统计局的数据，2014年年末，中国大陆总人口136 782万人，比上年末增加710万人。60周岁及以上人口21 242万人，占总人口的15.5%，65周岁及以上人口13 755万人，占总人口的10.1%，均呈增加趋势。

2012年和2013年是中国人口老龄化发展过程中具有重要意义的两个年头。新中国成立后出生的人口，也就是1952年和1953年出生的人口进入老年期，形成第一个老年人口增长高峰，推动了社会总抚养比从2012年的44.62%上升到2013年的45.94%①。

中国的老龄化程度虽不及日本严重，但发展速度快，且相关准备不足，使得社会救助制度同样面临巨大考验。

（二）未富先老

“先老”是指人口老龄化加剧带来的劳动力供应衰减、价格上升，使中国传统的劳动力成本比较优势不复存在。目前，农村劳动力的转移数量、劳动年龄人口数量难以满足城市需求，普通劳动者的工资加速上涨。“未富”意味着短时间内我们不会在资本密集型产业中形成足够显著的竞争优势，因此处于“比较优势真空”阶段②。如果对这一问题应对不当，有可能陷入发展徘徊不前的“中等收入陷阱”。发达国家大多经过40多年，甚至上百年的时间才从成年型社会进入老年型社会，此时，已基本实现现代化，人均国内生产总值一般都在5 000到1万美元以上，属于先富后老或富老同步。而中国在不到20年的时间便进入老龄社会，成为世界上老年人口最多的国家。目前，中国正处在改革发展的关键时期，经济社会发展各方面的体制、机制和制度正在建立和完善之中，应对人口老龄化的思想、组织、物质和制度等各方面的准备还不充分，经济发展水平和综合国力相对落后，应对人口老龄化的经济实力还较薄弱。要在未来全方位做好应对人口老龄化高峰的准备，承受“银发浪潮”的冲击，确保经济社会可持续发展，不仅时间非常紧迫，而且压力非常巨大。

---

① 全国老龄工作委员会办公室. 中国老龄事业发展报告(2013)[OL]. http://www.cncaprc.gov.cn/jianghua/22341.jhtml

② 李晓宏.“银发中国”正遭遇各种问题[N]. 人民日报,2013-04-14.

中国老龄化进程的加快,既有实行计划生育政策造成人口出生率下降的原因,也有随着科学技术进步,医疗条件改善,人的健康水平有了很大提高,使人的寿命延长、出生死亡率、自然死亡率大幅下降等原因。人口老龄化与经济发展、人口出生率下降、人民寿命相对延长基本同步。但发达国家的人口老龄化都是在经济发达时期,经济承受能力强,而且及时建立了养老保险、医疗保险制度完善的社会保障体系,因此,即使在进入老龄化社会后出现一些问题,也不会对社会经济发展产生较大影响。然而对于中国而言,尽管经过30多年的改革开放,经济有了很大的发展,但在人均GDP、经济发展质量等方面与发达国家相比,仍有很大差距。预计到21世纪中叶,中国人口老龄化达到峰值时,人均也只能达到目前中等发达国家的水平。这表明中国人口老龄化进程与经济发展不同步的矛盾还将持续一段时间,人口老龄化的迅速发展必然会给中国社会经济发展带来不利的影响。相比之下,日本在老龄化到来之前就具备了防患意识,且先富后老。

(三)忽视了农村社会的救济制度

中国是一个典型的城乡二元结构。在社会救助方面,也体现得非常明显。城镇居民,由国家和政府负责救济和社会援助;农村居民主要以家庭为主,国家和集体的救济援助为辅。城市和农村经济结构的双系统,使城镇居民比农村居民享受更多的社会援助,我们必须加快城市化进程,加快城市和农村社会救济一体化建设。20世纪90年代后期以来,随着"三农"问题的逐渐突出,发展农村社会保障的问题逐渐受到各级政府的重视。但在维护政治稳定目标的主导下,农村新型合作医疗等花钱更多的项目都受到了重视,而农村社会救助体系建设仍然没有被列入发展重点。

在日本,社会救助的对象是全体国民,且城市化程度很高,并不存在严重的城乡二元经济结构,因此无论是城镇还是农村,均实行统一的生活保护制度。

因中国城乡二元化的经济社会结构,中国的社会救助制度也以部分城市的部分地区为对象实施,其后才逐步扩大到农村。1993年6月1日,上海市正式实施最低生活保障制度,标志着中国城市社会救助开始改革。1997年,国务院印发《关于在全国建立城市居民最低生活保障制度的通知》,部署全面开展城市最低生活保障工作;1999年,国务院颁布《城市居民最低生活保障条例》,为城市最低生活保障制度的发展提供了制度保障,但仍然坚持城乡分治的差别保障理念。《城市居民最低生活保障条例》第二条规定:"持有非农业户口的城市居民,凡共同生活的家庭成员人均收入低于当地城市居民最低生活保障标准的,均有从当地人民政府获得基本生活物质帮助的权利。"直到《国务院关于在全国建立农村最低生活保障制度的通知》(国发〔2007〕19号)颁布后,农村贫困居民的社会权利才真正得以实现,标志着农村最低生活保障制度的正式建立。但是应该说明的是,城市居民最低生活保障制度与农村居民最低生活保障制度的基本原则虽然一致，然而具体的资格标准、给付水平及运营方式却参差不齐。而且最低生活保障权利意识比较薄弱，中国的最低生活保障制度由于投入偏低，保障水平并不高，事实上还存在着城乡分割和部门分割现象，就业激励机制不健全。虽然中国农村贫困发生率和贫困深度远高于城镇，但这两种社会权利仍然具有明显的差别，农村最低生活保障标准远低于城镇最低生活保障标准。据 2014 年 10 月民政部公布的数据，全国平均低保标准城市每人每月 401 元、农村每人每月 223 元，可见差距较大。

第二节　中日社会救助制度的策略调整

一、日本的策略调整

（一）鼓励生育、提高人口出生率

日本政府为了鼓励生育，提高人口的出生率，在法律、经济、行政等方面采取了一系列措施，如：直接增加儿童生育及抚养补贴（不包括婚姻补贴）；改善生育环境，促进婚姻、生育及养育等方法。地方保健组合可根据当地的财政情况，自行解决对治疗不孕症、产假、生育补助的额度。在日本，如果生一个孩子，能得到 30 万日元的补助金，同时也可以少纳税。如果生多个孩子，则更能得到政府的补助。同时，政府采取各种手段促进男女青年约会，提高结婚率。

由于生育率持续下降，造成日本人口减少、劳动力供给不足、消费萎缩等问题。为了提高人口出生率，同时，弥补劳动力不足和刺激消费，日本政府致力于创造一个更加适合生育的环境。

从 1994 年开始，以 5 年为一期开始实施“天使计划”，1999 年推出“新天使计划”，2004 年又推出了“新新天使计划”。以上措施的宗旨就是加大财政投入，增加育儿、保育措施，鼓励女性生育，帮助女性就业。此外，政府还不断加大财政投入力度，继续完善保育设施，让儿童拥有更加优越的成长环境。1998 年，日本颁布《育儿休假法》，规定男性也可以休育儿假，以帮助女性抚养孩子。当时日本首相倡议，“需要创造这样的环境，让男女都能选择兼顾家庭和事业的工作方式”。2001 年，政府提出“消灭排队入园（幼儿园）现象”的计划，增加政府投入，计划新增万个孩子进幼儿园的机会。同时，将育儿女性的养老金免除期限由原来的孩子 1 岁延长到 3 岁，并提高婴幼儿的福利补助等。这些措施都有利于提高就业，增加就业者收入，刺激消费，推动经济增长。

企业一改之前对于育儿女性苛刻的态度，尽可能地为生孩子的母亲提供优待。例如，延长育儿休假期、增加育儿津贴等。这些措施虽然目前看来作用有限，对阻

止不断下滑的出生率并没有太大作用，但是提高出生率是一个长期的过程，其作用将在今后逐步展现出来。

长期以来，日本政府在法律、经济、行政等方面采取了全方位的应对措施，在有效解决人口老龄化问题的同时，也推动了日本经济的发展。近年来，日本经济复苏迹象明显，其中就有这方面的因素。

（二）发展老龄产业、鼓励老年人就业

鉴于人口老龄化引起的劳动年龄人口减少，为补充劳动力供给，日本政府采取了多种措施，鼓励60岁以上老年人口继续工作或重新就业。例如，逐渐延长职工退休年限，“只要自愿，人人可以工作到65岁”；以立法的形式保证老年人的就业，规定日本企业必须雇佣一定比例的60岁以上老年人；设立了高龄雇佣奖金制度。为了确保老年职工的经济收入，日本政府对于雇佣60岁至65岁高龄职工的企业，发给“继续雇佣奖金”，向雇主提供雇佣高龄职工工资25%的补贴。对临时或短期雇佣老年人的雇主，也发给一定额度的补助。除此之外，还额外向这些企业发放特别贷款。为了促进老年人就业，日本政府还划拨专款在全国普遍设立“银色人才中心”，负责帮助老年人寻求就业机会，延长老年人才的利用期限，减缓人口老龄化对社会的冲击。目前，日本政府在东京设立了“银色人才中心协会”，各都道府县设有“银色人才中心”，总数有近千个，形成了严密的组织网络体系，在老年人重新就业中起到了特别重要的作用。

从老年人口绝对数量上看，随着人口老龄化程度的逐步加深，老年人口的绝对数量逐渐增加。从日本企业看，企业雇佣政策调整了，愿意雇佣非正式员工的企业增加，不仅减少了企业的用工成本，也增加了更多的就业岗位；从日本政府看，日本政府鼓励支持老年人口就业再就业，增加日本的劳动力供给。并且日本政府倡导日本企业为老年员工提供更好的工作条件、工作环境。更多的日本企业愿意为老年员工提供诸如弹性工作时间、降低工作强度等特殊福利。无论是日本政府还是日本企业的做法，都促进了老年人口的就业。

基于良好的身体状况，加之政府政策鼓励，有越来越多的老人重新走上工作岗位。现在，在日本的商业、服务业等部门，随处都可以看到正在微笑工作的白发老人。老人重新上岗，对于缓解劳动力不足、发展经济、提高老年人生活质量都有积极的意义。

（三）采取自救措施应对危机

日本经济面临债务高企、人口老龄化以及竞争力下降等棘手难题。日本经济正逐渐失去增长拉动，2011年东日本大地震后的重建对内需的拉动作用越来越小，支撑日本出口的欧洲、美国、中国等外围经济，也都出现不利信号。内阁府预言，“日本经济将可能进入新一轮衰退期”。

2012 年 12 月，日本提出今后 10 年的经济增长目标为：在 2010—2020 年，日本经济年均名义增长率达到 3%、实际增长率达到 2% 以上；失业率降低到 3% 以下；消费者物价指数保持 1% 左右的水平。主要政策措施是：实施扩大雇佣、稳定生活的政策措施；加强医疗、养老保险和老人看护方面的政策措施；实施育儿、教育方面的扶持政策；进一步推进低碳社会建设，进一步改善居住环境、提高防灾减灾能力；促进优势产业发展、增强国际竞争力，进一步提高中小企业活力；支持地方结构改革，振兴地方经济社会等。

1989 年，日本政府制定了推进老年人保健福利计划战略的"黄金计划"，为低收入的老年人提供上门服务和家庭护理。1994 年又颁布了"新黄金计划"，将服务对象扩大到全民。2000 年护理保险制度正式实施，将护理服务纳入社会保障的法制体系。建立独立的老年保险制度，规定 70 岁以上或 65 ~ 70 岁身体有残疾的老人所需医疗费的 70% 由中央财政负担，其余 30% 由地方财政负担。个人仅需负担住院治疗时每日 600 日元，门诊治疗时每月 900 日元的象征性支出。

日本政府近年实施了老年人保健福利战略和护理制度改革，并采取一系列的政策、法规鼓励民间资本投入老龄产业，为日本老龄产业的发展提供良机。正是养老保险与产业开发、扩大就业的有机结合，形成养老保险事业与其他经济活动协调并进、共同发展的局面。日本政府由此拉动了产业开发、扩大了就业、促进了经济发展。产业开发、经济发展又进一步为养老保险事业提供了更大的发展空间和经济支持。

日本老龄产业经过快速发展，已经步入了分布平衡、结构合理、竞争有序的成熟阶段，能够满足不同年龄段的老年人衣、食、住、行等方面的基本物质消费需求和健康、休闲、文化、体育、娱乐和教育等精神生活方面的消费需求。仅以养老福利设施为例，日本的养老福利设施由 1970 年的 1 194 所，发展到现在已超过 25 000 所。日本老龄产业无论在规模、效益，还是服务等方面都已实现良性循环，对经济的拉动作用也正在显现。

进入人口老龄化社会时，日本经济已经很发达，因此，虽然人口老龄化对经济影响较大，但是，有雄厚的经济实力做保障，日本可以较为从容地应对诸多问题。而中国的人口老龄化是在经济还不发达的情况下迅速到来的，老年人口总量大、老龄化发展速度快而且不平衡、"未富先老"，国家经济实力较弱，应对起来难度很大。因此关键是要靠发展经济，不断努力壮大国家的经济实力，解决老龄化带来的社会问题。

二、中国的策略调整

（一）开始关注支出型贫困

支出型贫困是指由于家庭成员出现重大疾病、子女就学、突发事件等原因，导致家庭财力支出远超出承受能力而造成的绝对生活贫困。由于这些家庭人均收入略高于当地最低生活保障线,无法享受低保,实际处于社会救助的“夹心层”,一旦遇到不测,往往比低保户更困难。目前,中国社会救助的通常做法是用一条最低收入线作为甄别困难人群的标准,低于这条线就可以享受低保待遇。但在实际生活中,一些家庭因为重大疾病、子女就学、突发事件等原因造成了家庭支出过大,远超出家庭收入的承受能力,实际生活水平处于贫困状态。这样的支出型贫困群体在城市中具有一定比例,越是中心城市,这个群体的数量越庞大。从 2007 年开始,中国开始逐步关注支出型贫困群体,一些地方将其纳入制度保障范围,或者对其实施临时救助制度,在很大程度上缓解了他们的生活困难。

支出型贫困概念由上海市民政局首次提出,具有重要的理论意义和实践意义,2009 年列为上海市民政局工作重点;2010 年下半年民政部积极推进;2011 年,上海市政府工作报告中首次出现。“十二五”期间,上海对难以纳入现行低保救助的支出型贫困家庭给予最低生活保障,构建更加完善的社会救助和综合帮扶体系。上海市民政部门已在浦东新区、静安、闸北和长宁等区探索支出型贫困群体的综合帮扶模式和做法,现在需要总结这些实践经验并在全国推广。

(二)注重社会救助法律法规的完善

1997 年 9 月 2 日,国务院发布《关于在全国建立最低生活保障制度的通知》,在全国开始实施为保障城市贫困人口基本生活的最低生活保障制度之后,1999 年颁布的《城市居民最低生活保障条例》又对保障对象、保障标准、资金来源和申请程序做了明确的规定,标志着中国社会救助工作步入规范化、法制化的管理轨道。

2005 年相关部委开始着手《社会救助法》的起草工作。当初,专家认为,中国已经制定了城乡居民最低生活保障、自然灾害救助、农村五保供养、农村特困户生活救助、城市生活无着的流浪乞讨人员救助以及医疗救助、教育救助等法律法规,因此,社会救助法的出台条件已日趋成熟。2008 年 8 月,中国政府网发布关于《中华人民共和国社会救助法(征求意见稿)》公开征求意见通知,公开征集意见。2010 年 3 月,十一届全国人大三次会议上,汪夏、王保存等 96 名代表提出三件议案,要求制定《社会救助法》。

2014 年 2 月 21 日,中华人民共和国国务院令第 649 号公布《社会救助暂行办法》(以下简称办法)。该《办法》分总则、最低生活保障、特困人员供养、受灾人员救助、医疗救助、教育救助、住房救助、就业救助、临时救助、社会力量参与、监督管理、法律责任和附则,共 13 章 70 条,提出国家鼓励、支持社会力量参与社会救助,社会力量参与社会救助按照国家有关规定享受财政补贴、税收优惠、费用减免等政策。自 2014 年 5 月 1 日起施行。

《办法》从法律上确立了社会救助的地位及作用、基本原则、主体责任、制度安排和基本程序等，既为保障公民基本生活、维护公民基本生存权益提供了法制保障，也为政府各部门依法救助和社会力量有序参与社会救助提供了法律依据、明确了行为规范，是社会救助事业发展的新的里程碑，标志着新形势下社会救助事业迈上了法制化、体系化、规范化统筹发展的新台阶。

《办法》为中国社会救助事业长远发展提供了法律遵循，对进一步完善社会救助体系，编密织牢基本民生安全网，切实维护困难群众生存权益，不断促进社会稳定和公平正义，具有重大的现实意义和深远的历史意义。《办法》强调，各级民政部门务必将贯彻落实《办法》作为当前及今后一个时期的头等大事，与有关部门一道，共同开创社会救助工作新局面。

（三）改革与完善社会救助制度

2003 年 6 月 20 日，国务院发布了《城市生活无着的流浪乞讨人员救助管理办法》（以下简称《救助管理办法》），2003 年 7 月 21 日，民政部公布了《城市生活无着的流浪乞讨人员救助管理办法实施细则》（以下简称《实施细则》）并于同年 8 月 1 日起施行，同时 1982 年 5 月 12 日国务院发布的《城市流浪乞讨人员收容遣送办法》废止。《救助管理办法》的颁布和实施，标志着中国社会救助制度的发展和完善。

从 20 世纪 90 年代早期，部分地区试行城镇和农村最低生活保障制度起，中国新型社会救助制度已经经历了 20 年的发展历程。20 年来，中国城乡综合性社会救助制度体系基本形成，救助水平持续提高，项目基本齐全，救助惠民范围不断扩大。社会救助已成为中国社会保障制度体系中的重要基础制度之一，在城乡反贫困体系中发挥着重要的作用。但是，随着中国经济和社会的进一步发展和转型，城乡贫困问题特点的变化，以及社会保障体系的发展，中国的社会救助制度也面临着新的挑战，需要通过进一步的改革来优化和提升社会救助制度，以使其能够面对未来的任务和挑战。

从城乡分割到城乡一体。过去受城乡分割分治、户籍与单位保障制度的影响，社会救助是严格按照城乡分割分治的，现在则是强调城乡统筹并推进城乡一体化的社会救助制度，这一进展以 2014 年 2 月国务院颁布的《社会救助暂行办法》为标志，它使社会救助制度从城乡分割的不公平状态向日益公平的方向快速迈进。

第三节　新形势下中日社会救助待解决的问题

一、日本

（一）人口老龄化及低生育率问题

在发达资本主义国家中，日本的老龄化进展速度是最快的。65 岁以上高龄人口占总人口的比例,从1970年的7%上升到1995年的14%,随着年龄的增加,收入的减少或丧失、疾病的发生等现象逐渐增多。对于高龄人口的这些特征,通过年金、医疗、社会福利等手段给予综合性的保障是必不可少的。而日本的生活保护制度中老龄人口的比例最大,而且呈逐年上升的趋势。那么,随着人口老龄化的进一步发展,生活保护制度的老龄人口也会不断增加。作为生活安全网的最后手段,生活保护制度如何与年金、医疗等社会保险制度互相配合,共同处理好贫困群体的救济工作是一个重大的课题。

日本作为亚洲第二大经济体,其适龄劳动人口人数未来45年内会减少40%,而作为世界平均寿命最长的国家,老年人口的比例在不断攀升,儿童比例不断下降,日本总务省2015年5月公布的人口统计数据显示,截至2015年4月1日,日本总人口推算值为1.269 1亿人,比上年减少22万人。日本14岁以下儿童数量为1 617万人,比2014年减少16万人,连续34年下降,这一群体在总人口中所占比例为12.7%。《联合国人口统计年鉴》显示,在人口超过4 000万的30个国家中,日本的儿童比例最低。安倍政府将阻止人口下滑作为工作的重点,宣布了一项新的经济计划,该计划要求到21世纪中叶,将日本人口由现在的1.27亿人稳定在1亿人左右。提高日本的人口出生率,阻止劳动力下滑,从而保证社会生产以及供养老年人群。

日本还制定了与促进生育有关的多部法律,如《少子化社会对策基本法》要求在日本创造安心生育和养育孩子的环境,明确了应对少子化社会的基本理念以及中央和地方政府的有关责任和义务。该法于2003年9月实施,同年日本政府专设少子化问题担当大臣。从2010年4月起,日本抚养15岁以下孩子的监护人每月可获1.3万日元儿童补贴。日本各级地方政府还普遍发放生育和入学祝贺金,第一个孩子一般为数万日元,第二个孩子则增至数十万日元,孩子越多祝贺金越高。至于幼儿园的费用,则孩子越多收费越低甚至免费。一些大公司也履行社会责任,为鼓励员工生育实行3年产假制度。然而,诸多措施收效并不大。2012年,日本平均生育率为1.41人,新生儿近103.4万人,人口继续减少,生育第一个孩子的女性平均年龄增至创纪录的30.3岁,显示晚育化也日趋严重。厚生劳动省预测,到2030年,日本每对夫妇平均生育子女将维持在1.24人。日本政府2015年3月制定《少子化对策大纲》,提出增加男性产假、减轻多子女家庭负担、援助年轻人结婚等政策,效果尚不得而知。总之,人口问题对经济社会的发展施加了非常大的压力,更对制度安排提出重大挑战。

(二)需要救济的人口上升

随着日本社会老龄化程度的加深,老年人的被保护者逐年增多,日本政府在导入对看护保险补助的同时,又计划在几年后把老龄加算额减少为0。这就提醒我们在制定标准时应该充分考虑人口学因素。日本的生活保护对象年龄结构表现出越来越明显的非劳动年龄特征,2000年非劳动年龄组的比例为60%以上。从生活保护开始的理由看,由于“伤病和收入减少”的原因占70%以上。从生活保护停止的理由类别上也可以看到一个趋势:因为“劳动收入增加”的原因而停止享受生活保护的比例由1965年的26.9%降低至1999年的9.4%;而“死亡或失踪”原因则由1965年的10.5%升高到1999年34.7%。这其中一个重要的原因就是日本经济的长期低迷造成近年来的高失业率和公司减薪,产生了因劳动收入的减少而要求生活保护家庭的增多,而退出生活保护制度因为“劳动收入的增加”而越来越少。同时,被保护时间也具有长期化倾向,1964年享受10年以上保护的比例为9.4%,而1999年这一比例为34.3%。2014年3月13日,日本厚生劳动省发布消息称,到2013年12月底,全国获得生活保护的人口已经超越215万人,比上个月增加了3 862人,连续8个月更新了历史最高纪录。这些数据都说明在老龄化和社会结构、形势变迁的当今日本,需要救济的人越来越多。

(三)制度漏洞中的骗保与应保而未保问题

一般而言,在推行社会救济制度的过程中,由于调查个人收入等受到个人隐私的限制,执行过程中易产生漏洞,主要的问题是一些人利用蒙骗手段冒领或者多领救济金,即骗保问题。同时,还有许多本应该拿到社会救济的人,由于社会救济机构工作的失误却没有享受到社会救济,因而没能做到应保尽保。另外,对于十分爱面子的日本人,尤其是一时遇到困难和危急的救助申请者来说,调查个人收入等做法降低了他们申请社会救助的动力,在一定程度上也抹杀了社会救助的应有之义。因此,就日本社会救济制度而言,主要面临两大问题:一是如何防止一部分不属于生活保护对象的人利用不法手段骗取政府的最低生活费,以及如何向这些人追讨其非法取得的生活费;二是如何帮助那些本应该得到政府生活救济却没能得到的人。此外,由于当前日本经济尚未彻底摆脱长期停滞的局面,经济发展前景不容乐观,这对生活保护制度的发展极为不利,一旦需要救济的人口数量有大的增长,那么国家财政的负担无疑将加重。

二、中国

(一)制度碎片与漏洞

社会救助的相关项目被不同的权力部门进行了碎片分割,使得社会救助“没有统一的社会救助管理和监督部门,政出多头,救助政策碎片化”①。例如,城乡低

① 代恒猛. 社会救助政策的转型与整合——北京经验[J]. 当代世界社会主义问题,2009(2):116-123.

保、医疗救助、灾民救助、临时救助、应急救助、社会互助和廉租房救助等分别由不同的部门负责，诸多社会救助项目难以形成统一的决策监督机制。与社会救助相关的不仅有民政部门，还有教育部门、卫生计生部门、住房城建部门和人社部门等分头管理，甚至工会、残联等群团组织亦在运用政府资源实施救助。这种部门分割的体制直接导致了政策分割与资源分割，不仅无法形成编织严密的救助网，而且造成了救助不公与资源低效。2014 年 2 月，国务院颁布《社会救助暂行办法》后，虽然建立了由民政部门牵头的协调机制，但政策分割的不良后果绝非协调机制可以祛除。同时，在中央政府与地方政府之间，社会救助责任亦缺乏合理的分担机制，政府实施的法定救助与民间的慈善事业亦未能有机协调。在运行机制方面，社会救助制度在实践中仍然是代办制，即城镇街道、居民委员会和乡村基层政权直接代办最低生活保障等，中小学校则代办教育救助，等等，这种非专业化的经办机构，导致了运行失序，执行中的偏差甚至人为错乱现象不乏罕见。而民政部门为了杜绝骗保、骗救现象，采取张榜公示受助者名单等损害受助者人格尊严的做法。一些地方虚报、冒领救助待遇并不罕见，但又难以问责。所有这些，都在严重地损害着社会救助制度的公信力，造成公共资源的浪费。

在现实中，一些遭遇突发事件的不幸者仍然缺乏应有的救助。如车祸受害者若肇事者逃逸，就可能陷入无法得到及时医治的困境，一些救助项目因牵涉多个部门或机构，救助环节如果衔接不畅，就会有人因各种原因漏在网外，以致恶性案例时有发生。

各种救助计划之间存在严重的条块分割问题，多头救助、交叉重叠与残缺漏洞并存，很容易导致社会救助资源的浪费，使社会救助的整体效能大打折扣。

（二）社会救助法制不健全

完善的社会救助法制体系是社会救助顺利开展的基础和保障。但是，目前，中国社会救助的依据是与之相关的各种“条例”“决定”“通知”“办法”等低层次的法规性文件，没有一部专门统一的全国性法律①。孙静琴等从制度运行层面分析发现，政策法规的不完善导致了社会救助网络缺乏关联，没有健全的全局性和根本性的救助协调机制②。郑军等从文化层面分析了社会救助法制体系缺失的原因，认为中国根深蒂固的以“仁爱”价值观为基础的儒家施恩文化，使得立法和执法的操作性较为灵活，强制性不够③。总之，法律制度的不完善，导致决策监管机制不统一、经办机构专业化水平不足、管办机构制度安排不合理，最终使社会救助处于低

① 洪大用．完善社会救助，促进社会和谐[J]．教学与研究，2004(12)：18－23.

② 孙静琴，徐言辉．城市困难家庭社会救助网络的分析[J]．社会科学辑刊，2011(2)：56－58.

③ 郑军，彭欢．中西方社会救助制度中政府责任差异的比较分析——基于制度文化的视角[J]．经济问题探索，2010(2)：168－173.

效运行的状态。

迄今仍未制定《社会救助法》,2014 年 2 月出台的《社会救助暂行办法》只是临时性的行政规范,它虽然解决了社会救助实践中的一些问题,但依然不足以完整规范、刚性约束整个制度的运行。这种现状使责任与权利缺乏刚性保障等,难以提供稳定的安全预期,也带来了公众的信任危机。

(三)社会救助城乡分割

社会救助城乡分割表现在城乡各自有一套独立的救助系统,城乡社会救助存在二元失衡。顾昕等发现,目前城市的社会救助制度、体系和项目基本上臻于完善,但农村的社会救助模式仅限于传统的农村“五保”供养、最低生活保障、临时救济和自然灾害救助制度等。此外,中央财政对城乡社会救助的支持力度存在较大差距,城镇的社会救助横向公平性远高于农村,东部的社会救助横向公平性高于中西部①。当前,中国社会救助制度设计存在一个很大的局限性就是没能打破城乡分割的藩篱,农村居民享受的社会救助水平低于城市居民。

由于地方政府低保资金的筹措不足,中国农村低保面临“僧多粥少”的难题,农村低保保障金标准普遍偏低,甚至出现低保补助被迫缩水的情形,因此,应加大国家财政对农村低保保障基金的出资比例,尤其应适当增加对贫困地区财政的扶助力度。法定的、足量的低保基金是合理设置农村低保保障基准、真正落实农村被保障者权利的前提条件。在制定中国农村最低保障基准的同时,还应全面考虑被保障者的所在地域、性别、年龄和家庭构成及其所享有的其他保障措施等因素。充分考虑被保障者的实际需要,但不应超出这个保障基准。行政立法机关所制定的保障基准必须与客观存在的最低限定生活水准相一致,但并非为绝对固定的、不可更改的基准线,最低生活保障基准只能是法律上大概的抽象规定,允许其具有一定的弹性和适度范围内的波动性,实现最低生活保障标准的相对灵活性、机动性,应根据社会具体经济情势的发展变化而不断地提高最低保障基准线,逐渐努力改善最低保障基准,特别应关注最低基准额、教育扶助费等家庭最低生活开支的增加。

(四)救助手段单一、救助标准欠合理

中国现阶段的社会救助还停留在“输血”的层面,而不能提供有效的方法帮助贫困人口脱贫致富,使得大部分社会救助对象对国家的救助有了长期依赖,劳动积极性降低,从而降低了社会救助的救助效率性和流动性。此外,社会互助的渠道单一,社会成员没有形成一个互助的氛围,互助的公共美德和以人为本的观念还比较薄弱。

目前,社会救助标准,即什么样的家庭和个人接受救济,救济多少,还缺乏一个

---

① 顾昕,范西庆,高梦滔.中国城乡社会救助的横向公平性[J].东岳论丛,2007(1):63-66.

合理的标准。首先，现有的社会救助标准不能反映各地低收入家庭的真实需求。在实际的社会救助工作中，许多地方的标准制定的不太科学，甚至是很随意的。有些地方甚至是在原有特困户救济标准的基础上，参照当地生活水平和财政负担制定的，“以钱定人”的情况比较普遍，因此导致有些落后地区的救助标准普遍偏低。其次，社会救助标准的动态调整方面不够规范。在实际工作中，有的地方规定较明确，社会救助标准要依据“经济发展水平和财政承受能力，随着本市生活必需品的价格变化和人民生活水平的提高适时调整”，有的地方则没有明确规定。即使规定了社会救助标准要动态调整的地区，对于调整时间的规定也不够明确。绝大多数地方只规定“视情况变化适时进行调整”，少数城市提出“原则上每年确定一次”。这些调整确实是在进行，但与实际变化相比，调整显得过于机械和滞后，不能反映出低收入家庭对社会救助的需求。

贫困线标准的持续提升与救助范围的扩大，必然要求相应的财力保障，而财政增长速度已经从高速转为中低速，如何保障社会救助的财力并不断壮大救助制度的物质基础需要认真应对。如果不对现行财政支出结构做出相应的调整，同时发展慈善事业以补充，社会救助的持续发展将面临风险。

当前，因财政以及其他因素，社会救助的标准仍然较低。第一，低保的标准过低。从2012年的数据看，2012年，全国城市低保月平均标准330.1元/人，全国城市低保月人均补助水平239.1元。2012年，全国农村低保年平均标准2 067.8元/人，全国农村低保月人均补助水平104.0元。虽然低保平均标准和人均补助水平年增长较快，但总体上看，低保标准和补助水平仍然较低，救助金额仅能维持受救助者的基本生活。从低保标准和人均可支配收入的比例也可以证明这一观点。例如，2012年，城镇居民人均可支配收入24 565元；全年农村居民人均纯收入7 917元。城乡低保平均标准与人均收入相比，城镇比例为16.1%，农村比例为26.1%。从不同省份看，将低保标准与城镇居民的月人均可支配收入做比较，2011年9月，在全国31个省、自治区、直辖市中，只有5个地区超过20%；在16%～19%的有14个地区；其余12个地区位于15%以下。按照欧盟的规定，贫困线应该在社会平均收入的50%～60%。即使在福利保障方面一贯吝啬的美国，贫困线也在社会平均收入的33%上下。可见，中国低保的标准远低于欧美地区的标准。

临时救助的标准也很低，难以起到“救急救难”的作用。由国务院于2014年发布实施的《社会救助暂行办法》第49条规定，临时救助的具体事项、标准，由县级以上地方人民政府确定、公布。例如，北京市海淀区民政局颁发的《关于进一步完善临时救助制度的通知》(〔2015〕57号)规定：因突发重要疾病、交通事故等原因导致基本生活暂时出现严重困难的家庭或个人，按每个人3个月的当月本市城市低保标准，发放临时救助金。经查询北京市社会保障局网站，2015年北京市低保标准为710元/月·人,三个月为2 130元。这显然难以有效解决这类家庭的困难。

造成以上社会救助待遇水平不高的原因,除了财政因素之外,缺乏社会救助标准的科学制定和动态调整也是其中的重要原因。以低保为例,一是各地制定低保标准不够科学。各地在制定低保标准时,普遍认为“保基本生活”就是“保基本生存”,导致各地在确定基本需求支出清单时,过多强调食品类的支出,而不考虑或少考虑其他方面的支出需求,如交通、通信、教育等。二是低保标准的动态调整机制不够健全。低保标准什么时候调整、怎样调整,目前多数地区都缺乏可操作的规定,仅有少数地区规定每年定期公布低保标准。三是低保标准制定的权限规定不尽合理,《城市居民最低生活保障条例》(第6条)的规定虽然照顾了不同地区的差异,但也造成了标准的严重不统一,全国2 800多个县,就有2 800多个标准,即便是经济条件相同的区域,低保标准也是不一样的。虽然《社会救助暂行办法》将低保标准的确定、公布机构提升为省、自治区、直辖市或者设区的市级人民政府,但其如何实施仍有待观察。

(五)解决支出型贫困问题

“支出型”贫困是现代城市发展中的新型贫困,贫困问题是构建和谐社会和关注民生的重要内容。党的十七大报告要求,着力保障和改善民生,努力使全体人民“学有所教、劳有所得、病有所医、老有所养、住有所居”,推动和谐社会建设。随着城市低保、最低工资、养老金等一些保障标准的逐步提高,城市贫困家庭的生活水平得到一定改善,基本解决了“收入型”贫困问题;但近年来低收入家庭受医疗、教育、住房等大额支出挤压,抗风险能力面临挑战。这是构建社会主义和谐社会进程中必须要直面的突出问题。据民政部统计,2010年上半年,中国接受社会救助的贫困人口达到7 856万人,占全国总人口的5.86%,但主要是“收入型”贫困家庭。因此,对支出型贫困,应该给予更多的重视。虽然近年来中国开始逐步关注“支出型贫困”群体,并开展救助工作,一些大城市已开始探索解决办法,将这类群体纳入制度保障范围,但大多数省市还只是实施临时救助制度。政府应加强构筑和完善社会保障机制,探索将“支出型贫困”群体统一纳入制度保障的途径,建立有效的社会救助和综合帮扶保障体系。各地应结合实际,明确本地“支出型贫困”群体的标准,将“支出型贫困”群体纳入调查范围,科学确定低保救助标准。同时,进一步完善相关扶贫救助政策,如扩大医保和免费教育覆盖面,将扶贫标准与物价变动挂钩,适时调整提高城乡困难群众生活补助水平。

第十章　中国社会救助体系建设的政策建议

第一节　日本社会救助对中国的启示

日本新的《生活保护法》从1950年实施至今，已经有66年历史。期间该法经历了十多次修订，但其大的制度框架并没有做根本性的修改，只是根据经济和社会的发展，对一些标准进行了修订。

通过分析，我们认为，日本的生活保护制度给我们六点启示。

一、社会救助制度的法制建设

从中日两国社会救助法制建设层面的角度考察，法律的调控与保护是一切事业健康发展的基础。社会救助的相关法律、法规对于维系其健康有序的运行起了不可或缺的保障作用，并为以后的法制建设奠定了基础，更有利于制度的延续性和稳定性发展。

1929年，日本议会通过调查会制定的《救护法》，首次明确地提出了救济贫困者是国家责任的观点。1946年10月，日本政府制定并颁布了《生活保护法》，法律体现了国家承担主要责任、无差别平等、补充性保障等原则，是救助制度法律化的开始。1950年5月，日本政府又对旧的《生活保护法》进行了全面修改，形成了现行的新的《生活保护法》，新法强调了社会福利专业化和具体实施管理的规范化，增加了教育救助和住宅救助的项目，实现帮助贫困者自力更生的目的。这样基本上建立了自己的社会救助法制框架，此后日本的生活保护制度一直在该法的框架下运行。

相比较下，中国社会救助方面的立法层次低，国家行政机关制定的法规、条例较多，没有国家立法机关制定的社会救助方面的法律。2014年5月1日正式施行的《社会救助暂行办法》，也没有达到预期的法律层次。立法层次的高低显露出社会救助问题并没有引起相关立法机关的足够重视。立法层次低会带来两个问题：一是不稳定性，二是制度的权威性不足。因此，中国的法学界、社会学界和管理学界应结合中国目前推行社会救助制度的实际情况，对社会救助做深入、系统地研究，为立法机关制定有关社会救助的法律提供理论上的支持。同时，立法机关也应组织专门力量对中国社会救助工作进行立法调研，待条件成熟时，尽可能地颁布一部《社会救助法》，以规范全国的社会救助工作，真正做到有法可依。

二、社会救助制度的财政分担机制

在日本，社会救助制度的财政由中央政府和地方政府（都道府县和市政村）分别负担75%和25%。1946年旧《生活保护法》实施后，国库补贴率一直维持在中央政府与地方政府为8∶2的水平上。1985年政府实施了下调10%的措施，调整为7∶3。根据"国家补助金等临时特例等相关法律"，这一水平一直持续到1988年，从1989年起这一比例调整为7.5∶2.5。

在中国，1999年，国务院颁布的《城市居民最低生活保障条例》第四条规定，城市居民最低生活保障制度实行地方各级人民政府负责制。第五条规定，城市居民最低生活保障所需资金，由地方人民政府列入财政预算，纳入社会救济专项资金支出项目，专项管理，专款专用。农村最低生活保障制度以地方为中心，最低生活保障基金由地方各级政府的财政预算承担，并由地方政府负担扩大基金构成。由各地实施情况看，确实是各级地方政府承担着最低生活保障制度实际运行中所需的费用，中央政府仅对中部、西部地区给予财政援助。

但是，中国各级地方政府的财政能力存在非常大的差异，部分难以维系正常财政运营的地方政府则由中央政府给予最低生活保障基金援助。

可见，日本生活保护制度的财政分担机制明确且法制化，而中国的社会救助制度尤其是最低生活保障制度的财政分担存在三个问题：一是财政分担机制不明确，造成社会救助的某些权责不清；二是中央和地方财政负担不合理，造成某些地方尤其是中西部地区的地方财政负担过大；三是财政分担安排随意性大，不利于为社会救助提供稳定的财政支持。

三、社会救助的统一管理

社会救助是一项系统工程，涉及民政、司法、教育和社保等多个职能部门。中国的社会救助实行分类管理，不同的救助项目由不同的部门负责，缺乏统一的管理和平衡。如低保等生活救助由民政部门负责，住房保障由建设部门负责，医疗救助由卫生部门负责，教育救助则由教育部门负责。《社会救助暂行办法》第三条规定：国务院民政、卫生计生、教育、住房城乡建设、人力资源社会保障等部门，按照各自职责负责相应的社会救助管理工作。

社会救助的多头管理加大了管理的成本，管理的随意性比较大，经常会造成漏救和重复救助现象，有时甚至会发生推诿救助的情况。条块分割一方面造成了人力、物力、财力的重复和浪费，另一方面也增加了部门之间相互协调的难度和社会救助的难度。

四、社会救助标准划分

日本《生活保护法》的保护标准按所在地区的级别、年龄、家庭结构等有详细的分类和具体的划分标准，这样在实施救助的时候有统一的标准可以遵循，制度的可操作性比较强，在一定程度上能够保证公平性。但中国现行的制度大多没有考虑家庭户的户型和人口规模，只有个别地区考虑到了户型因素。中国可以根据不同年龄段所需的营养标准制定几个阶段的不同补助标准。在制定标准时考虑家庭户规模，可以参考日本的做法，四口人及以下规模的家庭，先选定三口之家作为参考指数，根据实际制定标准，然后根据实际调查数据制定其他规模的相对指数。五口人及以上家庭每增加一人在四口之家的基础上加算固定额。这样虽然需要专业评定人员做大量的工作，但更具有长远意义，有利于中国建立科学的救助体系。

五、社会救助法与他法的关系

日本新《生活保护法》第四条规定，民法中扶养义务者的扶养及其他法律规定的救助将优先于生活保护法的保护。亲族扶养优先只是在事实上进行扶养时，扶养者的收入被充当为被保护者的生活费。这一点值得中国借鉴。中国的最低生活保障制度中没有对亲属的抚养义务进行规定，因此在促进相应的抚养义务的履行方面存在负面影响。如果像日本的《生活保护法》那样明确规定亲属的抚养义务是优先于《生活保护法》保护的，并根据抚养义务是否履行或履行多少来确定生活保护的程度，那么就会对抚养义务的履行进行行政监督，促进抚养义务的履行。

另外，需要注意的是抚养义务者的范围确定。新《生活保护法》第四条第 2 款有“民法规定的扶养义务者”的法律用语。但若将上述民法中的扶养义务者的范围原封不动地适用于《生活保护法》中的“扶养义务者”，就有范围过于宽泛之嫌。所以，中国在制定相关政策的时候，应对扶养义务者的范围进行必要的限定。

六、不服申诉制度的确立

在新《生活保护法》中，不服申诉制度在第九章进行了规定。《生活保护法》第六十五条规定都道府县知事的审查作为第一审，第六十七条规定厚生劳动大臣的审查作为第二审，有效地保障了国民的权利；另外，新《生活保护法》中还规定了保护的实施机关只是经办机关，并非裁决机关；新《生活保护法》第六十五条及第六十七条还规定了决定及裁决的期限。

而且在《生活保护法》的具体实施过程中，确实出现过不服申诉的案例。2011年，日本大分市一名获得永久居住权的 79 岁中国籍老太太因在申请生活保护费

(低保)时遭到当地市政府拒绝,因此向福冈县高级法院提起诉讼,要求大分市地方政府取消驳回生活保护费申请的决定。后来福冈县高级法院对该诉讼案进行审查,做出驳回生活保护费申请的决定无效①的判决。这个事件使受保护是公民一项权利的信念深入人心,在案件的处理过程中,也使得国家的政策被更好地理解,促进了政策的改善与完善。在中国的《社会救助暂行办法》中没有规定救助对象在国家的不当行政时应具有的权利。

第二节　构建中国新型社会救助体系的政策建议

一、构建正确的制度理念

(一)平等的理念

中国《宪法》明确规定了法律面前人人平等的原则,即任何公民都平等地享有宪法和法律规定的各项权利,也都平等地履行宪法和法律规定的各项义务。从中国社会救助制度尤其是最低生活保障制度的施行现状看,中国实行的是城乡分割的二元化最低生活保障制度,显然有悖于宪法平等的基本原则。从城乡低保制度建立的时间看,城市要早于农村;从制度的强制程序与规范性、低保补助水平、国家的财政支持等方面,城市都要优于农村。由于这种城乡有别的最低生活保障制度的存在和运行,不可避免地加大了城乡收入差距,造成国民差别待遇。

(二)合理差别的理念

平等的理念并不代表所有人在任何情况下都是完全平等的,合理的差别并不构成对平等原则的违反。合理的差别主要包括:因年龄的差异导致的责任和权利等方面的合理差别,因历史原因而对少数民族的特殊照顾,因人的生理差异而需要适当给予差别待遇,因经济上的能力或所得的不同而给予的纳税负担或其他义务的不同,对从事特定职业的权利主体的特殊义务的加重或特定权利的限制,等等。需要特别指出的是,中国对城市和农村居民在提供最低生活保障方面的差别对待,不属于平等权的合理差别的范畴。因此,中国社会救助制度应当在平等与合理差别方面进行深刻反思,既要符合宪法所规定的平等理念,又要体现人与人之间的合理需求差异,设计出具有合理差别理念的制度。

(三)人权保障理念

在中国最低生活保障行政实践中,出于方便确定低保对象的目的,有些地方政

---

① 日华裔老人申生活保护费胜诉.永居外国人纳入低保[EB/OL].中国新闻网(北京).2011-11-26. 13:43:12.

府出台了一些明显违背人权保障理念的政策。如有些地方将道德性因素作为是否提供最低生活保障的实质要件的做法,与生存权保障的无差别平等原则格格不入。中国不少地方性最低生活保障规范或实施细则中,对救助对象的生活方式规定的十分详细,而对决定谁能享受最低生活保障的问题却不明确,如规定申请低保者不能购买空调、冰箱,家庭电话月费用不能达到当地城市低保标准50%以上,不能安排子女自费择校就读或出国留学等。这种将申请低保金与选择自己生活方式的权利对立起来的做法,是无视救助对象权利的表现,违背了平等原则。类似的规定在地方性的相关法规中并不鲜见。

二、确立适应性的制度原则

(一)政府主导原则

中国社会救助制度虽规定一定条件的居民享有相应的权益,但并未在法律层面上确定国家作为社会救助责任的义务主体,反而加重地方政府对低保制度承担的财政责任。社会救助作为一项重要的公共政策,国家在制度中充当核心责任人是政府职责的应有之义,是保障贫困者最低限度生活保障权的必然要求。国家作为政治实体,行使着广泛的社会事务管理权和国家调控权,国家责任是非道德性责任、政治性责任,而且应是法定性责任,是国家对贫困国民必须承担的法律义务。社会救助制度的产生与发展是不断追求公平正义价值的过程和结果,应明确社会救助中的国家主导责任。

(二)多主体协调合作原则

在对贫困和弱者进行救助的过程中,有多个主体可以发挥作用。这些主体责任不同,应当进行合理安排使其协调合作,充分发挥各自优势。首先,国家应承担社会救助的首要责任。国家作为社会救助的主体,应当发挥制度供给责任、财政责任以及实施和监管责任等。其次,发挥个人的"自救"积极性。社会救助制度的最终目的是通过个人的努力在国家的帮助下摆脱贫困,个人积极性的发挥是"本",是政策效果的决定因素。再次,要注重家庭的社会救助功能。社会保障制度的建立与发展,并不是要抛弃家庭的责任,而是要更加注重家庭功能的发挥。家庭是一个人心灵的港湾,不管家庭能否提供相应的物质功能,但在人的精神慰藉方面的功能,是其他组织和个人所不能替代的。最后,要发挥社会组织的重要功能。在中国,社会组织的功能一直不被重视,社会组织的发展也困难重重。但社会组织承载着强大的社会力量,在进行救助的过程中可能更易被救助者接受和认可。

(三)生存与发展并举原则

由于受经济发展水平和制度设计理念所限,中国社会救助制度的政策目标仅为贫困者提供基本生存需要,制度的反贫困效果是短暂的。随着经济社会的发展,个体需要在满足基本生活需要的基础上，拥有可持续发展的可能，融入主流社会关系，满足其社会需要。社会救助制度的设计应该更加注重个人的发展，要通过制度安排增加贫困者的自我发展能力，提升其社会资本和话语权，变消极救助为积极救助。

三、设立正确的援助标准

中国社会救助的政策目标应该是满足城乡居民的基本生活需要，而不仅仅是限于基本生存需要，因此要在生存与发展并重的原则下，科学地设定社会救助的标准，这是社会救助制度设计的核心和关键环节。

（一）标准制定的机构

社会救助标准的确定要强调政府的主导性和权威性。从现行低保制度标准的制定看，由于赋予了地方政府制定低保标准的权利，所以各个地方的低保标准差别很大。这种差别一方面体现了地区间的经济发展水平、消费水平等方面的差异，另一方面决定于地方政府的执政理念和财政状况。这样的制定方法可以说带有很大的随意性和不可持续性，也难以让国民信服。另外，制定一个相对科学的救助标准是一件需要协调各个部门的系统、细致和复杂的工作，需要考虑的因素很多，要兼顾宏观和微观、公平与效率。这样的工作如果交由一个地方政府去做，实在难以达到，难免会产生一些简单化的工作方法。所以，中央政府应该从宏观上把握各个地区的经济发展状况，有效地跟踪消费，组织专门人员，成立专门机构，协调各个部门的职责，制定出相对科学并且符合地方实际的低保标准。

（二）基本生活需要的确定

基本生活需要在不同的经济发展阶段，不同的地区可能存在一定差别。首先要确定哪些是属于一个人生存和发展的最基本的需要。其次就是要确定生活需要的范畴。中国采用分类救助的方法，如日常生活、教育、医疗等。最低生活保障制度主要应该是满足日常生活需要。但是由于制度制定的一些问题，中国的低保制度承载了太多福利，不利于政策的公平性。所以，要把不同类别的需要分开，并分别制定其标准。

基本生活需要，可以通过参考当地的生活水平和经济发展水平列出一张清单。日常生活需要可以参考市场菜篮子法确定生活必需品清单；其他的基本需要如教育、住房、医疗等可根据当地的教育、住房、医疗等设施和服务的发展状况确定。

四、提供多样的救助形式

现金救助方式仍然是现在大多数国家常用的、最有效的救助方式。现金救助能够给予贫困群体最大的选择权，这些陷入贫困的家庭根据自己的需要购买相应的物质产品和社会服务，最大限度地提高援助的效率。但是现金救助有一个最大的问题就是个体的消费可能会存在非理性的行为，造成社会资源的浪费。而且随着经济的发展和人口老龄化趋势的加强，人们不仅需要现金，而且需要实物和社会服务。在一些特殊领域如住房和医疗，可能提供实物更合理，对一些高龄老人、重残者，可以考虑由政府购买社会服务。总之，救助应该是多种形式相结合，更好地满足受救助者的需要。

(1)根据受助对象的不同，采用多种方式救助。中国的社会救助主要是提供物质资助，对能力或精神的救助较少。这样的救助方式对于失去工作能力或生存条件的受助者是必要的。但从相关统计和调查可以看出，部分救助对象是具有劳动能力或生存条件的，单一的资金和物质救助方式，往往使他们产生对国家社会救助的依赖心理，而不愿意努力地自食其力，实现自救。福利依赖还会造成他人的效仿和贫困的代际传递，无法从根本上解决贫困问题。对于具备条件的受助者，国家应当更加重视如何让他们通过自身的努力脱离贫困。政府可以为他们提供技能培训、就业咨询、提供工作岗位等；对于有创业条件或需求的救助对象，政府可以为他们提供创业指导、创业贷款等；对于农村的受助者，政府可为其提供种植或养殖技能，提供资金和土地等方面的优惠政策等。总之，能力救助优于简单的物质救助，能起到治标治本的效果。2005 年，日本设立了"自立援助项目"，帮助生活贫困者自立；2013 年又颁布了《生活贫困者自立支援法》，通过因地制宜发展当地经济为贫困者提供就业岗位。

(2)社会救助以政府为主，适当结合民间力量。进入近代后，社会救助成为国家的一项重要社会政策，但是多国的实践证明，社会救助如果过分依赖国家财政投入，会导致国家财政支出压力过大，支出效率低下的问题。社会救助除了政府担当外，还需要与社会力量相结合，实现社会救助主体的多元化。例如，美国社会救助实行政府与社会力量共同运作的方式，其健全的社会救助体系离不开发达的慈善事业，如今美国政府与民间救助机构、慈善机构或从事社会救助的宗教团体形成了比较成熟的合作关系，共同承担社会救助责任。英国曾通过《国民救助法》确立政府为社会救助中的核心主体，但最终因为政府负担过重导致财政危机，在政府无力包揽一切救助责任时，民间救助组织又成为其社会救助的重要主体。社会力量参与社会救助，一是可以多方筹集救助资金，减轻国家财政负担，弥补政府力量的不足。二是社会力量参与救助具有灵活性，可以覆盖到政府社会救助覆盖不到的个案。中国在《社会救助暂行办法》中首次以法律法规的形式提出鼓励社会力量参与社会救助工作，有力推动了中国社会救助社会化的进程。另外，社会救助也离不开一国的慈善机构和慈善活动。2016 年 3 月出台的《中华人民共和国慈善法》对慈善公益活动内容的定义包括：扶贫、养老、救灾、助残和救弱等方面，对倡导社会力量开展社会救济和社会互助活动具有重要的意义。伴随着《慈善法》的出台，中国慈善事业必将规范发展，慈善公益力量将在社会救助中发挥不可或缺的作用。

五、选择适当的管理方式

（一）管理模式的选择

中国社会救助管理方式属于国家指导，地方管理模式。在中央一级，由民政部负责社会救助事务。民政部与各省市的关系是业务上的指导关系，在人力、物力和财力的配置上，不存在隶属关系。各省市的社会救助工作由地方政府设置对应的部门负责。但是中央政府对部分社会救助项目进行转移支付。除了民政部之外，还有其他部门进行一些分类项目如教育救助的管理工作。总之，中国的社会救助是多头管理，权责不清，管理效率低下。

目前，社会救助管理主要有三种方式：第一，完全由地方政府制定政策，并实施管理。这种由地方政府负责社会救助事务的管理模式在发达国家相当普遍，特别是北欧国家。如瑞典由中央政府制定建议标准，地方政府根据本地区的实施情况进行调整，除少数项目外，其余均由地方政府出资。第二，中央集中管理。这种管理方式主要有自由型福利国家，如英国、爱尔兰、澳大利亚和新西兰等由中央政府确定社会救助标准并负责具体管理，由中央财政拨款。第三，中央政府、地方政府分别负责不同项目，如法国。

社会救助采取何种管理方式是由多种因素决定的，如公共部门角色的重新定位、日益增长的地方主义、私人部门作用的扩大、志愿部门作用的增强等。从中国国情以及社会保障其他管理方式看，中国应当采取中央管理的模式。政府应成立社会救助工作统一指挥领导小组，统一领导和协调各级社会救助主管部门的救助工作，指导各部门实施社会救助的具体业务，在各自的职责范围内按时履行本职工作。

（二）提高管理层次和水平

中国社会救助的管理除了存在部门分割之外，还存在城乡分割的问题。加强社会救助的管理，必须改革城乡分治的二元管理体制，实现社会救助体系的城乡一体化，对社会救助进行统一管理，如统一管理部门、管理方式、管理目标等。

此外，还要加强社会救助相关工作部门与其他部门的工作协调。中国社会救助的管理仍存在多龙治水的问题。社会救助工作主要由民政部门负责，但是属于大病救助等医疗救助的工作则归卫生部门管理，属于教育救助方面的工作又归责于教育部门等。这些部门共同管理中国的社会救助工作，难免存在责任不清、权利不明的情况，因此各部门要明确分工，各司其职，不能相互推诿。在需要多部门共同处理的情况下，各部门应加大协调力度，互相支持与配合，减小制度成本，提高救助效果。

提高社会救助的管理水平与效率。社会救助的管理包括业务管理和行政管理。

在业务管理方面,可以通过运用计算机等高科技手段,并联合制度相关的部门如医院、银行等建立动态的监控网络,对申报低保的家庭,对收入、人口、就业等情况进行网上核实与动态监控,形成有进有出的灵活机制。

在行政管理方面,要建立监督检查和责任追究机制,确保社会救助精准管理,规范救助行为,确保救助制度公平实施。积极接受社会监督,加大公示力度,建立社会救助投诉、举报核查制度。对于具有违法违规行为,如挪用、挤占和拖延救助资金的单位、部门和个人,要加大惩罚力度。

(三)明确各级政府的救助责任

中国的社会救助应采用政府主导的管理模式,政府除了担负社会救助制度财政责任之外,还负有直接管理与实施社会救助各项工作的责任。但具体怎样进行管理,要在中央和地方进行明确划分。中央政府应该负责社会救助法律法规的建设,确定社会救助标准,对社会救助的运作进行指导和监督,等等。而地方政府在管理本地区社会救助事务方面则具有一定的优势,因此要根据政府事权划分的区域性原则和受益性原则,合理划分社会救助的事权和支出责任。当然中央政府也可以对地方政府进行一定程度的授权,但授权的度是个难以合理把握的问题,需要进行深入的讨论和研究。

六、建立灵活的资金分担机制

社会救助资金是社会普遍关注的问题,中国社会救助资源分配存在着水平低和一定不公平现象。首先,政府对于社会救助在资金上付出总量不足,难以满足城乡居民对于社会救助在正常范围内的需求,被救助者不能维持满足温饱的生活;其次,社会救助没有覆盖到全体人群,存在"应保未保"现象;再次,社会救助在分配的问题上往往重城市、轻农村,难以逐步缩小存在的城乡居民差别,形成了新的不公平。

社会救助制度作为一项公共政策,政府应该承担主导的财政责任,在目前的法律法规中也有所体现。现在的问题是关于财政责任在中央政府和地方政府的分担问题,即过分强调地方的财政责任,中央的财政责任较小,且没有法制化。因此,首先应该分清中央和地方的财政责任,并制度化;其次根据不同地区的经济发展水平,确定中央财政支持的比例和力度;最后要多方面地筹集资金,在强调政府责任的同时,鼓励社会捐赠等其他方式筹集社会救助资金。

参考文献

[1]駒村康平. 低所得世帯の推計と生活保護制度[J]. 三田商学研究,2003.

[2]森川清. 権利としての生活保護法:理念と実務[M]. あけび書房,2011.

[3]道中隆. 生活保護のスーパービジョン[M]. ミネルヴァ書房,2012.

[4]山田久. わが国社会保障制度の課題と欧米比較からみた改革の方向性——経済成長・財政再建との両立に向けて[J]. Business & economic review,2011.

[5]加藤弘之,上原一慶. 中国経済論[M]. ミネルヴァ書房,2004.

[6]中江章浩. 21 世紀の社会保障:日本と中国の現状と課題[M]. 第一書房,1998.

[7]沈潔. 日中社会保障の比較と協力の可能性[J]. 浦和論叢,2009.

[8]宋健敏. 日本社会保障制度[M]. 上海:上海人民出版社,2012.

[9]崔万有. 日本社会保障研究[M]. 北京:北京师范大学出版社,2009.

[10]沈洁. 日本社会保障制度的发展[M]. 北京:中国劳动保障出版社,2004.

[11]韩君玲. 日本最低生活保障法研究[M]. 北京:商务印书馆,2007.

[12]赵永生. 家族主义下的日本社会救助制度述评[J]. 日本学刊,2009(5).

[13]方洁. 日本社会救助制度中的财政责任研究[J]. 群文天地,2012(9).

[14]韩君玲. 第二次世界大战后日本最低生活保障国家责任的法制变迁过程[J]. 法律文化研究,2008(9).

[15]丁国峰. 日本最低生活保障制度对我国农村低保的借鉴[J]. 学术界,2010(11).

[16]吴兴国. 日本低保制度的嬗变及其对我国的启示[J]. 国外社会科学,2011(9).

[17]金炳彻,等. 中日韩社会救助制度——基于中央集权化程度的研究[J]. 社会保障研究,2012(1).

[18]孙家宇. 中国社会救助制度比较研究[D]. 长春:东北师范大学学位论文,2011.

[19]海龙. 中日社会救助制度刍议[J]. 平顶山学院学报,2009(8).

[20]汪朝霞. 社会救助制度的国际比较及经验借鉴——以英、美、日等国为研

究对象[J].苏州大学学报,2011(5).

[21]韩君玲.日本生活保护制度中收入认定的现状与问题[J].比较法研究,2011(4).

[22]于秀丽.生活保护制度经验、困境及对我国的启示[J].东北亚论坛,2006(4).

[23]吴建华,潘光伟,等.近代以来日本家庭结构与功能的变迁[J].西南师范大学学报,2000(5).

[24]姬升峰.中国社会救助制度发展研究[J].社会福利(理论版),2012(3).

[25]代恒猛.社会救助政策的转型与整合——北京经验[J].当代世界社会主义问题,2009(2).

[26]李志明.城乡社会救助制度研究:权利界定、目标设计与政策建议[J].河南社会科学,2009(6).

[27]洪大用.完善社会救助,促进社会和谐[J].教学与研究,2004(12).

[28]孙静琴,徐言辉.城市困难家庭社会救助网络的分析[J].社会科学辑刊,2011(2).

[29]郑军,彭欢.中西方社会救助制度中政府责任差异的比较分析——基于制度文化的视角[J].经济问题探索,2010(2).

[30]顾昕,等.中国城乡社会救助的横向公平性[J].东岳论丛,2007(1).

[31]高娟.中美社会救助制度比较与借鉴[D].武汉:武汉科技大学学位论文,2007.

[32]时正新,廖鸿.中国社会救助体系研究[M].北京:中国社会科学出版社,2002.

[33]多吉才让.最低生活保障制度研究与实践[M].北京:人民出版社,2002.

[34]陈建先,王春利.政府责任的语义辨析[J].探索,2007(4).

[35]张彦军.国外社会救助经验对我国的启示[J].理论探索,2011(3).

[36]郑功成.社会保障学[M].北京:商务印书馆,2012.

[37]冯英,聂文倩.外国的社会救助[M].北京:中国社会出版社,2007.

[38]杨思斌.论社会救助法中的国家责任原则[J].山东社会科学,2010(1).

[39]胡务.社会救助概论[M].北京:北京大学出版社,2010.

[40]郑功成.中国社会保障改革与发展战略——救助与福利卷[M].北京:人民出版社,2011.

[41]江治强.我国社会救助的财政问题与对策探析[J].山东社会科学,2005(5).

[42]贾楠.中国社会救助报告[M].北京:中国时代经济出版社,2009.

[43]杨立雄,于洋,金炳彻.中日韩生活保护制度研究[M].北京:中国经济出版社,2012.

[44]丁国峰,等.日本低保制度及其对我国的借鉴意义[J].北京交通大学学报,2011(3).

[45]陈兵.论政府在社会保障中的责任[J].劳动保障世界,2012(11).

[46]吕学静.日本的生活保护制度及其对中国的启示[J].民政论坛,2000(4).

[47]冯瑛,聂文倩.外国的社会救助[M].北京:中国社会出版社,2008.

[48]吴兴国,丁国峰.日本低保制度的嬗变及其对我国的启示[J].国外社会科学,2011(5).

[49]韩君玲.战后日本新生活保护法的特征[J].华东政法学院学报,2005(2).

[50]孙绍聘.中国救灾制度研究[M].北京:商务印书馆,2004.

[51]蔡勤禹.国家、社会与弱势群体——民国时期的社会救济(1927—1949)[M].天津:天津人民出版社,2003.

[52]邢文柱.日本社会低保制度及其对中国的启示[J].日本研究,2011(4).

[53]李小尉.当代中国社会救助史研究论略[J].辽宁师范大学学报,2006(5).

[54]高园.从救济到救助:新中国城市社会救助的发展历程及其启示[J].河北科技师范学院学报(社会科学版),2011(1).

[55]刘喜堂.建国60年来我国社会救助发展历程与制度变迁[J].华中师范大学学报(人文社会科学版),2010(4).

[56]江树革,[瑞典]比约恩·古斯塔夫森.国外社会救助的经验和中国社会救助的未来发展[J].经济社会体制比较,2007(4).

附录一　相关法律法规

1. 国务院办公厅转发民政部等部门关于进一步完善医疗救助制度全面开展重特大疾病医疗救助工作意见的通知

国办发〔2015〕30 号

各省、自治区、直辖市人民政府，国务院各部委、各直属机构：

民政部、财政部、人力资源社会保障部、卫生计生委、保监会《关于进一步完善医疗救助制度全面开展重特大疾病医疗救助工作的意见》已经国务院同意，现转发给你们，请认真贯彻执行。

国务院办公厅

2015 年 4 月 21 日

关于进一步完善医疗救助制度全面开展重特大疾病医疗救助工作的意见

为全面落实《社会救助暂行办法》有关规定，编密织牢保障基本民生安全网，根据国务院决策部署和有关工作安排，现就进一步完善医疗救助制度、全面开展重特大疾病医疗救助工作提出以下意见：

一、总体要求

（一）指导思想。深入贯彻党的十八大和十八届二中、三中、四中全会精神，以健全社会救助体系、保障困难群众基本医疗权益为目标，进一步健全工作机制，完善政策措施，强化规范管理，加强统筹衔接，不断提高医疗救助管理服务水平，最大限度减轻困难群众医疗支出负担。

（二）基本原则。托住底线。按照救助对象医疗费用、家庭困难程度和负担能力等因素，科学合理制定救助方案，确保其获得必需的基本医疗卫生服务；救助水平与经济社会发展水平相适应。

统筹衔接。推进医疗救助制度城乡统筹发展，加强与基本医疗保险、城乡居民大病保险、疾病应急救助及各类补充医疗保险、商业保险等制度的有效衔接，形成制度合力。加强与慈善事业有序衔接，实现政府救助与社会力量参与的高效联动和良性互动。

公开公正。公开救助政策、工作程序、救助对象以及实施情况，主动接受群众和社会监督，确保过程公开透明、结果公平公正。

高效便捷。优化救助流程，简化结算程序，加快信息化建设，增强救助时效，发挥救急难功能，使困难群众及时得到有效救助。

（三）目标任务。城市医疗救助制度和农村医疗救助制度于2015年底前合并实施，全面开展重特大疾病医疗救助工作，进一步细化实化政策措施，实现医疗救助制度科学规范、运行有效，与相关社会救助、医疗保障政策相配套，保障城乡居民基本医疗权益。

二、完善医疗救助制度

（一）整合城乡医疗救助制度。各地要在2015年底前，将城市医疗救助制度和农村医疗救助制度整合为城乡医疗救助制度。要按照《城乡医疗救助基金管理办法》（财社〔2013〕217号）的要求，合并原来在社会保障基金财政专户中分设的“城市医疗救助基金专账”和“农村医疗救助基金专账”，在政策目标、资金筹集、对象范围、救助标准、救助程序等方面加快推进城乡统筹，确保城乡困难群众获取医疗救助的权利公平、机会公平、规则公平、待遇公平。

（二）合理界定医疗救助对象。最低生活保障家庭成员和特困供养人员是医疗救助的重点救助对象。要逐步将低收入家庭的老年人、未成年人、重度残疾人和重病患者等困难群众（以下统称低收入救助对象），以及县级以上人民政府规定的其他特殊困难人员纳入救助范围。适当拓展重特大疾病医疗救助对象范围，积极探索对发生高额医疗费用、超过家庭承受能力、基本生活出现严重困难家庭中的重病患者（以下称因病致贫家庭重病患者）实施救助。在各类医疗救助对象中，要重点加大对重病、重残儿童的救助力度。

（三）资助参保参合。对重点救助对象参加城镇居民基本医疗保险或新型农村合作医疗的个人缴费部分进行补贴，特困供养人员给予全额资助，最低生活保障家庭成员给予定额资助，保障其获得基本医疗保险服务。具体资助办法由县级以上地方人民政府根据本地经济社会发展水平和医疗救助资金筹集情况等因素研究制定。

（四）规范门诊救助。门诊救助的重点是因患慢性病需要长期服药或者患重特大疾病需要长期门诊治疗，导致自负费用较高的医疗救助对象。卫生计生部门已经明确诊疗路径、能够通过门诊治疗的病种，可采取单病种付费等方式开展门诊救助。门诊救助的最高救助限额由县级以上地方人民政府根据当地救助对象需求和医疗救助资金筹集等情况研究确定。

（五）完善住院救助。重点救助对象在定点医疗机构发生的政策范围内住院费用中，对经基本医疗保险、城乡居民大病保险及各类补充医疗保险、商业保险报销后的个人负担费用，在年度救助限额内按不低于70%的比例给予救助。住院救助的年度最高救助限额由县级以上地方人民政府根据当地救助对象需求和医疗救助资金筹集等情况确定。定点医疗机构应当减免救助对象住院押金，及时给予救治；医疗救助经办机构要及时确认救助对象，并可向定点医疗机构提供一定额度的预付资金，方便救助对象看病就医。

三、全面开展重特大疾病医疗救助

（一）科学制定实施方案。各地要在评估、总结试点经验基础上，进一步完善实施方案，扩大政策覆盖地区，全面开展重特大疾病医疗救助工作。对重点救助对象和低收入救助对象经基本医疗保险、城乡居民大病保险及各类补充医疗保险、商业保险等报销后个人负担的合规医疗费用，直接予以救助；因病致贫家庭重病患者等其他救助对象负担的合规医疗费用，先由其个人支付，对超过家庭负担能力的部分予以救助。合规医疗费用主要参照当地基本医疗保险的有关规定确定，已经开展城乡居民大病保险的地区，也可以参照城乡居民大病保险的有关规定确定。

（二）合理确定救助标准。综合考虑患病家庭负担能力、个人自负费用、当地筹资情况等因素，分类分段设置重特大疾病医疗救助比例和最高救助限额。原则上重点救助对象的救助比例高于低收入救助对象，低收入救助对象高于其他救助对象；同一类救助对象，个人自负费用数额越大，救助比例越高。对重点救助对象应当全面取消救助门槛；对因病致贫家庭重病患者可设置起付线，对起付线以上的自负费用给予救助。

（三）明确就医用药范围。重特大疾病医疗救助的用药范围、诊疗项目等，原则上参照基本医疗保险和城乡居民大病保险的相关规定执行。对确需到上级医疗机构或跨县域异地医院就诊的医疗救助对象，应按规定履行转诊或备案手续。对已明确临床诊疗路径的重特大疾病病种，可采取按病种付费等方式给予救助。

（四）加强与相关医疗保障制度的衔接。民政、财政、人力资源社会保障、卫生计生、保险监管等部门要加强协作配合，共同做好重特大疾病医疗救助与基本医疗保险、城乡居民大病保险、疾病应急救助、商业保险的有效衔接，确保城乡居民大病保险覆盖所有贫困重特大疾病患者，帮助所有符合条件的困难群众获得保险补偿和医疗救助。加强重特大疾病医疗救助与疾病应急救助制度的高效联动，将救助关口前移，主动对符合条件的疾病应急救助对象进行救助。民政部门要会同有关部门以及城乡居民大病保险承办服务机构，进一步完善信息共享和业务协作机制，共同做好重特大疾病医疗救助相关基础工作。

四、健全工作机制

（一）健全筹资机制。各地要根据救助对象数量、患病率、救助标准、医药费用增长情况，以及基本医疗保险、城乡居民大病保险、商业保险报销水平等，科学测算医疗救助资金需求，加大财政投入，鼓励和引导社会捐赠，健全多渠道筹资机制。县级财政要根据测算的资金需求和上级财政补助资金情况，合理安排本级财政医疗救助资金，并纳入年度预算。省级和地市级财政应加大对本行政区域内经济困难地区的资金补助力度。中央财政在分配医疗救助补助资金时，将进一步加大对地方各级财政筹资情况的考核力度。各地应根据年度筹资情况及时调整救助方案，提高资金使用效益。

（二）健全"一站式"即时结算机制。做到医疗救助与基本医疗保险、城乡居民大病保险、疾病应急救助、商业保险等信息管理平台互联互享、公开透明，实现"一站式"信息交换和即时结算，救助对象所发生的医疗费用可先由定点医疗机构垫付医疗救助基金支付的部分，救助对象只支付自负部分。结合医保异地就医工作的推进，积极探索重特大疾病医疗救助异地就医管理机制。

（三）健全救助服务监管机制。要在基本医疗保险定点医疗机构范围内，按照公开平等、竞争择优的原则确定医疗救助定点医疗机构。民政部门要与医疗救助定点医疗机构签订委托合作协议，明确服务内容、服务质量、费用结算以及双方的责任义务，制定服务规范，并会同财政、人力资源社会保障、卫生计生等部门及商业保险机构做好对医疗服务行为质量的监督管理，防控不合理医疗行为和费用。对不按规定用药、诊疗以及提供医疗服务所发生的费用，医疗救助基金不予结算。对违反合作协议，不按规定提供医疗救助服务，造成医疗救助资金流失或浪费的，要终止定点合作协议，取消医疗救助定点医疗机构资格，并依法追究责任。

（四）健全社会力量参与的衔接机制。各地要加强医疗救助与社会力量参与的衔接机制建设，落实国家有关财税优惠、费用减免等政策规定，支持、引导社会力量通过捐赠资金、物资积极参与医疗救助特别是重特大疾病医疗救助，形成对政府救助的有效补充。要搭建信息共享平台，及时提供救助需求信息，为社会力量参与医疗救助创造条件、提供便利，形成工作合力。要从困难群众医疗保障需求出发，帮助他们寻求慈善帮扶。要注重发挥社会力量的专业优势，提供医疗费用补助、心理疏导、亲情陪护等形式多样的慈善医疗服务，帮助困难群众减轻医疗经济负担、缓解身心压力。

五、加强组织领导

完善医疗救助制度、全面开展重特大疾病医疗救助工作，缓解因病陷入困境群众的"不能承受之重"，是政府的重要职责。县级以上地方各级人民政府要加强组织领导，细化政策措施，明确进度安排，落实管理责任，加大资金投入，强化督促检查,务求取得实效。要切实加强基层经办机构和能力建设,做到事有人管、责有人负,不断提高工作水平。

各级民政部门要主动加强与财政、人力资源社会保障、卫生计生、保险监管等部门的协调配合,做好医疗救助方案设计、政策调整等工作,更好地发挥医疗救助救急难作用。对于医疗救助政策难以解决的个案问题,要充分利用当地社会救助协调工作机制,专题研究解决措施,避免冲击社会道德和心理底线的事件发生。

民政部　财政部　人力资源社会保障部

卫生计生委　保监会

2. 社会救助暂行办法

中华人民共和国国务院令　第 **649** 号

现公布《社会救助暂行办法》,自 2014 年 5 月 1 日起施行。

总理　李克强

2014 年 2 月 21 日

第一章　总则

第一条　为了加强社会救助,保障公民的基本生活,促进社会公平,维护社会和谐稳定,根据宪法,制定本办法。

第二条　社会救助制度坚持托底线、救急难、可持续,与其他社会保障制度相衔接,社会救助水平与经济社会发展水平相适应。

社会救助工作应当遵循公开、公平、公正、及时的原则。

第三条　国务院民政部门统筹全国社会救助体系建设。国务院民政、卫生计生、教育、住房城乡建设、人力资源社会保障等部门,按照各自职责负责相应的社会救助管理工作。

县级以上地方人民政府民政、卫生计生、教育、住房城乡建设、人力资源社会保障等部门,按照各自职责负责本行政区域内相应的社会救助管理工作。

前两款所列行政部门统称社会救助管理部门。

第四条　乡镇人民政府、街道办事处负责有关社会救助的申请受理、调查审核,具体工作由社会救助经办机构或者经办人员承担。

村民委员会、居民委员会协助做好有关社会救助工作。

第五条　县级以上人民政府应当将社会救助纳入国民经济和社会发展规划,建立健全政府领导、民政部门牵头、有关部门配合、社会力量参与的社会救助工作协调机制,完善社会救助资金、物资保障机制,将政府安排的社会救助资金和社会救助工作经费纳入财政预算。

社会救助资金实行专项管理,分账核算,专款专用,任何单位或者个人不得挤占挪用。社会救助资金的支付,按照财政国库管理的有关规定执行。

第六条　县级以上人民政府应当按照国家统一规划建立社会救助管理信息系统,实现社会救助信息互联互通、资源共享。

第七条　国家鼓励、支持社会力量参与社会救助。

第八条　对在社会救助工作中作出显著成绩的单位、个人,按照国家有关规定给予表彰、奖励。

第二章　最低生活保障

第九条　国家对共同生活的家庭成员人均收入低于当地最低生活保障标准，且符合当地最低生活保障家庭财产状况规定的家庭，给予最低生活保障。

第十条　最低生活保障标准，由省、自治区、直辖市或者设区的市级人民政府按照当地居民生活必需的费用确定、公布，并根据当地经济社会发展水平和物价变动情况适时调整。

最低生活保障家庭收入状况、财产状况的认定办法，由省、自治区、直辖市或者设区的市级人民政府按照国家有关规定制定。

第十一条　申请最低生活保障，按照下列程序办理：

（一）由共同生活的家庭成员向户籍所在地的乡镇人民政府、街道办事处提出书面申请；家庭成员申请有困难的，可以委托村民委员会、居民委员会代为提出申请。

（二）乡镇人民政府、街道办事处应当通过入户调查、邻里访问、信函索证、群众评议、信息核查等方式，对申请人的家庭收入状况、财产状况进行调查核实，提出初审意见，在申请人所在村、社区公示后报县级人民政府民政部门审批。

（三）县级人民政府民政部门经审查，对符合条件的申请予以批准，并在申请人所在村、社区公布；对不符合条件的申请不予批准，并书面向申请人说明理由。

第十二条　对批准获得最低生活保障的家庭，县级人民政府民政部门按照共同生活的家庭成员人均收入低于当地最低生活保障标准的差额，按月发给最低生活保障金。

对获得最低生活保障后生活仍有困难的老年人、未成年人、重度残疾人和重病患者，县级以上地方人民政府应当采取必要措施给予生活保障。

第十三条　最低生活保障家庭的人口状况、收入状况、财产状况发生变化的，应当及时告知乡镇人民政府、街道办事处。

县级人民政府民政部门以及乡镇人民政府、街道办事处应当对获得最低生活保障家庭的人口状况、收入状况、财产状况定期核查。

最低生活保障家庭的人口状况、收入状况、财产状况发生变化的，县级人民政府民政部门应当及时决定增发、减发或者停发最低生活保障金；决定停发最低生活保障金的，应当书面说明理由。

第三章　特困人员供养

第十四条　国家对无劳动能力、无生活来源且无法定赡养、抚养、扶养义务人，或者其法定赡养、抚养、扶养义务人无赡养、抚养、扶养能力的老年人、残疾人以及未满 16 周岁的未成年人,给予特困人员供养。

第十五条 特困人员供养的内容包括:

(一)提供基本生活条件;

(二)对生活不能自理的给予照料;

(三)提供疾病治疗;

(四)办理丧葬事宜。

特困人员供养标准,由省、自治区、直辖市或者设区的市级人民政府确定、公布。

特困人员供养应当与城乡居民基本养老保险、基本医疗保障、最低生活保障、孤儿基本生活保障等制度相衔接。

第十六条 申请特困人员供养,由本人向户籍所在地的乡镇人民政府、街道办事处提出书面申请;本人申请有困难的,可以委托村民委员会、居民委员会代为提出申请。

特困人员供养的审批程序适用本办法第十一条规定。

第十七条 乡镇人民政府、街道办事处应当及时了解掌握居民的生活情况,发现符合特困供养条件的人员,应当主动为其依法办理供养。

第十八条 特困供养人员不再符合供养条件的,村民委员会、居民委员会或者供养服务机构应当告知乡镇人民政府、街道办事处,由乡镇人民政府、街道办事处审核并报县级人民政府民政部门核准后,终止供养并予以公示。

第十九条 特困供养人员可以在当地的供养服务机构集中供养,也可以在家分散供养。特困供养人员可以自行选择供养形式。

第四章 受灾人员救助

第二十条 国家建立健全自然灾害救助制度,对基本生活受到自然灾害严重影响的人员,提供生活救助。

自然灾害救助实行属地管理,分级负责。

第二十一条 设区的市级以上人民政府和自然灾害多发、易发地区的县级人民政府应当根据自然灾害特点、居民人口数量和分布等情况,设立自然灾害救助物资储备库,保障自然灾害发生后救助物资的紧急供应。

第二十二条 自然灾害发生后,县级以上人民政府或者人民政府的自然灾害救助应急综合协调机构应当根据情况紧急疏散、转移、安置受灾人员,及时为受灾人员提供必要的食品、饮用水、衣被、取暖、临时住所、医疗防疫等应急救助。

第二十三条 灾情稳定后,受灾地区县级以上人民政府应当评估、核定并发布自然灾害损失情况。

第二十四条　受灾地区人民政府应当在确保安全的前提下，对住房损毁严重的受灾人员进行过渡性安置。

第二十五条　自然灾害危险消除后，受灾地区人民政府民政等部门应当及时核实本行政区域内居民住房恢复重建补助对象，并给予资金、物资等救助。

第二十六条　自然灾害发生后，受灾地区人民政府应当为因当年冬寒或者次年春荒遇到生活困难的受灾人员提供基本生活救助。

第五章　医疗救助

第二十七条　国家建立健全医疗救助制度，保障医疗救助对象获得基本医疗卫生服务。

第二十八条　下列人员可以申请相关医疗救助：

（一）最低生活保障家庭成员；

（二）特困供养人员；

（三）县级以上人民政府规定的其他特殊困难人员。

第二十九条　医疗救助采取下列方式：

（一）对救助对象参加城镇居民基本医疗保险或者新型农村合作医疗的个人缴费部分，给予补贴；

（二）对救助对象经基本医疗保险、大病保险和其他补充医疗保险支付后，个人及其家庭难以承担的符合规定的基本医疗自负费用，给予补助。

医疗救助标准，由县级以上人民政府按照经济社会发展水平和医疗救助资金情况确定、公布。

第三十条　申请医疗救助的，应当向乡镇人民政府、街道办事处提出，经审核、公示后，由县级人民政府民政部门审批。最低生活保障家庭成员和特困供养人员的医疗救助，由县级人民政府民政部门直接办理。

第三十一条　县级以上人民政府应当建立健全医疗救助与基本医疗保险、大病保险相衔接的医疗费用结算机制，为医疗救助对象提供便捷服务。

第三十二条　国家建立疾病应急救助制度，对需要急救但身份不明或者无力支付急救费用的急重危伤病患者给予救助。符合规定的急救费用由疾病应急救助基金支付。

疾病应急救助制度应当与其他医疗保障制度相衔接。

第六章　教育救助

第三十三条　国家对在义务教育阶段就学的最低生活保障家庭成员、特困供养人员，给予教育救助。

对在高中教育（含中等职业教育）、普通高等教育阶段就学的最低生活保障家庭成员、特困供养人员，以及不能入学接受义务教育的残疾儿童，根据实际情况给予适当教育救助。

第三十四条 教育救助根据不同教育阶段需求，采取减免相关费用、发放助学金、给予生活补助、安排勤工助学等方式实施，保障教育救助对象基本学习、生活需求。

第三十五条 教育救助标准，由省、自治区、直辖市人民政府根据经济社会发展水平和教育救助对象的基本学习、生活需求确定、公布。

第三十六条 申请教育救助，应当按照国家有关规定向就读学校提出，按规定程序审核、确认后，由学校按照国家有关规定实施。

第七章 住房救助

第三十七条 国家对符合规定标准的住房困难的最低生活保障家庭、分散供养的特困人员，给予住房救助。

第三十八条 住房救助通过配租公共租赁住房、发放住房租赁补贴、农村危房改造等方式实施。

第三十九条 住房困难标准和救助标准，由县级以上地方人民政府根据本行政区域经济社会发展水平、住房价格水平等因素确定、公布。

第四十条 城镇家庭申请住房救助的，应当经由乡镇人民政府、街道办事处或者直接向县级人民政府住房保障部门提出，经县级人民政府民政部门审核家庭收入、财产状况和县级人民政府住房保障部门审核家庭住房状况并公示后，对符合申请条件的申请人，由县级人民政府住房保障部门优先给予保障。

农村家庭申请住房救助的，按照县级以上人民政府有关规定执行。

第四十一条 各级人民政府按照国家规定通过财政投入、用地供应等措施为实施住房救助提供保障。

第八章 就业救助

第四十二条 国家对最低生活保障家庭中有劳动能力并处于失业状态的成员，通过贷款贴息、社会保险补贴、岗位补贴、培训补贴、费用减免、公益性岗位安置等办法，给予就业救助。

第四十三条 最低生活保障家庭有劳动能力的成员均处于失业状态的，县级以上地方人民政府应当采取有针对性的措施，确保该家庭至少有一人就业。

第四十四条 申请就业救助的，应当向住所地街道、社区公共就业服务机构提出，公共就业服务机构核实后予以登记，并免费提供就业岗位信息、职业介绍、职业指导等就业服务。

第四十五条 最低生活保障家庭中有劳动能力但未就业的成员，应当接受人力资源社会保障等有关部门介绍的工作；无正当理由，连续3次拒绝接受介绍的与其健康状况、劳动能力等相适应的工作的，县级人民政府民政部门应当决定减发或者停发其本人的最低生活保障金。

第四十六条 吸纳就业救助对象的用人单位，按照国家有关规定享受社会保险补贴、税收优惠、小额担保贷款等就业扶持政策。

第九章 临时救助

第四十七条 国家对因火灾、交通事故等意外事件，家庭成员突发重大疾病等原因，导致基本生活暂时出现严重困难的家庭，或者因生活必需支出突然增加超出家庭承受能力，导致基本生活暂时出现严重困难的最低生活保障家庭，以及遭遇其他特殊困难的家庭，给予临时救助。

第四十八条 申请临时救助的，应当向乡镇人民政府、街道办事处提出，经审核、公示后，由县级人民政府民政部门审批；救助金额较小的，县级人民政府民政部门可以委托乡镇人民政府、街道办事处审批。情况紧急的，可以按照规定简化审批手续。

第四十九条 临时救助的具体事项、标准，由县级以上地方人民政府确定、公布。

第五十条 国家对生活无着的流浪、乞讨人员提供临时食宿、急病救治、协助返回等救助。

第五十一条 公安机关和其他有关行政机关的工作人员在执行公务时发现流浪、乞讨人员的，应当告知其向救助管理机构求助。对其中的残疾人、未成年人、老年人和行动不便的其他人员，应当引导、护送到救助管理机构；对突发急病人员，应当立即通知急救机构进行救治。

第十章 社会力量参与

第五十二条 国家鼓励单位和个人等社会力量通过捐赠、设立帮扶项目、创办服务机构、提供志愿服务等方式，参与社会救助。

第五十三条 社会力量参与社会救助，按照国家有关规定享受财政补贴、税收优惠、费用减免等政策。

第五十四条 县级以上地方人民政府可以将社会救助中的具体服务事项通过委托、承包、采购等方式，向社会力量购买服务。

第五十五条 县级以上地方人民政府应当发挥社会工作服务机构和社会工作者作用，为社会救助对象提供社会融入、能力提升、心理疏导等专业服务。

第五十六条 社会救助管理部门及相关机构应当建立社会力量参与社会救助的机制和渠道，提供社会救助项目、需求信息，为社会力量参与社会救助创造条件、提供便利。

第十一章 监督管理

第五十七条 县级以上人民政府及其社会救助管理部门应当加强对社会救助工作的监督检查，完善相关监督管理制度。

第五十八条 申请或者已获得社会救助的家庭，应当按照规定如实申报家庭收入状况、财产状况。

县级以上人民政府民政部门根据申请或者已获得社会救助家庭的请求、委托，可以通过户籍管理、税务、社会保险、不动产登记、工商登记、住房公积金管理、车船管理等单位和银行、保险、证券等金融机构，代为查询、核对其家庭收入状况、财产状况；有关单位和金融机构应当予以配合。

县级以上人民政府民政部门应当建立申请和已获得社会救助家庭经济状况信息核对平台，为审核认定社会救助对象提供依据。

第五十九条 县级以上人民政府社会救助管理部门和乡镇人民政府、街道办事处在履行社会救助职责过程中，可以查阅、记录、复制与社会救助事项有关的资料，询问与社会救助事项有关的单位、个人，要求其对相关情况作出说明，提供相关证明材料。有关单位、个人应当如实提供。

第六十条 申请社会救助，应当按照本办法的规定提出；申请人难以确定社会救助管理部门的，可以先向社会救助经办机构或者县级人民政府民政部门求助。社会救助经办机构或者县级人民政府民政部门接到求助后，应当及时办理或者转交其他社会救助管理部门办理。

乡镇人民政府、街道办事处应当建立统一受理社会救助申请的窗口，及时受理、转办申请事项。

第六十一条 履行社会救助职责的工作人员对在社会救助工作中知悉的公民个人信息，除按照规定应当公示的信息外，应当予以保密。

第六十二条 县级以上人民政府及其社会救助管理部门应当通过报刊、广播、电视、互联网等媒体，宣传社会救助法律、法规和政策。

县级人民政府及其社会救助管理部门应当通过公共查阅室、资料索取点、信息公告栏等便于公众知晓的途径，及时公开社会救助资金、物资的管理和使用等情况，接受社会监督。

第六十三条 履行社会救助职责的工作人员行使职权,应当接受社会监督。

任何单位、个人有权对履行社会救助职责的工作人员在社会救助工作中的违法行为进行举报、投诉。受理举报、投诉的机关应当及时核实、处理。

第六十四条 县级以上人民政府财政部门、审计机关依法对社会救助资金、物资的筹集、分配、管理和使用实施监督。

第六十五条 申请或者已获得社会救助的家庭或者人员,对社会救助管理部门作出的具体行政行为不服的,可以依法申请行政复议或者提起行政诉讼。

第十二章 法律责任

第六十六条 违反本办法规定,有下列情形之一的,由上级行政机关或者监察机关责令改正;对直接负责的主管人员和其他直接责任人员依法给予处分:

(一)对符合申请条件的救助申请不予受理的;

(二)对符合救助条件的救助申请不予批准的;

(三)对不符合救助条件的救助申请予以批准的;

(四)泄露在工作中知悉的公民个人信息,造成后果的;

(五)丢失、篡改接受社会救助款物、服务记录等数据的;

(六)不按照规定发放社会救助资金、物资或者提供相关服务的;

(七)在履行社会救助职责过程中有其他滥用职权、玩忽职守、徇私舞弊行为的。

第六十七条 违反本办法规定,截留、挤占、挪用、私分社会救助资金、物资的,由有关部门责令追回;有违法所得的,没收违法所得;对直接负责的主管人员和其他直接责任人员依法给予处分。

第六十八条 采取虚报、隐瞒、伪造等手段,骗取社会救助资金、物资或者服务的,由有关部门决定停止社会救助,责令退回非法获取的救助资金、物资,可以处非法获取的救助款额或者物资价值 1 倍以上 3 倍以下的罚款;构成违反治安管理行为的,依法给予治安管理处罚。

第六十九条 违反本办法规定,构成犯罪的,依法追究刑事责任。

第十三章 附则

第七十条 本办法自 2014 年 5 月 1 日起施行。

3. 国务院关于在全国建立农村最低生活保障制度的通知

（国发〔2007〕19号）

各省、自治区、直辖市人民政府，国务院各部委、各直属机构：

为贯彻落实党的十六届六中全会精神，切实解决农村贫困人口的生活困难，国务院决定，2007年在全国建立农村最低生活保障制度。现就有关问题通知如下：

一、充分认识建立农村最低生活保障制度的重要意义

改革开放以来，我国经济持续快速健康发展，党和政府高度重视“三农”工作，不断加大扶贫开发和社会救助工作力度，农村贫困人口数量大幅减少。但是，仍有部分贫困人口尚未解决温饱问题，需要政府给予必要的救助，以保障其基本生活，并帮助其中有劳动能力的人积极劳动脱贫致富。党的十六大以来，部分地区根据中央部署，积极探索建立农村最低生活保障制度，为全面解决农村贫困人口的基本生活问题打下了良好基础。在全国建立农村最低生活保障制度，是践行“三个代表”重要思想、落实科学发展观和构建社会主义和谐社会的必然要求，是解决农村贫困人口温饱问题的重要举措，也是建立覆盖城乡的社会保障体系的重要内容。做好这一工作，对于促进农村经济社会发展，逐步缩小城乡差距，维护社会公平具有重要意义。各地区、各部门要充分认识建立农村最低生活保障制度的重要性，将其作为社会主义新农村建设的一项重要任务，高度重视，扎实推进。

二、明确建立农村最低生活保障制度的目标和总体要求

建立农村最低生活保障制度的目标是：通过在全国范围建立农村最低生活保障制度，将符合条件的农村贫困人口全部纳入保障范围，稳定、持久、有效地解决全国农村贫困人口的温饱问题。

建立农村最低生活保障制度，实行地方人民政府负责制，按属地进行管理。各地要从当地农村经济社会发展水平和财力状况的实际出发，合理确定保障标准和对象范围。同时，要做到制度完善、程序明确、操作规范、方法简便，保证公开、公平、公正。要实行动态管理，做到保障对象有进有出，补助水平有升有降。要与扶贫开发、促进就业以及其他农村社会保障政策、生活性补助措施相衔接，坚持政府救济与家庭赡养扶养、社会互助、个人自立相结合，鼓励和支持有劳动能力的贫困人口生产自救，脱贫致富。

三、合理确定农村最低生活保障标准和对象范围

农村最低生活保障标准由县级以上地方人民政府按照能够维持当地农村居民

全年基本生活所必需的吃饭、穿衣、用水、用电等费用确定,并报上一级地方人民政府备案后公布执行。农村最低生活保障标准要随着当地生活必需品价格变化和人民生活水平提高适时进行调整。

农村最低生活保障对象是家庭年人均纯收入低于当地最低生活保障标准的农村居民,主要是因病残、年老体弱、丧失劳动能力以及生存条件恶劣等原因造成生活常年困难的农村居民。

四、规范农村最低生活保障管理

农村最低生活保障的管理既要严格规范,又要从农村实际出发,采取简便易行的方法。

(一)申请、审核和审批。申请农村最低生活保障,一般由户主本人向户籍所在地的乡(镇)人民政府提出申请;村民委员会受乡(镇)人民政府委托,也可受理申请。受乡(镇)人民政府委托,在村党组织的领导下,村民委员会对申请人开展家庭经济状况调查、组织村民会议或村民代表会议民主评议后提出初步意见,报乡(镇)人民政府;乡(镇)人民政府审核后,报县级人民政府民政部门审批。乡(镇)人民政府和县级人民政府民政部门要核查申请人的家庭收入,了解其家庭财产、劳动力状况和实际生活水平,并结合村民民主评议,提出审核、审批意见。在核算申请人家庭收入时,申请人家庭按国家规定所获得的优待抚恤金、计划生育奖励与扶助金以及教育、见义勇为等方面的奖励性补助,一般不计入家庭收入,具体核算办法由地方人民政府确定。

(二)民主公示。村民委员会、乡(镇)人民政府以及县级人民政府民政部门要及时向社会公布有关信息,接受群众监督。公示的内容重点为:最低生活保障对象的申请情况和对最低生活保障对象的民主评议意见,审核、审批意见,实际补助水平等情况。对公示没有异议的,要按程序及时落实申请人的最低生活保障待遇;对公示有异议的,要进行调查核实,认真处理。

(三)资金发放。最低生活保障金原则上按照申请人家庭年人均纯收入与保障标准的差额发放,也可以在核查申请人家庭收入的基础上,按照其家庭的困难程度和类别,分档发放。要加快推行国库集中支付方式,通过代理金融机构直接、及时地将最低生活保障金支付到最低生活保障对象账户。

(四)动态管理。乡(镇)人民政府和县级人民政府民政部门要采取多种形式,定期或不定期调查了解农村困难群众的生活状况,及时将符合条件的困难群众纳入保障范围;并根据其家庭经济状况的变化,及时按程序办理停发、减发或增发最低生活保障金的手续。保障对象和补助水平变动情况都要及时向社会公示。

五、落实农村最低生活保障资金

农村最低生活保障资金的筹集以地方为主,地方各级人民政府要将农村最低生活保障资金列入财政预算，省级人民政府要加大投入。地方各级人民政府民政部门要根据保障对象人数等提出资金需求，经同级财政部门审核后列入预算。中央财政对财政困难地区给予适当补助。

地方各级人民政府及其相关部门要统筹考虑农村各项社会救助制度，合理安排农村最低生活保障资金，提高资金使用效益。同时，鼓励和引导社会力量为农村最低生活保障提供捐赠和资助。农村最低生活保障资金实行专项管理，专账核算，专款专用，严禁挤占挪用。

六、加强领导，确保农村最低生活保障制度的顺利实施

在全国建立农村最低生活保障制度，是一项重大而又复杂的系统性工作。地方各级人民政府要高度重视，将其纳入政府工作的重要议事日程，加强领导，明确责任，统筹协调，抓好落实。

要精心设计制度方案，周密组织实施。各省、自治区、直辖市人民政府制订和修订的方案，要报民政部、财政部备案。已建立农村最低生活保障制度的，要进一步完善制度，规范操作，努力提高管理水平；尚未建立农村最低生活保障制度的，要抓紧建章立制，在今年内把最低生活保障制度建立起来并组织实施。要加大政策宣传力度，利用广播、电视、报刊、互联网等媒体，做好宣传普及工作，使农村最低生活保障政策进村入户、家喻户晓。要加强协调与配合，各级民政部门要发挥职能部门作用，建立健全各项规章制度，推进信息化建设，不断提高规范化、制度化、科学化管理水平；财政部门要落实资金，加强对资金使用和管理的监督；扶贫部门要密切配合、搞好衔接，在最低生活保障制度实施后，仍要坚持开发式扶贫的方针，扶持有劳动能力的贫困人口脱贫致富。要做好新型农村合作医疗和农村医疗救助工作，防止因病致贫或返贫。要加强监督检查，县级以上地方人民政府及其相关部门要定期组织检查或抽查，对违法违纪行为及时纠正处理，对工作成绩突出的予以表彰，并定期向上一级人民政府及其相关部门报告工作进展情况。各省、自治区、直辖市人民政府要于每年年底前，将农村最低生活保障制度实施情况报告国务院。

农村最低生活保障工作涉及面广、政策性强、工作量大，地方各级人民政府在推进农村综合改革，加强农村公共服务能力建设的过程中，要统筹考虑建立农村最低生活保障制度的需要，科学整合县乡管理机构及人力资源，合理安排工作人员和工作经费，切实加强工作力量，提供必要的工作条件，逐步实现低保信息化管理，努力提高管理和服务质量，确保农村最低生活保障制度顺利实施和不断完善。

国务院

二〇〇七年七月十一日

4. 城市居民最低生活保障条例

中华人民共和国国务院令　第 **271** 号

《城市居民最低生活保障条例》已经国务院第 21 次常务会议通过，现予发布，自 1999 年 10 月 1 日起施行。

总理　朱镕基
1999 年 9 月 28 日

第一条　为了规范城市居民最低生活保障制度，保障城市居民基本生活，制定本条例。

第二条　持有非农业户口的城市居民，凡共同生活的家庭成员人均收入低于当地城市居民最低生活保障标准的，均有从当地人民政府获得基本生活物质帮助的权利。

前款所称收入，是指共同生活的家庭成员的全部货币收入和实物收入，包括法定赡养人、扶养人或者抚养人应当给付的赡养费、扶养费或者抚养费，不包括优抚对象按照国家规定享受的抚恤金、补助金。

第三条　城市居民最低生活保障制度遵循保障城市居民基本生活的原则，坚持国家保障与社会帮扶相结合、鼓励劳动自救的方针。

第四条　城市居民最低生活保障制度实行地方各级人民政府负责制。县级以上地方各级人民政府民政部门具体负责本行政区域内城市居民最低生活保障的管理工作；财政部门按照规定落实城市居民最低生活保障资金；统计、物价、审计、劳动保障和人事等部门分工负责，在各自的职责范围内负责城市居民最低生活保障的有关工作。

县级人民政府民政部门以及街道办事处和镇人民政府（以下统称管理审批机关）负责城市居民最低生活保障的具体管理审批工作。

居民委员会根据管理审批机关的委托，可以承担城市居民最低生活保障的日常管理、服务工作。

国务院民政部门负责全国城市居民最低生活保障的管理工作。

第五条　城市居民最低生活保障所需资金，由地方人民政府列入财政预算，纳入社会救济专项资金支出项目，专项管理，专款专用。

国家鼓励社会组织和个人为城市居民最低生活保障提供捐赠、资助；所提供的捐赠资助，全部纳入当地城市居民最低生活保障资金。

第六条　城市居民最低生活保障标准，按照当地维持城市居民基本生活所必需的衣、食、住费用，并适当考虑水电燃煤（燃气）费用以及未成年人的义务教育费用确定。

直辖市、设区的市的城市居民最低生活保障标准，由市人民政府民政部门会同财政、统计、物价等部门制定，报本级人民政府批准并公布执行；县（县级市）的城市居民最低生活保障标准，由县（县级市）人民政府民政部门会同财政、统计、物价等部门制定，报本级人民政府批准并报上一级人民政府备案后公布执行。

城市居民最低生活保障标准需要提高时，依照前两款的规定重新核定。

第七条　申请享受城市居民最低生活保障待遇，由户主向户籍所在地的街道办事处或者镇人民政府提出书面申请，并出具有关证明材料，填写《城市居民最低生活保障待遇审批表》。城市居民最低生活保障待遇，由其所在地的街道办事处或者镇人民政府初审，并将有关材料和初审意见报送县级人民政府民政部门审批。

管理审批机关为审批城市居民最低生活保障待遇的需要，可以通过入户调查、邻里访问以及信函索证等方式对申请人的家庭经济状况和实际生活水平进行调查核实。申请人及有关单位、组织或者个人应当接受调查，如实提供有关情况。

第八条　县级人民政府民政部门经审查，对符合享受城市居民最低生活保障待遇条件的家庭，应当区分下列不同情况批准其享受城市居民最低生活保障待遇：

（一）对无生活来源、无劳动能力又无法定赡养人、扶养人或者抚养人的城市居民，批准其按照当地城市居民最低生活保障标准全额享受。

（二）对尚有一定收入的城市居民，批准其按照家庭人均收入低于当地城市居民最低生活保障标准的差额享受。

县级人民政府民政部门经审查，对不符合享受城市居民最低生活保障待遇条件的，应当书面通知申请人，并说明理由。

管理审批机关应当自接到申请人提出申请之日起的30日内办结审批手续。

城市居民最低生活保障待遇由管理审批机关以货币形式按月发放；必要时，也可以给付实物。

第九条　对经批准享受城市居民最低生活保障待遇的城市居民，由管理审批机关采取适当形式以户为单位予以公布，接受群众监督。任何人对不符合法定条件而享受城市居民最低生活保障待遇的，都有权向管理审批机关提出意见；管理审批机关经核查，对情况属实的，应当予以纠正。

第十条　享受城市居民最低生活保障待遇的城市居民家庭人均收入情况发生变化的，应当及时通过居民委员会告知管理审批机关，办理停发、减发或者增发城市居民最低生活保障待遇的手续。

管理审批机关应当对享受城市居民最低生活保障待遇的城市居民的家庭收入

情况定期进行核查。

在就业年龄内有劳动能力但尚未就业的城市居民，在享受城市居民最低生活保障待遇期间，应当参加其所在的居民委员会组织的公益性社区服务劳动。

第十一条　地方各级人民政府及其有关部门，应当对享受城市居民最低生活保障待遇的城市居民在就业、从事个体经营等方面给予必要的扶持和照顾。

第十二条　财政部门、审计部门依法监督城市居民最低生活保障资金的使用情况。

第十三条　从事城市居民最低生活保障管理审批工作的人员有下列行为之一的，给予批评教育，依法给予行政处分；构成犯罪的，依法追究刑事责任：

（一）对符合享受城市居民最低生活保障待遇条件的家庭拒不签署同意享受城市居民最低生活保障待遇意见的，或者对不符合享受城市居民最低生活保障待遇条件的家庭故意签署同意享受城市居民最低生活保障待遇意见的。

（二）玩忽职守、徇私舞弊，或者贪污、挪用、扣压、拖欠城市居民最低生活保障款物的。

第十四条　享受城市居民最低生活保障待遇的城市居民有下列行为之一的，由县级人民政府民政部门给予批评教育或者警告，追回其冒领的城市居民最低生活保障款物；情节恶劣的，处冒领金额 1 倍以上 3 倍以下的罚款：

（一）采取虚报、隐瞒、伪造等手段，骗取享受城市居民最低生活保障待遇的

（二）在享受城市居民最低生活保障待遇期间家庭收入情况好转，不按规定告知管理审批机关，继续享受城市居民最低生活保障待遇的。

第十五条　城市居民对县级人民政府民政部门作出的不批准享受城市居民最低生活保障待遇或者减发、停发城市居民最低生活保障款物的决定或者给予的行政处罚不服的，可以依法申请行政复议；对复议决定仍不服的，可以依法提起行政诉讼。

第十六条　省、自治区、直辖市人民政府可以根据本条例，结合本行政区域城市居民最低生活保障工作的实际情况，规定实施的办法和步骤。

第十七条　本条例自 1999 年 10 月 1 日起施行。

5. 农村五保供养工作条例

中华人民共和国国务院令　第 **456** 号

《农村五保供养工作条例》已经 2006 年 1 月 11 日国务院第 121 次常务会议通过,(由国务院于 2006 年 1 月 21 日颁布)现予公布,自 2006 年 3 月 1 日起施行。

总理温家宝

二〇〇六年一月二十一日

第一章　总则

第一条　为了做好农村五保供养工作,保障农村五保供养对象的正常生活,促进农村社会保障制度的发展,制定本条例。

第二条　本条例所称农村五保供养,是指依照本条例规定,在吃、穿、住、医、葬方面给予村民的生活照顾和物质帮助。

第三条　国务院民政部门主管全国的农村五保供养工作;县级以上地方各级人民政府民政部门主管本行政区域内的农村五保供养工作。

乡、民族乡、镇人民政府管理本行政区域内的农村五保供养工作。

村民委员会协助乡、民族乡、镇人民政府开展农村五保供养工作。

第四条　国家鼓励社会组织和个人为农村五保供养对象和农村五保供养工作提供捐助和服务。

第五条　国家对在农村五保供养工作中做出显著成绩的单位和个人,给予表彰和奖励。

第二章　供养对象

第六条　老年、残疾或者未满 16 周岁的村民,无劳动能力、无生活来源又无法定赡养、抚养、扶养义务人,或者其法定赡养、抚养、扶养义务人无赡养、抚养、扶养能力的,享受农村五保供养待遇。

第七条　享受农村五保供养待遇,应当由村民本人向村民委员会提出申请;因年幼或者智力残疾无法表达意愿的,由村民小组或者其他村民代为提出申请。经村民委员会民主评议,对符合本条例第六条规定条件的,在本村范围内公告;无重大异议的,由村民委员会将评议意见和有关材料报送乡、民族乡、镇人民政府审核。

乡、民族乡、镇人民政府应当自收到评议意见之日起 20 日内提出审核意见,并将审核意见和有关材料报送县级人民政府民政部门审批。县级人民政府民政部门应当自收到审核意见和有关材料之日起20日内作出审批决定。对批准给予农村五保供养待遇的,发给《农村五保供养证书》;对不符合条件不予批准的,应当书面说明理由。

乡、民族乡、镇人民政府应当对申请人的家庭状况和经济条件进行调查核实;必要时,县级人民政府民政部门可以进行复核。申请人、有关组织或者个人应当配合、接受调查,如实提供有关情况。

第八条 农村五保供养对象不再符合本条例第六条规定条件的,村民委员会或者敬老院等农村五保供养服务机构(以下简称农村五保供养服务机构)应当向乡、民族乡、镇人民政府报告,由乡、民族乡、镇人民政府审核并报县级人民政府民政部门核准后,核销其《农村五保供养证书》。

农村五保供养对象死亡,丧葬事宜办理完毕后,村民委员会或者农村五保供养服务机构应当向乡、民族乡、镇人民政府报告,由乡、民族乡、镇人民政府报县级人民政府民政部门核准后,核销其《农村五保供养证书》。

第三章 供养内容

第九条 农村五保供养包括下列供养内容:

(一)供给粮油、副食品和生活用燃料;

(二)供给服装、被褥等生活用品和零用钱;

(三)提供符合基本居住条件的住房;

(四)提供疾病治疗,对生活不能自理的给予照料;

(五)办理丧葬事宜。

农村五保供养对象未满16周岁或者已满16周岁仍在接受义务教育的,应当保障他们依法接受义务教育所需费用。

农村五保供养对象的疾病治疗,应当与当地农村合作医疗和农村医疗救助制度相衔接。

第十条 农村五保供养标准不得低于当地村民的平均生活水平,并根据当地村民平均生活水平的提高适时调整。

农村五保供养标准,可以由省、自治区、直辖市人民政府制定,在本行政区域内公布执行,也可以由设区的市级或者县级人民政府制定,报所在的省、自治区、直辖市人民政府备案后公布执行。

国务院民政部门、国务院财政部门应当加强对农村五保供养标准制定工作的指导。

第十一条 农村五保供养资金,在地方人民政府财政预算中安排。有农村集体经营等收入的地方，可以从农村集体经营等收入中安排资金，用于补助和改善农村五保供养对象的生活。农村五保供养对象将承包土地交由他人代耕的，其收益归该农村五保供养对象所有。具体办法由省、自治区、直辖市人民政府规定。

中央财政对财政困难地区的农村五保供养，在资金上给予适当补助。

农村五保供养资金，应当专门用于农村五保供养对象的生活，任何组织或者个人不得贪污、挪用、截留或者私分。

第四章　供养形式

第十二条　农村五保供养对象可以在当地的农村五保供养服务机构集中供养，也可以在家分散供养。农村五保供养对象可以自行选择供养形式。

第十三条　集中供养的农村五保供养对象，由农村五保供养服务机构提供供养服务；分散供养的农村五保供养对象，可以由村民委员会提供照料，也可以由农村五保供养服务机构提供有关供养服务。

第十四条　各级人民政府应当把农村五保供养服务机构建设纳入经济社会发展规划。

县级人民政府和乡、民族乡、镇人民政府应当为农村五保供养服务机构提供必要的设备、管理资金，并配备必要的工作人员。

第十五条　农村五保供养服务机构应当建立健全内部民主管理和服务管理制度。

农村五保供养服务机构工作人员应当经过必要的培训。

第十六条　农村五保供养服务机构可以开展以改善农村五保供养对象生活条件为目的的农副业生产。地方各级人民政府及其有关部门应当对农村五保供养服务机构开展农副业生产给予必要的扶持。

第十七条　乡、民族乡、镇人民政府应当与村民委员会或者农村五保供养服务机构签订供养服务协议，保证农村五保供养对象享受符合要求的供养。

村民委员会可以委托村民对分散供养的农村五保供养对象提供照料。

第五章　监督管理

第十八条　县级以上人民政府应当依法加强对农村五保供养工作的监督管理。县级以上地方各级人民政府民政部门和乡、民族乡、镇人民政府应当制定农村五保供养工作的管理制度，并负责督促实施。

第十九条　财政部门应当按时足额拨付农村五保供养资金，确保资金到位，并加强对资金使用情况的监督管理。

审计机关应当依法加强对农村五保供养资金使用情况的审计。

第二十条 农村五保供养待遇的申请条件、程序、民主评议情况以及农村五保供养的标准和资金使用情况等,应当向社会公告,接受社会监督。

第二十一条 农村五保供养服务机构应当遵守治安、消防、卫生、财务会计等方面的法律、法规和国家有关规定,向农村五保供养对象提供符合要求的供养服务,并接受地方人民政府及其有关部门的监督管理。

第六章 法律责任

第二十二条 违反本条例规定,有关行政机关及其工作人员有下列行为之一的,对直接负责的主管人员以及其他直接责任人员依法给予行政处分;构成犯罪的,依法追究刑事责任:

(一)对符合农村五保供养条件的村民不予批准享受农村五保供养待遇的,或者对不符合农村五保供养条件的村民批准其享受农村五保供养待遇的;

(二)贪污、挪用、截留、私分农村五保供养款物的;

(三)有其他滥用职权、玩忽职守、徇私舞弊行为的。

第二十三条 违反本条例规定,村民委员会组成人员贪污、挪用、截留农村五保供养款物的,依法予以罢免;构成犯罪的,依法追究刑事责任。

违反本条例规定,农村五保供养服务机构工作人员私分、挪用、截留农村五保供养款物的,予以辞退;构成犯罪的,依法追究刑事责任。

第二十四条 违反本条例规定,村民委员会或者农村五保供养服务机构对农村五保供养对象提供的供养服务不符合要求的,由乡、民族乡、镇人民政府责令限期改正;逾期不改正的,乡、民族乡、镇人民政府有权终止供养服务协议;造成损失的,依法承担赔偿责任。

第七章 附则

第二十五条 《农村五保供养证书》由国务院民政部门规定式样,由省、自治区、直辖市人民政府民政部门监制。

第二十六条 本条例自 2006 年 3 月 1 日起施行。1994 年 1 月 23 日国务院发布的《农村五保供养工作条例》同时废止。

6. 生活保护法[①]

(1950年5月4日法律144号)
最新修改 2005年法律123号

第一章 总则

(本法的目的)

第一条 本法基于日本国宪法第二十五条规定的理念,国家对生活贫困的所有国民,按照其贫困的程度,进行必要的保护,以保障其最低限度的生活,并帮助其自立为目的。

(无差别平等原则)

第二条 全体国民只要符合本法规定的要件,可以无差别平等地享受依据本法的保护(以下称为"保护")。

(最低生活)

第三条 本法所保障的最低限度的生活,必须是能够维持健康的、具有文化意义的生活水准的生活。

(保护的补足性)

第四条 为维持最低限度的生活,保护应以生活贫困者可以利用的资产、能力及其他所有物的活用为要件进行。

(本法的解释及运用)

第五条 前四条规定为本法的基本原理,本法的解释及运用必须基于这些原理进行。

(用语的定义)

第六条 本法中的"被保护者"是指,现在正在接受保护者。

本法中的"要保护者"是指,无论现在是否正在接受保护,处于需要保护状态者。

本法中的"保护金品"是指,作为保护支给或贷与的金钱及物品。

本法中的"金钱给付"是指,通过支给或贷与金钱进行保护。

本法中的"实物给付"是指,通过供给或贷与物品、医疗给付、提供劳务及其他

---

① 韩君玲教授是法律专业的留日学者,是国内关于日本社会保障法律的专家。《生活保护法》是她翻译的,征得她同意转发该译文。这部法文的译文刊发在《日本最低生活保护法研究》(商务印书馆出版,2007年第一版)。引用时对个别文字进行了改动。

金钱给付以外的方法进行保护。

第二章　保护的原则

（申请保护的原则）

第七条　保护的开始基于要保护者、其扶养义务者或其他同居亲属的申请。但是，要保护者处于急迫状况时，即使未进行保护申请，可以进行必要的保护。

（基准及程度的原则）

第八条　保护是根据厚生劳动大臣规定的基准，以测定的要保护者的需要为基础，其中，对用要保护者的金钱或物品充当生活费后仍不能满足的部分进行补足。

前款的基准，是按照要保护者的年龄、性别、家庭构成、所在地域及其他保护的种类，充分满足考虑了必要情况的最低限度生活需要的基准，并且不得超过这个基准。

（按需要保护的原则）

第九条　保护考虑要保护者的年龄、性别、健康状态等其个人或家庭的实际需要差异，有效且适当进行。

（家庭单位原则）

第十条　保护以家庭为单位决定其要否及程度。但是，据此有困难时，可以个人为单位决定。

第三章　保护的种类及范围

（种类）

第十一条　保护的种类如下：

一、生活扶助；

二、教育扶助；

三、住宅扶助；

四、医疗扶助；

五、介护扶助；

六、分娩扶助；

七、就业扶助；

八、丧葬扶助。

前款各项扶助按照要保护者的需要，以单给或并给进行。

（生活扶助）

第十二条　生活扶助是对因贫困无法维持最低限度生活者，在下列所载事项的范围内进行：

一、满足衣食及其他日常生活需要的必要物品；

二、遣返费用；

（教育扶助）

第十三条 教育扶助是对因贫困无法维持最低限度生活者，在下列所载事项的范围内进行：

一、伴随义务教育所必需的教科书及其他学习用品；

二、伴随义务教育的必要上学用品；

三、学校伙食及其他伴随义务教育的必要品。

（住宅扶助）

第十四条 住宅扶助是对因贫困无法维持最低限度生活者，在下列所载事项的范围内进行：

一、住居；

二、维修及其他为维持住宅的必要品。

（医疗扶助）

第十五条 医疗扶助是对因贫困无法维持最低限度生活者，在下列所载事项的范围内进行：

一、诊察；

二、药剂或治疗材料；

三、医学处置、手术及其他治疗和施术；

四、居家疗养的管理及因疗养所需的帮助和其他看护；

五、医院或诊疗所的入院及因疗养所需的帮助和其他看护；

六、运送费用。

（介护扶助）

第十五条之二 介护扶助是对因贫困无法维持最低限度生活的要介护者（指《介护保险法》（一九九七年法律第一百二十三号）第七条第三款规定的要介护者，第三款亦同），在从第一项至第四项及第八项所载事项的范围内进行，对因贫困无法维持最低限度生活的要支援者（指同条第四款规定的要支援者，第六款亦同），在从第五项至第八项所载事项的范围内进行：

一、居家介护（限于基于居家介护支援计划进行的介护）；

二、福祉用具；

三、住宅改修；

四、设施介护；

五、介护预防（限于基于介护预防支援计划进行的介护）；

六、介护预防福祉用具；

七、介护预防住宅改修；

八、运送。

前款第一项规定的居家介护是指，《介护保险法》第八条第二款规定的访问介护、同条第三款规定的访问入浴介护、同条第四款规定的访问看护、同条第五款规定的访问医疗指导、同条第六款规定的居家疗养管理指导、同条第七款规定的上门介护、同条第八款规定的通所医疗指导、同条第九款规定的短期入所生活介护、同条第十款规定的短期入所疗养介护、同条第十一款规定的特定设施入居者生活介护、同条第十二款规定的福祉用具贷与、同条第十五款规定的夜间对应型访问介护、同条第十六款规定的认知症对应型通所介护、同条第十七款规定的小规模多功能型居家介护、同条第十八款规定的认知症对应型共同生活介护和同条第十九款规定的地域密集型特定设施入居者生活介护及与这些相当的服务。

第一款第一项规定的居家介护支援计划是指，为居家生活的要介护者能够适当利用居家介护，及其他居家为维持日常生活所必要的保健医疗服务及福祉服务（以下在本款中称为“居家介护等”）等，规定该要介护者利用的居家介护等的种类、内容等计划。

第一款第四项规定的设施介护是指，《介护保险法》第八条第二十款规定的入住地域密集型介护老人福祉机构者生活介护、同条第二十四款规定的介护福祉设施服务、同条第二十五款规定的介护保健设施服务及同条第二十六款规定的介护疗养设施服务。

第一款第五项规定的介护预防是指，《介护保险法》第八条之二第二款规定的介护预防访问介护、同条第三款规定的介护预防访问入浴介护、同条第四款规定的介护预防访问看护、同条第五款规定的介护预防访问医疗指导、同条第六款规定的介护预防居家疗养管理指导、同条第七款规定的介护预防通所介护、同条第八款规定的介护预防通所医疗指导、同条第九款规定的介护预防短期入所生活介护、同条第十款规定的介护预防短期入所疗养介护、同条第十一款规定的介护预防特定设施入居者生活介护、同条第十二款规定的介护预防福祉用具贷与、同条第十五款规定的介护预防认知症对应型通所介护、同条第十六款规定的介护预防小规模多功能型居家介护和同条第十七款规定的介护预防认知症对应型共同生活介护及与这些相当的服务。

第一款第五项规定的介护预防支援计划是指，居家生活的要支援者能够适当利用介护预防及其他因有身体上或精神上的障碍，入浴、排泄、饮食等日常生活的基本动作的全部或一部需要经常介护，或者有助于为了生活使障碍的状态减轻或防止恶化的保健医疗服务及福祉服务（以下在本款中称为“介护预防等”）等，规定该要支援者利用的介护预防的种类、内容等计划，是《介护保险法》第一百一十五条之三十九第一款规定的地域包括支援中心(第三十四条之二第二款及第五十四条之二第一款中称为“地域包括支援中心”)的职员中同法[①]第八条之二第十八款的厚生劳动省令规定的人员做成的计划。

(分娩扶助)

第十六条 分娩扶助是对因贫困无法维持最低限度生活者,在下列所载事项的范围内进行:

一、分娩的介护和帮助;

二、分娩前及分娩后的处置;

三、脱脂棉、纱布及其他卫生材料。

(就业扶助)

第十七条 就业扶助是对因贫困无法维持最低限度生活者,或者有无法维持最低限度生活之虞者,在下列所载事项的范围内进行。但是,限于据此有希望能够增加其收入,或帮助其自立的情形:

一、就业所需的必要资金、器具或资料;

二、就业所需必要技能的学习;

三、工作所需必要品。

(丧葬扶助)

第十八条 丧葬扶助是对因贫困无法维持最低限度生活者,在下列所载事项的范围内进行:

一、鉴定;

二、尸体的搬运;

三、火葬或土葬;

四、安放骨灰及其他因丧葬所需必要品。

下列所载情形,有办理丧葬者时,对办理丧葬者可以提供前款各项的丧葬扶助:

一、被保护者死亡的情形,无办理其丧葬的扶养义务者时;

二、死者无办理其丧葬的扶养义务者时,用其遗留财产不足以支付办理丧葬的必要费用时。

第四章 保护的机关及实施

(实施机关)

第十九条 都道府县知事、市长及管理社会福祉法(一九五一年法律第四十五

---

① 指《介护保险法》,此处指此条适用《介护保障法》中的××条××款(十分细致)。

号）规定的有关福利的事务所（以下称为“福利事务所”）的町村长，对于下列所载人员，根据本法的规定，必须决定并实施保护。

一、属于其管理的福利事务所所管区域内有居住地的要保护者；

二、为无居住地或居住地不明的要保护者，属于其管理的福利事务所所管区域内有现在所在地者。

即使是有明确居住地的要保护者，其处于急迫状况时，在其急迫事由消除之前，对其的保护不拘于前款的规定，由管理其现在所在地的福利事务所的都道府县知事或市町村长进行。

保护者（以下称为“保护实施机关”）可以将有关保护的决定及实施事务的全部或一部分委任给属于其管理的行政机构。

保护实施机关将有关保护的决定及实施事务的一部分，根据政令的规定，可以向其他的保护实施机关委托。

未设置福利事务所的町村长（以下称为“町村长”），在町村的区域内因特别急迫的事由，对处于不能置之不管状况的要保护者，作为应急的处置，进行必要的保护。

町村长为使保护实施机关或福利事务所之长（以下称为“福利事务所长”）妥当执行保护事务，进行下列所载事项：

一、发现要保护者，或者发现被保护者的生计及其他状况变动的情形，立即向保护实施机关或福利事务所长通报情况；

二、根据第二十四条第六款的规定，从收到保护的开始或变更申请的情形，将之送交保护实施机关；

三、保护实施机关或福利事务所长提出要求的情形，向被保护者等交付保护金品；

四、保护实施机关或福利事务所长提出要求的情形，进行有关要保护者的调查。

（职权的委任）

第二十条　都道府县知事可以将本法规定的职权之一部分委任给属于其管理的行政厅。

（辅助机关）

第二十一条　本法的施行，应由社会福利法规定的社会福利主事，辅助都道府县知事或市町村长执行事务。

（民生委员的协力）

第二十二条　对于本法的施行，《民生委员法》（一九四八年法律第一百九十八号）规定的民生委员，协助市町村长、福利事务所长或社会福利主事执行事务。

（事务监察）

第二十三条 厚生劳动大臣对于都道府县知事及市町村长进行的有关本法施行的事务,都道府县知事对于市町村长进行的有关本法施行的事务,必须让其指定的官吏或吏员进行监查。

依据前款规定指定的官吏或吏员,对于都道府县知事或市町村长,可以要求提出认为必要的资料或说明,或者做出认为必要的指示。

对于依据第一款规定应指定的官吏或吏员的资格,由政令规定。

(依据申请之保护的开始及变更)

第二十四条 保护实施机关,有保护开始的申请之时,决定保护的要否、种类、程度及方法,并必须书面通知申请者。

前款的书面通知必须附加决定的理由。

第一款的通知自申请之日起十四日以内必须做出。但是,对有扶养义务者的资产状况调查需要时日等特别理由的情形,可以延长到三十日。于此情形,同款的书面通知中必须明示其理由。

自保护申请提出后三十日以内无第一款的通知时,申请者可以视为保护实施机关驳回申请。

前四款的规定适用于由第七条规定的人员提出的保护变更申请的情形。

保护的开始或变更申请可以经由町村长提出。町村长收到申请后五日之内,在申请中应附上书面记载要保护者有无扶养义务者、资产状况及其他做出有关保护决定应参考的事项,并送交保护实施机关。

(依据职权保护的开始及变更)

第二十五条 要保护者处于急迫状况时,保护实施机关必须立即依据职权决定保护的种类、程度及方法,开始保护。

保护实施机关必须经常调查被保护者的生活状态,认为有必要变更保护时,立即依据职权做出决定,并书面通知被保护者。前条第二款的规定适用于此情形。

要保护者因特别的急迫事由处于不能置之不管状况时,町村长必须立即依据职权进行第十九条第六款规定的保护。

(保护的停止及废止)

第二十六条 保护实施机关认为被保护者没有必要保护时,必须立即决定停止或废止保护,并书面通知被保护者。依据第二十八条第四款或第六十二条第三款的规定进行保护的停止或废止时,亦同。

(指导及指示)

第二十七条 对于被保护者,保护实施机关为维持、提高生活及实现其他保护的目的,可以进行必要的指导或指示。

前款的指导或指示,必须尊重被保护者的自由,在必要的最小限度内进行。

第一款的规定,不得解释为可以违反被保护者的意志强制进行指导或指示。

(咨询及建议)

第二十七条之二 保护实施机关在要保护者提出请求时,为了帮助要保护者自立,可以回答其提出的咨询,给予必要的建议。

(调查及诊察)

第二十八条 保护实施机关因决定或实施保护有必要时,为调查要保护者的资产状况、健康状态及其他事项,对于要保护者,可以让进行调查的相关人员进入要保护者的居住场所,调查这些事项,或者对该要保护者可以做出应接受保护实施机关指定的医师或牙科医师的诊疗命令。

依据前款规定进行入室调查的相关吏员,根据厚生劳动省令的规定,必须携带表明其身份的证件,并且当相关人员提出请求时出示。

第一款规定的入室调查权限,不得解释为系因犯罪侦查所承认的入室调查权限。

要保护者拒绝、妨碍、回避依据第一款规定的入室调查,或者不服从应接受医师或牙科医师的诊疗命令时,保护实施机关可以决定变更、停止或废止对其的保护。

(嘱托调查及请求报告)

第二十九条 保护实施机关及福利事务所长因决定或实施保护有必要时,对于要保护者或其扶养义务者的资产及收入状况,可以嘱托官公署调查,或者要求银行、信托公司、要保护者或其扶养义务者的雇主及其他相关人员提出报告。

(行政程序法的适用除外)

第二十九条之二 关于依本章规定的处分,不适用《行政程序法》(一九九三年法律第八十八号)第三章(第十二条及第十四条除外)的规定。

第五章 保护的方法

(生活扶助的方法)

第三十条 生活扶助在被保护者的住宅进行。但是,据此不能进行时、难以实现保护的目的时,或被保护者提出希望时,可以让被保护者进入救护机构、自立援助机构或其他适当的机构,或者委托进入这些机构,或者委托私人家庭护养以进行生活扶助。

前款规定不得解释为可以违反被保护者的意志,强制入所或护养。

被保护者的亲属或监护人对其权利不适当地行使的情形,即使其有异议,保护实施机关得到家庭法院的许可,可以采取第一款但书的措施。

前款的许可对于《家事审判法》(一九四七年法律第一百五十二号)的适用,视为同法第九条第一款甲类所载事项。

第三十一条 生活扶助按金钱给付进行。但是,据此不能给付时、给付不适当时,以及为实现保护的目的有必要时,可以进行实物给付。

用于生活扶助的保护金品以一个月以内的保护费用为限度提前支付。但是,据此难以给付时,可以提前支付超过一个月的费用。

生活扶助保护金,以家庭为单位计算,向户主或相当于户主者交付。但是,难以给付时,可以向被保护者个人交付。

在地域密集型介护老人福利机构(指《介护保险法》第八条第二十款规定的地域密集型介护老人福利机构,以下相同)、介护老人福利机构、介护老人保健机构(指同条第二十五款规定的介护老人保健机构,以下相同)或介护疗养型医疗机构(指同条第二十六款规定的介护疗养型医疗机构,以下相同),作为依据第五十四条之二第一款的规定接受指定者(包括依据同条第二款的规定视为接受同条第一款指定的地域密集型介护老人福利机构及介护老人福利机构),对于接受机构介护的被保护者进行生活扶助情形的保护金品向前款规定人员交付不适当时,以及为实现保护的目的有必要时,不拘于同款的规定,可以向该地域密集型介护老人福利机构或介护老人福利机构之长或该介护老人保健机构或介护疗养型医疗机构的管理者交付。

在机构的生活扶助保护金,向被保护者或机构之长或接受护养委托者交付。

(教育扶助的方法)

第三十二条 教育扶助按金钱给付进行。但是,据此不能给付时,据此给付不适当时,此外为实现保护的目的有必要时,可以进行实物给付。

用于教育扶助的保护金品,向被保护者、其亲属、未成年人监护人或被保护者就学学校的校长交付。

(住宅扶助的方法)

第三十三条 住宅扶助按金钱给付进行。但是,据此不能给付时、给付不适当时,以及为实现保护的目的有必要时,可以进行实物给付。

住宅扶助之中,住居的实物给付,可以委托相关机构向其居所提供相应的设备或进行维修。

第三十条第二款的规定,准用于前款的情形。

用于住宅扶助的保护金品,向户主或相当于户主者交付。

(医疗扶助的方法)

第三十四条 医疗扶助按实物给付进行。但是,据此不能给付时、给付不适当时,以及为实现保护的目的有必要时,可以进行金钱给付。

前款规定的实物给付之中,医疗的给付,以使其利用医疗保护设施,或者向医疗保护设施或依据第四十九条的规定接受指定的医疗机关委托进行。

前款规定的医疗给付中，依据关于按摩推拿指压师、针灸师、灸术师等法律（一九四七年法律第二百一十七号）或《柔道整复师法》（一九七〇年法律第十九号）的规定，关于按摩推拿指压师或柔道整复师（以下称为"施术者"）可以进行范围内的施术，不妨向依据第五十五条的规定被准用第四十九条规定的接受指定的施术者委托进行其给付。

有急迫情况时，被保护者不拘于前两款的规定，可以接受未指定的医疗机关的医疗给付，或接受未指定的施术者的施术给付。

用于医疗扶助的保护金品，向被保护者交付。

（介护扶助的方法）

第三十四条之二　介护扶助按实物给付进行。但是，据此不能给付时、给付不适当时，以及为实现保护的目的有必要时，可以进行金钱给付。

前款规定的实物给付之中，居家介护、福利用具的给付、设施介护、介护预防及介护预防福利用具的给付，向作为介护机关[指作为其事业进行居家介护者及作为其事业制定居家介护支援计划者、作为其事业进行《介护保险法》第八条第十三款规定的特定福利用具贩卖者（第五十四条之二第一款中称为"特定福利用具贩卖事业者"）、地域密集型介护老人福利设施、介护老人福利设施、介护老人保健设施及介护疗养型医疗设施、作为其事业进行介护预防者及地域包括支援中心和作为其事业进行同法第八条之二第十三款规定的特定介护预防福利用具贩卖者（第五十四条之二第一款中称为"特定介护预防福利用具贩卖事业者"），以下相同]、依据第五十四条之二第一款的规定接受指定者（包含依据同条第二款的规定视为接受同条第一款指定的地域密集型介护老人福利设施及介护老人福利设施）委托进行。

前条第四款及第五款之规定准用于介护扶助。于此情形，同条第四款中的"急迫情况"，换称为"急迫情况及其他不得已之情况"。

（分娩扶助的方法）

第三十五条　分娩扶助按金钱给付进行。但是，据此不能给付时、给付不适当时，以及为实现保护的目的有必要时，可以进行实物给付。

前款但书规定的实物给付中，助产的给付向依据第五十五条规定被准用第四十九条规定的接受指定的助产师委托进行。

第三十四条第四款及第五款之规定准用于分娩扶助。

（就业扶助的方法）

第三十六条　就业扶助按金钱给付进行。但是，据此不能给付时、给付不适当时，以及为实现保护的目的有必要时，可以进行实物给付。

前款但书规定的实物给付之中，因工作所必需的设施的提供使用及就业所必需的技能传授,以使其利用职业介绍设施或以训练为目的的其他设施,或者向这些设施委托进行。

用于就业扶助的保护金品,向被保护者交付。但是,因设施的提供使用或技能的传授所必需的金品,可以向职业介绍设施之长交付。

(丧葬扶助的方法)

第三十七条 丧葬扶助按金钱给付进行。但是,据此不能给付时、给付不适当时,以及为实现保护的目的有必要时,可以进行实物给付。

用于丧葬扶助的保护金品,向办理丧葬者交付。

第六章 保护设施

(种类)

第三十八条 保护设施的种类如下:

一、救护设施;

二、自立援助设施;

三、医疗保护设施;

四、职业介绍设施;

五、宿所提供设施。

救护设施,是使因身体上或精神上有显著障碍而经营日常生活有困难的要保护者入所,以进行生活扶助为目的的设施。

自立援助设施,是使因身体上或精神上的理由而需要护养及生活指导的要保护者入所,以进行生活扶助为目的的设施。

医疗保护设施,是以对医疗为必需的要保护者进行医疗给付为目的的设施。

职业介绍设施,是对因身体上、精神上的理由或家庭的状况而就业能力有限的要保护者,为其工作或掌握技能提供必要的机会及便利,以帮助其自立为目的的设施。

宿所提供设施,是以对无住所的要保护者家庭进行住宅扶助为目的的设施。

(保护设施的基准)

第三十九条 保护设施,其设施的设备、运营和设施中被保护者的人数及其与设施利用者总数的比例,必须是在厚生劳动大臣规定的最低基准以上。

(都道府县、市町村及地方独立行政法人的保护设施)

第四十条 都道府县可以设置保护设施。

市町村及地方独立行政法人[指《地方独立行政法人法》(二〇〇三年法律第一百一十八号)第二条第一款规定的地方独立行政法人,以下相同]计划设置保护设施时,必须事先向都道府县知事申报厚生劳动省令规定的事项。

已设置保护设施的都道府县、市町村及地方独立行政法人，对正在保护设施中的被保护者的保护无妨碍的范围内，可以废止保护设施，缩小或停止其事业。

都道府县及市町村进行的保护设施的设置及废止，必须以条例规定之。

（社会福利法人及日本红十字会保护设施的设置）

第四十一条　除都道府县、市町村及地方独立行政法人之外，非社会福利法人及日本红十字会不得设置保护设施。

社会福利法人或日本红十字会在设置保护设施时，事先必须向都道府县知事提出记载下列事项的申请书，获得认可：

一、保护设施的名称及种类；

二、作为设置者的法人名称及其代表者的姓名、住所及资产状况；

三、捐赠行为、章程及其他基本条款；

四、建筑物及其他设备的规模和构造；

五、服务规定人数；

六、事业开始的预定年月日；

七、经营责任者及从事保护实际业务的干部职员的姓名及履历；

八、经营管理的方针。

都道府县知事有前款认可申请的情形，其设施除符合第三十九条规定的基准外，并符合以下各项基准时，必须认可之：

一、欲设置者的经济基础是确实的；

二、从主要利用保护设施地域的要保护者的分布状况看，该保护设施的设置是必要的；

三、从事保护实际业务的干部职员具有厚生劳动大臣规定的资格。

进行第一款的认可时，都道府县知事，可以限定保护设施的存续期间，或附加为实现保护目的所认为必要的条件。

接受第二款认可的社会福利法人或日本红十字会，欲变更同款第一项或第三项至第八项所载事项时，必须事先得到都道府县知事的认可。有认可申请的情形，准用第三款的规定。

（社会福利法人及日本红十字会保护设施的停止或废止）

第四十二条　社会福利法人或日本红十字会在停止或废止保护设施时，事先明确其理由，对正在保护设施中的被保护者的措施及财产的处分方法，并且，依据第七十条、第七十二条或第七十四条的规定已接受交付的交付金或补助金有剩余额时，将其返还，关于停止或废止的时间必须得到都道府县知事的认可。

（指导）

第四十三条　对于保护设施的运营，都道府县知事必须进行必要的指导。

关于对社会福利法人或日本红十字会设置的保护设施的前款指导，市町村长辅助进行。

（报告的征收及入内检查）

第四十四条 都道府县知事对于保护设施的管理者，可以命令报告其业务或会计的状况及其他认为必要的事项，或者让有关吏员进入其设施，可以要求其管理者提供阅览或说明其设备及会计资料、诊疗记录及其他账簿资料［包括代替其制作或保存的电子记录（是指电子方式、影像方式及其他感觉不到的方式所做成的记录，供计算机情报处理用）做成或保存情形的该电子记录。第五十四条第一款相同］，或者检查之。

第二十八条第二款及第三款之规定，适用于依据前款规定的入室检查。

（改善命令等）

第四十五条 厚生劳动大臣对于都道府县知事，都道府县知事对于市町村及地方独立行政法人，有下列所载事由时，可以命令改善其保护设施的设备或运营、停止其事业或废止其保护设施：

一、其保护设施不符合第三十九条规定的基准时；

二、其保护设施已失去存在的目的时；

三、其保护设施违反本法、基于本法的命令或基于本法及命令所做出的处分时。

都道府县知事对于社会福利法人或日本红十字会，有下列所载事由时，可以命令改善其保护设施的设备或运营、停止其事业，或者取消第四十一条第二款的认可：

一、其保护设施符合前款各项之一时；

二、其保护设施不符合第四十一条第三款各项规定的基准时；

三、关于其保护设施的经营有以营利为目的的行为时；

四、无正当理由，在第四十一条第二款第六项预定年月日（依据同条第五款的规定得到变更的认可时，其得到认可的预定年月日）之前不开始事业时；

五、违反第四十一条第五款的规定时。

与依据前款规定的处分相关的《行政程序法》第十五条第一款或第三十条的通知，必须在听证日期或书面记载申辩日期（给予口头申辩机会的情形，按其日期）的十四日之前发出通知。

都道府县知事做出依据第二款规定的与认可取消相关的行政程序法第十五条第一款的通知时，必须公示听证的日期及场所。

与依据第二款规定的认可取消相关听证日期的审理，必须公开进行。

（管理规程）

第四十六条 保护设施的设置者于其事业开始之前，必须制定明示下列所载事项的管理规程：

一、事业的目的及方针；

二、职员的规定人数、划分及职务内容；

三、关于其设施利用者的待遇方法；

四、其设施利用者应遵守的纪律；

五、使入所者从事劳动的情形，其劳动的种类、方法、时间及收益的处分方法；

六、其他有关设施管理的重要事项。

都道府县以外者，在前款的管理规程制定后，必须立即将之向都道府县知事申报。欲变更申报后的管理规程时，亦同。

都道府县知事认为依据前款规定申报的管理规程的内容，不符合实现对其设施利用者保护目的时，可以命令变更其管理规程。

（保护设施的义务）

第四十七条　保护设施接受来自保护实施机关的保护委托时，无正当理由不得拒绝。

保护设施对要保护者的入所或待遇，不得因人种、信仰、社会身份或门第采取差别或优先的对待。

保护设施对其利用者，不得强制其参加宗教上的行为、庆祝典礼、仪式或活动。

保护设施不得拒绝有关吏员依据第四十四条的规定进行入室检查。

（保护设施之长）

第四十八条　保护设施之长必须不断为提高和康复其设施利用者的生活而努力。

保护设施之长对于其设施利用者，可以按照管理规程进行必要的指导。

都道府县知事认为必要时，可以限制或禁止前款的指导。

保护设施之长认为利用其设施的被保护者产生了有必要变更、停止或废止保护的事由时，必须立即向保护实施机关申报。

第七章　医疗机关、介护机关及助产机关

（医疗机关的指定）

第四十九条　厚生劳动大臣对于国家开设的医院、诊疗所或药局得到其主务大臣的同意，都道府县知事对于其他医院、诊疗所（包括在政令中规定的与之相当者）、药局、医师或牙科医师得到开设者或本人的同意，指定让其担当依据本法的医疗扶助的医疗机关。

（指定医疗机关的义务）

第五十条　依据前条规定接受指定的医疗机关（以下称为“指定医疗机关”）根据厚生劳动大臣的规定，必须恳切耐心地承担被保护者的医疗工作。

指定医疗机关对于被保护者的医疗,必须服从都道府县知事进行的指导。

(变更的申报等)

第五十条之二 指定医疗机关在该指定医疗机关的名称及其他厚生劳动省令规定的事项有变更时,或者废止、停止或重新开始该指定医疗机关的事业时,依据厚生劳动省令的规定,在十日之内必须将其要旨向第四十九条做出指定的厚生劳动大臣或都道府县知事申报。

(指定的辞退及取消)

第五十一条 指定医疗机关准备三十日以上的预告期间,可以取消对其的指定。

指定医疗机关违反第五十条的规定时,厚生劳动大臣对于其指定的医疗机关,都道府县知事对于其指定的医疗机关,可以取消指定。

(诊疗方针及诊疗报酬)

第五十二条 指定医疗机关的诊疗方针及诊疗报酬遵照国民健康保险的诊疗方针及诊疗报酬之例。

无法遵照前款规定的诊疗方针及诊疗报酬时,以及遵照前款规定的诊疗方针及诊疗报酬不适当时,诊疗方针及诊疗报酬遵照厚生劳动大臣的规定。

(医疗费的审查及支付)

第五十三条 都道府县知事随时审查指定医疗机关的诊疗内容和诊疗报酬的请求,并且可以决定指定医疗机关依据前条规定能够请求的诊疗报酬额。

指定医疗机关必须服从都道府县知事做出的前款决定。

都道府县知事依据第一款的规定,决定指定医疗机关能够请求的诊疗报酬额时,必须听取《社会保险诊疗报酬支付基金法》(一九四八年法律一百二十九号)规定的审查委员会或政令规定的有关医疗的审查机关的意见。

都道府县、市及设置福利事务所的町村对指定医疗机关有关诊疗报酬支付的事务,可以委托社会保险诊疗报酬支付基金或厚生劳动省令规定的机构进行。

对于依据第一款规定的诊疗报酬额的决定,不能依据《行政不服审查法》(一九六二年法律第一百六十号)提起不服申诉。

(报告的征收及入室检查)

第五十四条 厚生劳动大臣或都道府县知事为调查诊疗内容及诊疗报酬请求适当与否有必要时,可以命令指定医疗机关的管理者报告其认为必要的事项,或者让有关官吏或有关吏员实地检查该医疗机关的设备或诊疗记录及其他账簿资料。

第二十八条第二款及第三款的规定适用于依据前款规定的检查。

(介护机关的指定等)

第五十四条之二 对于国家开设的地域密集型介护老人福利设施、介护老人

福利设施、介护老人保健设施或介护疗养型医疗设施，厚生劳动大臣得到其主务大臣的同意，对于其他的地域密集型介护老人福利设施、介护老人福利设施、介护老人保健设施或介护疗养型医疗设施，作为其事业进行居家介护者或作为其事业制订居家介护支援计划者、特定福利用具贩卖事业者，作为其事业进行介护预防者或地域，包括支援中心或特定介护预防福利用具贩卖事业者，都道府县知事得到开设者、本人或设置者的同意，指定其为担当依据本法介护扶助的居家介护或居家支援计划的制订、福利用具的给付、设施介护、介护预防或介护预防支援计划的制订或介护预防福利用具的给付机关。

关于《老人福利法》（一九六三年法律第一百三十三号）第二十条之五规定的特别护养老人之家，有《介护保险法》第四十二条之二第一款正文规定的指定时，其地域密集型介护老人福利设施在指定时，视为接受了依据前款规定的指定，有同法第四十八条第一款第一项规定的指定时，其介护老人福利设施在指定时，视为接受了依据前款规定的指定。

依据前款的规定视为接受了第一款指定的地域密集型介护老人福利设施相关的同款指定，对于该地域密集型介护老人福利设施，有依据《介护保险法》第七十八条之七规定的同法第四十二条之二第一款正文的指定辞退时，有依据同法第七十八条之九规定的同法第四十二条之二第一款正文的指定取消时，或者依据同法第七十八条之十一中适用的同法第七十条之二第一款的规定同法第四十二条之二第一款正文的指定效力失去时，其效力丧失。依据前款规定视为接受了第一款指定的介护老人福利设施相关的同款指定，对于该介护老人福利设施，有依据同法第九十一条规定的同法第四十八条第一款第一项的指定辞退时，有依据同法第九十二条第一款或第一百一十五条之二十九第六款规定的同法第四十八条第一款第一项的指定取消时，或者依据同法第八十六条之二第一款的规定同法第四十八条第一款第一项的指定效力失去时，其效力丧失。

第五十条至前条的规定适用于依据第一款的规定接受指定的介护机关（包括依据第二款的规定视为接受第一款指定的地域密集型介护老人福利设施及介护老人福利设施）。于此情形，第五十一条第一款中的“指定医疗机关”换称为“指定介护机关（地域密集型介护老人福利设施及介护老人福利设施相关的设施除外）”，第五十三条第三款中的“《社会保险诊疗报酬支付基金法》（一九四八年法律第一百二十九号）规定的审查委员会或政令规定的有关医疗的审查机关”，换称为“介护保险法规定的介护给付费审查委员会”，同条第四款中的“社会保险诊疗报酬支付基金或厚生劳动省令规定的机构”换称为“国民健康保险团体联合会”，此外，与这些规定有关的必要的技术性换称，在政令中规定。

（对助产机关等的适用）

第五十五条 第四十九条至第五十一条的规定，适用于因本法分娩扶助而担当助产的助产师及因本法医疗扶助而担当施术的按摩推拿指压师和柔道整复师，第五十二条及第五十三条的规定，适用于医疗保护设施。

（告示）

第五十五条之二 厚生劳动大臣或都道府县知事，于下列所载情形，必须将其要旨告示：

一、做出第四十九条（包括前条中的适用情形。以下本条相同）及第五十四条之二第一款的指定时；

二、依据第五十条之二（包括第五十四条之二第四款及前条中的适用情形）的规定提出申报时；

三、依据第五十一条第一款（包括第五十四条之二第四款及前条中的适用情形）的规定有第四十九条指定的辞退时；

四、依据第五十一条第二款（包括第五十四条之二第四款及前条中的适用情形）的规定取消第四十九条指定时。

第八章　被保护者的权利及义务

（禁止不利的变更）

第五十六条 对于被保护者，无正当理由，就已决定的保护不得进行不利的变更。

（禁止课税）

第五十七条 对于被保护者，不得以保护金品为标准课以租税及其他公税。

（禁止查封）

第五十八条 对于被保护者，不得对其已接受的保护金品或者接受保护金品的权利进行查封。

（禁止让渡）

第五十九条 被保护者不得让渡接受保护的权利。

（生活上的义务）

第六十条 被保护者必须不断地根据自己的能力辛勤劳动，节约支出，并努力维持和提高生活。

（报告的义务）

第六十一条 被保护者当收入、支出及其他生计状况发生变化时，或者居住地、家庭构成发生变动时，必须及时向保护实施机关或福利事务所长提出报告。

（服从指示等义务）

第六十二条 保护实施机关依据第三十条第一款但书的规定，做出让被保护者进入救护设施、自立援助设施或其他适当的设施，或者委托进入这些设施，或者委托私人家庭护养进行保护的决定时，或者依据第二十七条的规定，对被保护者进行必要的指导或指示时，被保护者必须服从之。

利用保护设施的被保护者，必须服从依据第四十六条的规定所制定的保护设施的管理规程。

被保护者违反前二款规定的义务时，保护实施机关可以进行保护的变更、停止或废止。

保护实施机关依据前款的规定做出保护的变更、停止或废止的处分时，必须对该被保护者提供解释的机会。于此情形，必须事先通知将要处分的理由、应解释的日期及场所。

关于依据第三款规定所做出的处分，不适用《行政程序法》第三章（第十二条及第十四条除外）之规定。

（费用返还义务）

第六十三条 被保护者虽然有资力，但于急迫情形等受到保护时，对已支付保护所需费用的都道府县或者市町村，必须及时地返还与接受的保护金品相当金额范围内的保护实施机关所规定的金额。

第九章 不服申诉

（审查厅）

第六十四条 依据第十九条第四款的规定，市町村长对有关保护的决定及实施事务的全部或一部向其所属管理的行政厅委任的情形，对有关该事务的处分的审查请求，向都道府县知事提出。

（应裁决的期限）

第六十五条 厚生劳动大臣或都道府县知事对于有关保护的决定及实施处分的审查请求提出时，必须在五十日以内对该审查请求做出裁决。

在前款期限内无裁决时，审查请求人可以视为厚生劳动大臣或都道府县知事驳回了审查请求。

（再审查请求）

第六十六条 对于市町村长做出的有关保护的决定及实施处分，或者所属市町村长管理的行政厅基于第十九条第四款规定的委任所做出的与处分相关的审查请求，不服都道府县知事的裁决者，可以向厚生劳动大臣提出再审查请求。

前条第一款的规定适用于再审查请求的裁决。于此情形，同款中的“五十日”换称为“七十日”。

第六十七条及第六十八条 删除

（审查请求和诉讼的关系）

第六十九条　基于本法的规定保护实施机关所做出的处分取消诉讼，必须经对有关该处分的审查请求进行裁决后，方可提起。

第十章　费用

（市町村的支付）

第七十条　市町村必须支付下列所载费用：

一、关于町村长依据第十九条第一款的规定进行的保护（包括依据同条第五款的规定接受委托进行的保护）所需下列费用。

（一）实施保护所需费用（以下称为“保护费”）；

（二）依据第三十条第一款但书、第三十三条第二款或第三十六条第二款的规定让被保护者进入保护设施，或委托入所，或让其利用保护设施，或向保护设施委托让其利用保护设施的情形，伴随必要的保护设施的事务费（以下称为“保护设施事务费”）；

（三）依据第三十条第一款但书的规定让被保护者进入适当的设施，或将其入所委托适当的设施，或委托私人家庭护养的情形，伴随必要的事务费（以下称为“委托事务费”）。

二、对属于町村长管理的福利事务所的管辖区域内有居住地者，都道府县知事或其他的市町村长依据第十九条第二款的规定进行保护（包括依据同条第五款的规定接受委托进行保护）所需的保护费、保护设施事务费及委托事务费。

三、对属于町村长管理的福利事务所的管辖区域内有居住地者，其他的町村长依据第十九条第六款的规定进行保护所需的保护费、保护设施事务费及委托事务费。

四、其设置的保护设施的设备所需费用（以下称为“设备费”）。

五、伴随本法施行所需必要的人事费。

六、伴随本法施行所需必要的事务费（以下称为“行政事务费”）。

（都道府县的支付）

第七十一条　都道府县必须支付下列所载费用：

一、关于町村长依据第十九条第一款的规定进行保护（包括依据同条第五款的规定接受委托进行的保护）所需的保护费、保护设施事务费及委托事务费；

二、对属于町村长管理的福利事务所的管辖区域内有居住地者，其他的都道府县知事或市町村长依据第十九条第二款的规定进行保护（包括依据同条第五款的规定接受委托进行的保护）所需的保护费、保护设施事务费及委托事务费；

三、对属于町村长管理的福利事务所的管辖区域内有现在所在地者（其所管辖区域外有居住地者除外），町村长依据第十九条第六款的规定进行保护所需的保护费、保护设施事务费及委托事务费；

四、其设置的保护设施的设备费；

五、伴随本法施行所需必要的人事费；

六、伴随本法施行所需必要的行政事务费。

（代替支付）

第七十二条　都道府县、市及设置福利事务所的町村，依据政令的规定，对属于町村长管理的福利事务所的管辖区域内的保护设施、指定医疗机关及其他厚生劳动大臣指定的与之相当的设施中的被保护者，必须暂时代替支付其他的都道府县或市町村应支付的保护费及保护设施事务费。

都道府县、市及设置福利事务所的町村，必须暂时代替支付町村长依据第十九条第二款的规定进行保护（包括依据同条第五款的规定接受委托进行的保护）所需的保护费、保护设施事务费及委托事务费。

町村必须暂时代替支付町村长依据第十九条第六款的规定进行保护所需的保护费、保护设施事务费及委托事务费。

（都道府县的负担）

第七十三条　都道府县依据政令的规定，必须负担下列所载费用：

一、对于无居住地或居住地不明的被保护者，市町村支付的保护费、保护设施事务费及委托事务费的四分之一；

二、对于宿所提供设施或依据《儿童福利法》（一九四七年法律第一百六十四号）第三十八条规定的母子生活支援设施中的被保护者（从利用这些设施之前在其设施所在的市町村的区域内有居住地的被保护者除外），这些设施所在的市町村支付的保护费、保护设施事务费及委托事务费的四分之一；

三、市町村支付的保护设施的设备费的四分之一。

（都道府县的补助）

第七十四条　都道府县的下列所载情形，对依据第四十一条的规定设置的保护设施的修理、改造、扩大或完善所需费用在四分之三以内范围可以进行补助：

一、利用其保护设施对其地域内被保护者的保护极具效果时；

二、其地域内无都道府县或市町村设置的同种保护设施，或者即使有其容纳或提供使用能力有限。

第四十三条至第四十五条规定之外，关于对依据前款的规定得到补助的保护设施的监督，按下列各项进行：

一、厚生劳动大臣对其保护设施，可以命令报告有关其业务或会计状况的认为必要的事项；

二、厚生劳动大臣及都道府县知事认为其保护设施的预算不符合提高补助效

果目的时,对于其预算,可以做出应进行必要变更要旨的指示;

三、厚生劳动大臣及都道府县知事,其保护设施的职员违反本法或基于本法的命令或基于这些规定所做出的处分时,可以做出应解除相关职员职务要旨的指示。

(准用规定)

第七十四条之二 《社会福利法》第五十八条第二款至第四款的规定,适用于依据《国有财产特别措置法》(一九五二年法律第二百一十九号)第二条第二款第一项的规定或同法第三条第一款第四项及同条第二款的规定,接受普通财产的让渡或贷与的保护设施。

(国家的负担及补助)

第七十五条 国家依据政令的规定,必须负担下列所载费用:

一、市町村及都道府县支付的保护费、保护设施事务费及委托事务费的四分之三;

二、市町村及都道府县支付的保护设施的设备费的二分之一。

国家依据政令的规定,在都道府县依据第七十四条第一款的规定对于保护设施的设置者已补助的金额的三分之二以内可以进行补助。

(遗留金品的处分)

第七十六条 依据第十八条第二款的规定进行丧葬扶助的情形,保护实施机关将死者遗留的金钱及有价证券充当保护费,仍有不足时,可以变卖遗留的物品,将其价款充当。

关于前款的费用,都道府县或市町村对其遗留物品上的其他债权人的先取特权享有优先权。

(费用的征收)

第七十七条 被保护者依据民法的规定有必须履行扶养义务者时,在其义务的范围内,已支付保护费的都道府县或市町村之长可以向扶养义务者征收其费用的全部或一部分。

前款的情形,关于扶养义务者应负担的金额,保护实施机关和扶养义务者之间协商不成时,或者无法协商时,根据保护实施机关的请求,由家庭法院规定。

前款的处分,关于家事审判法的适用,视为同法第九条第一款乙类所载事项。

第七十八条 有通过虚假的申请及其他不正当的手段接受保护,或者使他人接受保护者时,已支付保护费的都道府县或市町村之长可以向其征收保护费用的全部或一部分。

(返还命令)

第七十九条 国家或都道府县于下列所载情形,对于接受了补助金或负担金交付的保护设施的设置者,可以命令返还已经交付的补助金或负担金的全部或一部分：

一、违反补助金或负担金的交付条件时；

二、用欺诈虚伪或不正当的手段接受补助金或负担金的交付时；

三、关于保护设施的经营，有谋求营利的行为时；

四、保护设施违反本法或基于本法的命令或基于这些规定所做出的处分时。

（返还的免除）

第八十条　保护实施机关伴随着保护的变更、废止或停止，应让被保护者返还先付的保护金品的全部或一部分的情形，认为将其消费或者丧失的被保护者有不得已的事由时，可以免除返还。

第十一章　杂则

（监护人选任的请求）

第八十一条　被保护者为未成年人或成年被监护人的情形，无亲权者及履行监护人职务者时，保护实施机关必须立即向家庭法院请求选任监护人。

（町村的部分事务合作等）

第八十二条　町村建立部分事务合作或广域联合设置福利事务所的情形，关于本法的适用，其部分事务合作或广域联合视为设置了福利事务所的町村，其部分事务合作的管理者或广域联合之长视为管理福利事务所的町村长。

（保护实施机关变更情形的经过规定）

第八十三条　因町村福利事务所的设置或废止保护实施机关有变更的情形，变更前的保护实施机关做出的保护开始或变更申请的受理及有关保护的决定，视为变更后的保护实施机关做出的申请受理或决定。但是，属于变更前进行的或应进行的有关保护费用的支付及负担，当作无变更处理。

（实施命令）

第八十四条　除本法中向政令委任的规定之外，为实施本法的程序及其他有关其执行的必要细则，由厚生劳动省令规定。

（大都市等的特例）

第八十四条之二　政令规定的本法中作为都道府县处理的事务，在《地方自治法》（一九四七年法律第六十七号）第二百五十二条之十九第一款的指定都市（以下称为“指定都市”）及同法第二百五十二条之二十二第一款的中核市（以下称为“中核市”），依据政令的规定，由指定都市或中核市（以下称为“指定都市等”）处理。于此情形，本法中关于都道府县的规定，作为有关指定都市等的规定，适用于指定都市等。

第六十六条第一款的规定适用于依据前款的规定指定都市等之长所做出的处

分相关的不服申诉。

（有关保护实施机关的特例）

第八十四条之三 对于依据《残疾人福利法》（一九四九年法律第二百八十三号）第十八条第二款的规定在《障碍者自立支援法》（二〇〇五年法律第一百二十三号）第五条第十二款规定的障碍者支援设施（以下本条中称为“障碍者支援设施”）中的入所者，依据《智力障碍者福利法》（一九六〇年法律第三十七号）第十六条第一款第二项的规定在障碍者支援设施，或依据《独立行政法人国立重度智力障碍者综合设施希望之园法》（二〇〇二年法律第一百六十七号）第十一条第一项的规定在独立行政法人国立重度智力障碍者综合设施希望之园设置的设施（以下本条中称为“希望之园”）中的入所者，依据《老人福利法》第十一条第一款第一项的规定进入护养老人之家，或依据同款第二项的规定在特别护养老人之家中的入所者，或依据《障碍者自立支援法》第二十九条第一款或第三十条第一款的规定在同法第十九条第一款规定的接受介护给付费等给付的障碍者支援设施、希望之园或同法第五条第一款的厚生劳动省令规定的设施中的入所者的保护，其在这些设施继续入所期间，依据第三十条第一款但书的规定将其视为正在入所者，适用第十九条第三款的规定。

（事务的区分）

第八十四条之四 别表的上栏中所列的地方公共团体各自依据同表下栏中所列的规定处理的事务，为《地方自治法》第二条第九款第一项中规定的第一项法定受托事务。

（权限的委任）

第八十四条之五 本法规定的厚生劳动大臣的权限，依据厚生劳动省令的规定，可以向地方厚生局长委任。

依据前款的规定向地方厚生局长委任的权限，依据厚生劳动省令的规定，可以向地方厚生支局长委任。

（罚则）

第八十五条 通过虚伪的申请及其他不正当手段接受保护，或者使他人接受保护者，处以三年以下徒刑或三十万日元以下的罚金。但是，《刑法》（一九零七年法律第四十五号）中有规定时，依据《刑法》。

第八十六条 依据第四十四条第一款、第五十四条第一款（包括适用于第五十四条之二第四款之情形。以下本款相同）或第七十四条第二款第一项的规定，怠于报告或进行虚假报告，或依据第二十八条第一款（要保护者违反之情形除外）、第四十四条第一款或第五十四条第一款的规定，拒绝、妨碍或回避有关官吏或吏员的调查或检查者，处以三十万日元以下的罚金。

法人的代表或法人、自然人的代理人、使用人及其他从业者，对其法人或自然人的业务，有违反前款的行为时，除处罚行为人之外，对其法人或自然人也处以前款之刑。

（韩君玲 译[①]）

附则（节录）

（施行期日）

本法自公布之日（一九五〇年五月四日）起施行，适用于一九五〇年五月一日以后的给付。

（《生活保护法》的废止）

《生活保护法》（一九四六年法律第十七号。以下称为"旧法"）废止。

附则（二〇〇五年法律第七十七号）（节录）

（施行期日）

第一条　本法自二〇〇六年四月一日起施行。（后略）

① 本书作者译自密涅瓦书房编辑部编：《社会福祉小六法 2006》，密涅瓦书房 2006 年版。

附录二　课题组成员近期发表的相关文章

关于社会救助制度中"家计调查"的思考

段美枝

摘　要:中国现代社会救助制度的确立以 1999 年国务院颁布的《城镇居民最低生活保障条例》为标志,该条例规定了最低生活保障待遇的享受者必须经过严格的经济状况调查来确定受助资格。但家计调查制度也带来了一定的负面影响,特别是对于具有劳动能力的受助者。所以在社会救助制度的发展和完善进程阶段,要注重社会救助制度可持续发展理念,弱化家计调查程序,增强工作激励机制,促使具有劳动能力的受助者摆脱贫困,走向自立。

关键词:贫困　家计调查　发展型救助　工作激励

社会救助是现代社会保障体系的第一块基石,在保障广大国民免受生存危机、维护社会稳定、促进社会公平等方面发挥着不可替代的作用。伴随着我国经济体制的转轨和社会结构的转型,中国社会救助制度发生了深刻的变化。现代社会救助制度的确立是以 1999 年国务院颁布的《城镇居民最低生活保障条例》为标志。像世界上大多数国家一样,社会救助制度是以经济状况调查为基础来确定受助对象,目前主要以收入调查为主,但又具有"本土特色"。

一、中国家计调查存在的问题

社会救助首先必须解决一个基本问题:谁将获得这种福利? 这就是社会政策中所谓的"目标定位",即受益者资格认定的问题。在任何一个社会中,确定受益者资格的标准必定多种多样,主要围绕普享性原则与选择性原则展开。普享性原则是指社会福利作为一项基本权利,所有具有公民资格的人均应享有。选择性原则是指根据个人的需要确定受益资格。一般认为,低收入者理应是社会福利的真正需要者，因此选择性原则的落实往往通过家计调查①来实现。

中国《城镇居民最低生活保障条例》规定：凡共同生活的家庭成员人均收入低于当地城市居民最低生活保障标准的，均有从当地人民政府获得基本生活物质帮助的权利。前款所称收入，是指共同生活的家庭成员的全部货币收入和实物收入，包括法定赡养人、扶养人或者抚养人应当给付的赡养费、扶养费或者抚养费，不包括优抚对象按照国家规定享受的抚恤金、补助金。对无生活来源、无劳动能力又无法定赡养人、扶养人或者抚养人的城市居民，批准其按照当地城市居民最低生活保障标准全额享受；对尚有一定收入的城市居民，批准其按照家庭人均收入低于当地城市居民最低生活保障标准的差额享受②。从条例中可以看出，我国低保制度的受益目标群体定位于人均收入低于当地最低生活保障标准的家庭，对“三无”人员实行全额补贴，对非“三无”人员通过家计调查来确定，实行的是差额补贴。

中国社会救助制度家计调查在实施过程中，存在三方面问题。

（一）制度成本高，难以落到实处

在具体进行家计调查（包括收入调查和财产调查）操作过程中，实行的是个人申请、社区核实、街道初审、区县民政部门审批，张榜公示和发证领取环节。其中，花费成本最大的是社区工作人员核实救助申请者的财产和收入状况，也是确定申请者能否得到政府救助的关键。社区工作人员在确定救助申请者资格时，需要对所有的申请者进行家庭经济调查，之后还需要始终跟踪进行动态管理，所以实际上是一项制度成本较高的社会政策③。一般来说，社区在确定低保家庭时首先需要考虑的是收入因素，即家庭人均收入低于当地低保线的家庭才有资格申请低保补贴。在实际调查家庭收入时，除了需要实施机构有相应的人力物力资源以外，还需要其他部门的合作，如需要工作单位或劳动部门提供可靠的收入证明或记录等。显然，无论是城市还是农村，基层政府或组织并不具备实施家计调查的人力和物力，而相关部门的配合也经常是一件困难的事情。应该说，家计调查在我国是一项非常复杂的系统工程，真正操作起来，难以落到实处。

（二）家庭收入核实难、操作随意性大

家计调查一直是许多国家在实施社会救助制度时确定受助对象常用的方法。在我国，由于家庭收入较难测量，所以，家计调查从低保制度建立以来，一直没有得到有效的解决。在城市，大多数有工作收入的低保家庭，其收入多来自非正规就业或灵活就业，工作和收入都极不稳定。如果低保申请者或受助者不主动汇报自己的收入变化，其他人很难知道其实际的收入情况，因而在实际操作中，很多城市采

---

① 家计调查是以居民家庭收入和支出为主要调查内容的综合性的专门调查，亦称居民家庭收支调查。

② 1999 年国务院颁布的《城市居民最低生活保障制度条例》。

③ 张时飞，唐钧. 中国社会政策研究十年专题报告集[M]. 北京：社会科学文献出版社，2010：74.

用虚拟收入的做法，即在计算家庭收入时，对家庭中有劳动能力的成员估计一个固定的收入额度，再用低保标准减去虚拟收入确定实际救助金额。实际上，在我国“隐性收入”是一个无法有效监控而比较普遍的现象，所以实施家计调查的基础条件非常有限。因此，低保制度中的家计调查操作起来困难重重，在实践中也只是一个名存实亡的提法而已。事实上，很多城市和农村低保制度的瞄准机制主要采取的是民主监督下的社区筛选方法，即将低收入和贫困家庭根据困难程度排队，按照配额从贫困人群中选拔最贫困的家庭给予救助。一般情况下，这种方式的社区筛选可以保证受助者是最贫困的人群，但前提是居民委员会或村民委员会等基层组织必须具有比较完善的民主机制和程序，否则便会事与愿违。由于社区筛选方法赋予社区干部较多的自由裁量权，低保制度中的群众监督机制在很多地方也形同虚设。一方面，城市社区中的居民之间很少互相了解情况，而更多的时候是普通居民根本不关心哪些人能够得到或得不到救助。总之，从目前各地的实施情况看，完全依赖社区筛选和群众自觉的监督在很大程度上等于将政府的责任推给了社区。这实际上是政府失效的表现①。

（三）对劳动收入全额抵扣，造成一定的负面影响

根据我国《城市居民最低生活保障条例》，城市居民最低生活保障制度的待遇给付分为两种形式：一是无生活来源、无劳动能力又无法定赡养人（或者抚养人）的城市居民，按照当地城市居民最低生活保障标准全额享受。二是尚有一定收入的城市居民，按照家庭人均收入低于当地城市居民最低生活保障标准的差额享受。这样，有劳动能力的低保对象的实际获得救助给付等于政府救助标准减去申请救助者的实际收入——100%的有效边际税率，即意味着享受低保的劳动者每增加一单位的劳动收入，就意味着要失去一单位的救助金额。这种家计调查的做法，直接导致两个不良后果。一是受助者无意通过自己的劳动或其他方式增加自己的收入和财产，因为增加多少意味着失去多少。这在一定程度上打消了受助者参与社会劳动的积极性，从而容易陷入“贫困陷阱”。二是找到工作的受益者往往会设法隐瞒他们的收入，继续享受社会救助待遇，引发道德风险。这些结果都会直接损害社会救助的目标，一方面使部分低保对象长期沉淀下来，形成永久的贫困；另一方面实际收入水平已超过贫困线（但隐瞒收入）的仍然占有社会救助资源，真正需要救助的贫困者却因为资源的有限性而被漏到网外，形成新的社会不公平。

二、中国社会救助改革建议

目前，中国城镇建立的以“城镇居民最低生活保障制度”为基础，以医疗救助、

① 徐月宾，张秀兰．我国城镇最低生活保障制度若干问题探讨[J]．东岳论丛，2009(2)．

教育救助、住房救助和法律援助等为配套的社会救助制度，实质上是一种消极的、被动的救助，只有当居民陷入“赤贫”状态，才可以得到政府的相关救助，而救助方式也主要以现金救助为主，由此决定了这种救助制度的功能只能是“济贫”，而远不能“脱贫”。而社会救助特别是对有劳动能力人员救助的目标是使他们摆脱贫困，最终实现“自立”。所以，完善我国社会救助制度，首先需要更新救助理念，其次是鼓励有劳动能力的受助者进入劳动力市场。对具有劳动能力的受助者，弱化家计调查程序，增强工作激励机制，促使其提高就业能力，最终摆脱“他助”，走向自立和自助。

（一）引入发展型救助理念，注重救助对象的能力建设

20 世纪 90 年代，发展型社会政策是美国社会学家梅志里针对发展中国家提出的。这一政策的理念是以社会投资为理论核心，重视人力资本和社会资本投资，并主张自下而上的多元主体参与。发展型政策理念不仅对发展中国家如菲律宾、印度等国的社会政策走向产生了重大影响，同时也影响了一些西方发达国家如英国、美国的社会政策改革。

发展型救助理念下兴起了两种有代表性的救助方式——小额信贷和个人发展账户。

小额信贷起源于孟加拉国的乡村银行（Grameen Bank），是孟加拉国吉港大学经济系教授穆罕默德·尤诺斯博士从孟加拉国的国情出发而创建起来的扶贫模式，简称 GB 模式，也通称为“小额信贷扶贫模式”。乡村银行的成功，引起了世界各国的极大兴趣和关注。各国的非政府组织和扶贫信贷组织纷纷起而效之，建立了一批以 GB 模式为主体的小额信贷实验项目，旨在帮助本国的贫困者实现自我就业和发展。截至 1999 年，小额信贷模式已经在世界 47 个国家和地区开始了规模不等的试验和推广，其中大部分为发展中国家，也有美国等发达国家。在世界实行小额信贷的国家里，成千上万的低收入者和贫困人口根据小额信贷特殊的组织要求有效地组织起来，通过增加资产，积累资金，获得了自我生存和发展的能力。更重要的是，通过小额信贷的组织方式，参加者能够转变观念，有力地帮助了贫困者进入可扩大再生产的良性经济发展过程，帮助贫困者打破贫困代际传递的恶性循环，从而最终实现整个社区综合全面发展的目标①。

个人发展账户是以取款配额为主要资助形式的储蓄项目，与其他受资助的储蓄账户不同的是，个人发展账户是面向贫困者，通过配额形式而非减免税收来提供资助。个人发展账户在美国各州实行的具体方法稍有差异，但总的原则是参与者能够得到等量或高于其储蓄额的资助配额，如只要穷人储蓄一元钱，就会得到一元

① 孙艳艳. 发展理念下的社会救助理论与政策[D]. 济南：山东大学学位论文，2004：20，25.

钱或更多的配额。配额资金来源于公共财政、非营利组织或私人基金，但是参与者只能为了特定的目的从个人发展账户中取款。关于配额资金的使用范围，不同的个人发展账户项目有不同的规定，但是基本上都包括参加教育培训、购买住房、启动小型经营项目等。参加者还能够接受到一定的金融知识培训和机构工作人员的支持。目前，个人发展账户主要在美国、西欧和中国台湾等地区进行项目试点和推广。个人发展账户最大限度地将多种社会力量整合到一个体系中，由政府、企业和非营利组织提供的以资产为基础的福利工作能够被互相融合、互相补充。简言之，它建立了一种政策框架，使以资产为基础的福利政策在其中得到发展的空间。

（二）建立收入豁免制度，鼓励受助者积极就业

在我国最低生活保障制度的实施过程中，享受最低生活保障制度的家庭成员，只要获得劳动收入，就简单而直接地抵扣了最低生活保障待遇，而且是全额抵扣。这种家计调查抵扣制度使得受助对象或者实际待遇降低，或者丧失低保资格，进一步导致有关教育救助、医疗救助、住房补贴等权益的丧失。因此，现实制度安排不利于促进受助者就业。而一个长期不参与劳动力市场、远离就业状态的人，他的劳动技能会逐渐减退，更趋向于长期失业，陷入长期贫困之中。与其他国家相比，我国 100% 的有效边际税率既严重打击了受助者寻找工作的积极性，同时又助长了其隐瞒收入行为的发生。强化社会救助中的工作激励，是一种全球性福利改革的潮流。这些举措不仅能够从消极的方面减少“福利欺诈”的问题，而且还能从积极的方面提高有劳动能力的低保对象的能力建设。

20 世纪 90 年代新西兰在这方面进行了有效的改革。1996 年 7 月之前，新西兰的福利扣减制度规定，年收入低于 2 500 美元的家庭用途补贴不做扣减；年收入在 2 500 ~5 000 美元，家庭用途补助扣减 30%；年收入在 5 000 美元以上，家庭用途补助扣减 70%。对于年收入在 5 000 ~20 000 美元的次低收入者来说，其有效边际税率高达 90% 以上，意味着他们努力工作却几乎得不到回报，可见福利扣减制度对他们造成了严重的负激励效应。1996 年 7 月，新西兰政府采取了改革方法。一方面增加低收入者的工作报酬；另一方面降低对低收入者的扣减率。改革之后，家庭用途补助的免扣除标准提高到年收入 5 000 美元，年收入在 5 000 ~ 10 000 美元，家庭用途补助扣减 30%，年收入超过 10 000 美元，家庭用途补助扣减 70%。对于收入在 5 000 ~10 000 美元的低收入阶层而言，其有效边际税率的总体水平较改革之前降低了 50%。

从我国实际情况看，笔者认为，只要劳动收入在当地最低工资标准以下的，应当免除扣减；收入高于当地最低工资标准的，实行累进边际税率。从现有的实地调查资料看，享受社会救助的人员中参加劳动所获收入绝大多数处于当地最低工资标准之下，所以累进边际税率不会影响到受助者参加工作的积极性也不会影响其

人力资本投资。

三、小结

社会救助是保障贫困群体的生活进而维护社会公平的制度安排。可以肯定地说,我国社会救助制度是改革开放以来社会保障制度体系建设中最为成功的领域之一。目前,我国的社会救助制度正处在加快建设与发展之中,从最低生活保障制度向综合型社会救助体系发展,从生存型救助向促进发展型救助、从维持温饱型救助到追求一定生活质量型救助发展,是社会救助制度适应时代发展与社会进步的必由之路。我国的社会救助制度处于初期发展阶段,各方面的制度设计还有待进一步完善。比如,家计调查制度成本高,难以落实,有效边际税率畸高,救助制度设计缺乏激励性,等等,这些问题在一定程度上影响着社会救助制度整体效果的发挥,从而需要引起政策制定者和政府相关部门的重视,并在发展中加以不断改进和完善,在这一进程中,更要注重社会救助制度的长期效益与可持续发展,使“生存型”向“发展型”转变。

日本政府在社会救助中的立法责任研究

——兼论对我国的启示

吕学静　康　蕊

(首都经济贸易大学劳动经济学院,北京　100070)

摘　要:日本社会救助立法起源于19世纪,政府以“国民为本”“统一而又具有合理差别”“促进自立”为指导理念履行立法责任,建立多样化的立法层次,保证立法程序的秩序性。其立法责任呈现出以下特征:注重随社会环境变化而更新、善于协调各方利益、促进整个体系实现制度化。本文以此为基础,结合中国国情,为我国政府在社会救助法律体系中的职能发挥提供借鉴经验。

关键词:日本　社会救助　不服申诉　国民为本

一、引言

贫困是世界性问题,不同的国家面临着不同的贫困状况,做出不同的政策选

基金项目:国家社科基金项目“我国社会保障公平的非均衡发展研究”(11BJY037);民政部2014年社会救助制度建设理论课题“中日社会救助制度比较研究”(MSJ14-007)的部分研究成果。

择。中国和日本同为东亚国家,两国地理位置相近,文化、历史等方面渊源深厚。但是由于受不同的政治制度、经济发展水平等方面的影响,两国的社会救助制度差异也十分明显。日本的社会救助制度是在1950年颁布的《生活保护法》基础上进行的,经过64年的运作实践显示出了顽强的政策生命力。现代政府通常追求一种"责任意识",立法责任与财政责任、实施责任、监管责任共同构成了社会救助的政府责任体系。日本政府在社会救助中的立法责任是怎样的,有哪些经验值得借鉴,对我国政府进行社会救助制度安排有何启示,是本文研究的重点。

二、日本社会救助立法的历史沿革

日本的社会救助体系由生活保护制度和社会补贴制度构成,生活保护包括生活救助、教育救助、住宅救助、医疗救助、护理救助、生育救助、就业救助和丧葬救助,社会补贴包括儿童补贴、儿童抚养补贴、残疾人特别补贴。

生活保护制度在日本已有100多年的历史,早在1874年,日本明治政府就制定了《恤救规则》,救济对象为老人、儿童、患者及残疾人,但政府并没有直接的救助实施责任,只是给予指导性的政策建议。从这一点可以看出,日本政府在社会救助中的立法责任自生活保护制度建立之日起便存在了。1932年制定的《救护法》效法西方国家,紧随世界潮流,将政府责任从简单的"政策建议"上升到国家救助法的制定与颁布。

第二次世界大战结束后,日本陷入了极度混乱的状态,国民的生活水平普遍下降,多处于缺衣少粮的状态。日本政府于1946年颁布了《生活保护法》,并于1950年对《生活保护法》进行了全面修订,颁布了新《生活保护法》,将日本的社会救助制度带入了一个新的发展阶段,随着社会和经济的不断发展,日本政府先后对《生活保护法》进行了十几次的修订,逐步形成了今天完善而有特色的生活保护制度。例如,日本政府于2013年对《生活保护法》进行的修改,创设了劳动自立给付金制度,着眼于健康、生活等方面的支援在资产及收入所限定的调查事项中,增加了对工作状况、求职活动状况、健康状况和扶养状况等的调查权限。

无论城市还是农村,战争给日本带来了大量的战争孤儿和流浪儿,政府于1947年通过了《儿童福利法》,积极推进针对贫困儿童、残疾儿童(身体障碍、智障、精神障碍)的保护和救护政策,对小儿慢性特定疾病、肢体残疾的医疗费予以补贴。《身体残疾人福利法》于1950年正式实施,一改以往只针对伤残军人的救助政策,把所有的残疾者都包括在国家救助的范围内,若残疾人在医疗、康复的费用支付上存在困难,由政府提供相应的支援。《精神薄弱者福利法》于1960年出台,该法主张对精神病患者实施医疗救助,促进其早日康复。1963年,日本政府颁布的《老人福利法》倡导以全体老人为福利对象,对生活无法自理的老人及其家庭实施保护,具体包括日托、短期、长期护理服务，以减轻家庭的负担。1964 年，日本政府出台了《母子福利法》，推出了对女性就业、儿童抚养提供资金等一系列救助政策。以上共同构成了日本“公共扶助”的福利六法，以弱势群体为对象，展开社会救助事业。

此外，厚生劳动省出台一系列的辅助性条例，例如，《生活保护法之保护基准》《关于救护设施、自立援助设施、职业介绍及居所提供设施的设备及运营之最低基准》，详细规定了不同地区、不同群体、不同家庭结构的被保护者，领取生活保护费的办法、标准和特例情况。

2013 年，日本内阁会通过了《生活穷困者自立支援法》，生活穷困者指，现时经济穷困，有不能维持最低限度生活之虞者。该法规定：设置福利事务所的地方自治体实施自立咨询支援事业，并且向因离职而失去住房的生活穷困者支付相当于房租的“住居确保给付金”。

日本的社会救助形成了较为完整的制度体系，并且通过国家立法的形式加以确立，从而保证社会救助制度的规范性和强制性。政府高度重视社会救助的立法，每一项社会救助项目都是立法先行而得以建立，《生活保护法》与其他法律、法规共同构成了社会救助的法律体系，由上而下地指导生活保护及社会补贴活动的开展。

三、日本政府在社会救助中的立法责任概述

制度供给是社会救助发展的前提和基础，国家必须在社会救助制度的建立上担负起责任，包括制定法律、法规和条例等，将社会救助对象应当享有的各种正当性的利益诉求予以制度化，为社会救助工作提供法律依据。

（一）指导理念

日本政府在社会救助中的立法指导理念可概括为国民为本、统一而又具有合理差别、促进自立。

人本主义的思想指导着日本整个社会保障体系的建立，社会救助也不例外，多样化的救助项目覆盖不同主体，且分别由特定法律指导。解决不同的贫困问题，只有从国民本身的角度出发，才能实现社会救助法律的职能。生活保护及社会补贴的最终目的是由国家来保障一切国民享有最低生活水平，以日本宪法中的“最低生存权”为基础，根据“国民为本”的指导理念，实施生活保护。不服申诉制度的确立，恰恰体现了这一点，申请人在以下几种情况下可逐级向上申诉，有权要求重新审议：生活保护或社会补贴的申请被拒绝，生活保护被中断、停止。

国家作为社会救助的实施主体，立法中应注意“统一”原则，也就是说，申请人资格的确定，发放待遇层次的确定，都必须有统一的法定标准。生活保护的措施必

须严格按照厚生劳动大臣的名义确定的最低生活保护基准来实施，以此保证平等性和客观性。但《生活保护法》同样规定“对于申请人或家庭的实际需求加以判断”，以考虑不同家庭经济条件的不同需求，因人、因家庭而异的实施。因此，形成了一种合理的差别，具体是指，因人的生理差异、职业不同，因家庭经济能力差异而形成的责任和权利方面的差异。

生活保护制度不单指给予生活费用、生活补贴，而是以促进、支持自立生活为目的，对贫困线以下的国民提供援助。因此，《生活保护法》等多条法律中都规定事先要对申请者的所有财产进行评估，定期对生活保护对象进行家庭访问，旨在发掘贫困者的个人能力，促进其通过个人劳动克服贫困。《生活保护法》的指导原则之一是补助性，意思是说，申请生活保护的对象，必须是个人尽了最大努力，仍然不能保障基本生活的，才能享有申请生活保护的权利。这一原则使被救助者认清生活保护只是暂时的，只有自力更生，才能过上富足的生活。因此避免过度强调国家责任而违背社会救助的初衷，减轻国家的负担，促进个人发展。

（二）立法层次

纵观日本现代社会救助立法发展历程，呈现出显著的特点之一就是——多层次，由高到低分别有国会立法、内阁法规、地方自治条例。日本社会救助体系中的基本法一直保留着国会立法的传统，根据日本宪法中的“国会中心立法”原则，国会是国家唯一的立法机关。日本国会由参议院和众议院组成，二者均享有立法权。第二次世界大战以后，日本由联合国占领统治，社会治理须按照盟军最高司令官总指挥部（GHQ）的指示开展，所以新、旧《生活保护法》的提案由厚生省起草后交由GHQ，提出修改意见，再向国会提交的生活保护法案，由众议院、参议院依次组织讨论，通过后即可公布并实施。“福利六法”也是如此。以上是国家层面的法律，依照宪法中“对贫困的所有国民进行必要的保护”的理念制定，对于规定保护的种类及范围、机关及实施、方法及设施、被保护者的权利及义务都具有高于其他法规的权威性，关于骗保的处罚，也具有一定的震慑性。

内阁可以发布行政命令或法律授权的政令，或者是为了实施法律规定而制定细则规定。厚生劳动省是日本负责社会保障的主要部门，其中一项重要的工作职责便是弱势群体的社会救助，《生活保护法之保护基准》等辅助性规定都是以“厚生省告示”或“厚生省令”的形式颁发的。厚生省召开内阁会议讨论、制定法规，类似于我国国务院颁发的《城镇居民最低生活保障制度》的立法层次。日本宪法规定地方公共团体有权实行自治，包括制定条例权。有关居民日常生活方面的行政事务则尽量由地方公共团体承担，重新审视中央政府的干预，将中央政府的法规制定权限转移到都、道、府、县，同时将都、道、府、县的权限下放给市、町、村，以此推动行政工作的综合化和高效化。例如，千叶县的佐仓市政府制定《佐仓市生活保护法施行细则》《佐仓市残疾人的日常生活和社会生活综合支援的法律施行规则》等实施性细则，是在《生活保护法》和厚生省令等高层次法律的指导下制定的，以指导佐仓市的社会救助活动。

（三）立法程序

日本的社会救助由国会统一行使立法权，立法机关涉及内阁、众议院和参议院，具体为众议院中社会劳动委员会，参议院中的常设委员会国民福利委员会，劳动、社会政策委员会。提案通常来自于内阁行政机构，在咨询相关政府部门，通过召开听证会，征求公众意见的前提下，由众议院院长将提案提交众议院相关委员会审议，由它们对提案进行修改和补充，再由各常设委员会对议案的可行性、各部法律之间的关系综合考虑，做出进一步的修改。由众议院全体议员投票通过后，交由参议院相关委员会审议，此过程类似于众议院，需进行咨询和听证。若参议院全体议员讨论表决通过则直接提交内阁，若否决或再次提出相关修改意见则需召开两院联席会议，通过协商，最终达成一致意见，再提交内阁，并由天皇签署法案。

法律之外的实施性条例，其立法程序没有如此复杂，只需根据法律规定的基本宗旨、框架制定。例如，生活保护基准由厚生劳动大臣制定，是厚生劳动大臣的特定权限，《生活保护法之保护基准》表现为告示的形式，其性质一般被认为是法规命令，直接由厚生劳动省予以制定。

四、日本政府在社会救助中立法责任的特点

日本政府为保障贫困者过上最低限度的健康、文明的生活，并帮助被保护者自立而制定社会救助相关法律，进行制度安排。整个国家的传统文化、行政结构、经济形势深深地影响着每一项政策的内容与意义，因此政府在社会救助中的立法责任呈现出三个特点。

（一）注重随社会环境变化而更新

日本社会救助领域的法律不断推陈出新，政府不仅负有法律制定的责任，而且为适应社会环境变化而对法律进行完善。以《生活保护法》为例，自 1946 年颁布以来，除 1951 年的全面修订以外，还进行了十余次的修订。《生活保护法》起初颁布的目的在于应对战争带来的贫穷、遗孤、失业等问题，而日本政府渐渐意识到：社会正由整顿逐渐向建设期转换，旧《生活保护法》无论在理论还是实践上都已跟不上社会形势的发展。相对于战后简单的救助，稳定居民生活而言，国民越来越需要更为科学、系统性的救助，社会文化的发展要求更加注重人权与公正性，于是在新《生活保护法》中明确了国民申请生活保护是其基本权利，且遵循“无差别平等”原则，对保护的原则单设一章，按需要保护原则、以家庭为单位保护原则被写进该法中，新增教育扶助、住宅辅助两项，明确生活保护的实施机关是市町村，由厚生劳动大

臣指挥,等等。

近些年以来,受经济危机的影响,日本财政吃紧,然而社会救助支出却不断增长,缺口不断扩大,经济低迷同样带来大量的失业人口,因此被保护对象的范围呈扩张的态势,冒领生活保护金和失业保险金的案件也比之前多了,超高龄、少子化导致各家庭的赡养负担加重,对于贫困家庭来说,更是雪上加霜。除降低生活保护费,要求被保护者个人承担一部分医疗费用外,2013 年出台的《生活穷困者自立支援法》中规定:实施自立咨询支援事业,社会福利协议会、社会 NPO 等分担政府业务,以节俭开支。2013 年,日本政府对《生活保护法》进行了修订,创设了劳动自立给付金制度,重申被保护者的义务,增加了对申请保护者工作状况、求职活动状况、健康状况、扶养状况等的调查权限;在罚则方面:对不正当领取生活保护费行为的罚金上限从过去的 30 万日元提高到 100 万日元。

(二)善于协调各方利益

《生活保护法之保护基准》中将保护基准分为三个部分,第一部分是按照家庭成员结构及所处地区算定居家和救护设施的基准额,对盲人学校、聋人学校寄宿者的特例另外算定;第二部分是对八项救助的分别加算,根据三类地区和申请者具体条件不同而设置几档给付金额类型,若满足八项中的两项及以上的申请条件,将按给付的最高一项为准予以给付,避免重复;第三部分是入院患者日用品费的基准额及加算额,介护设施入所者基本生活费的基准额及加算额,除生活救助外七项救助项目的移送费,前两者将全国分为六个地区,后者则按第二部分的三类地区进行算定。采用消费水准比例方式,根据消费支出的增长比例而测算生活保护基准,目的在于防止处在最低保护基准线边缘而没能享受保护者与被保护者差距过大。生活保护的支付额为最低生活标准减去各家庭收入的差额部分,而非对处于同一收入水平阶段的家庭支付同等数额,让这些家庭达到最低生活标准,足以应付日常生活开销即可,避免生活保护给付的过程中使某些人的利益暴增而引发社会矛盾。

由于日本各地区的经济发展水平和生活条件有所差异,将全国分为 6 个地区,补助内容分为 7 类,从吃饭、穿衣等基本生活需要到整个家庭的日常维持所需消费。一是便于各都道府县、市町村及福利事务所的管理,二是更切实际地满足被保护者的需求。申请生活保护的程序必须经过申请、调查、决定和通知。通知未通过决定的,要向申请者提交书面说明。申请者对决定不服,可提起审查请求。《生活保护法》第 25 条规定,若被保护者迫切需要得到社会救助时,保护实施机关应立即依据职权按照相关规定,自行决定保护的内容、办法予以保护。类似于这种规定,不仅能够解决贫困者的生存、生活问题,还能够使被保护者感到温暖与友好,减少了民对官的抵触情绪,降低了官民之间产生矛盾的可能性。

(三)促进整个体系实现制度化

20 世纪 40 年代以来,各项目实行“立法先行”,逐渐形成了稳定的社会救助制度体系,包括:理念、原则、程序和标准等。从萌芽到确立再到进一步的发展和完善,其多以立法的形式确定实施,高度的法制化使其具有了统一性和规范性的特征。制度管理的统一和执行标准的统一,不仅对促进地区间制度的公平性起着重要的调节作用,更决定着责任划分与制度的权威性。日本社会救助法律体系涵盖对象分别是:儿童、妇女、老年人、残疾人、失业者、贫困家庭和受灾者,涉及生活、教育、住宅、医疗、护理、生育、就业和丧葬八个方面,各救助项目的规定衔接配套,几乎能够应对现代社会产生的所有贫困问题。生活救助为第一层次,提供维持日常生活所需的吃、穿、水、电等方面的援助,第二层次是温饱基础上更高水平需求的教育、医疗、住宅、护理、生育、丧葬和失业救助,第三层次是针对儿童、残疾人等特殊群体的补贴。包含《生活保护法》在内的"福利六法",基本形成了社会救助法律体系的框架,《生活保护之法保护基准》《民生委员法》等有关于具体实施的指导性法规约束,进一步增加了整个社会救助制度的执行力,再加上不服申诉等保障性制度的建立,使整个制度体系更加完备。

五、对我国的启示

目前,我国正处于经济社会的转型期,社会发展落后于经济增长,对于弱势群体的关注,合理、公平地分配社会资源是应有之义。加快社会救助立法的出台,健全社会救助法律体系,不仅是我国法制体系建设的重要目标,更是促进社会和谐发展的重要举措。未来我国社会救助中政府的立法责任落实的重点在四个方面:

(一)转变立法理念

受中国传统宗教文化的影响,生活贫困者、残疾人、灾民通常被视为弱势群体,在我国社会救助立法进程中,慈善观念长期处于主导地位。国家出于人道主义建立社会救助制度,制定社会救助相关法律,带有一定的同情色彩。政府及社会组织是施舍者,而这些"弱势群体"则是在一定程度上做出牺牲的条件下获得救助、补贴。这种慈善模式虽然体现了几千年来东方文化中互助的道德基础,但却较少考虑被救助者的心理接受程度。社会救助制度实施的整个过程,包括最初的财产调查、之后的物质帮助、就业指导等环节,容易使被救助者产生一种"耻辱感",他们必须将个人乃至家庭的财产状况上报给行政机关,毫无隐私可言,在申请成功后必须接受就业培训、政府提供的就业岗位。倘若一些物质、金钱上的帮助,造成贫困者心理受到伤害,则得不偿失。日本社会救助立法追求"国民为本"的宗旨,注重立法过程中的人文关怀,政府在制定社会救助法律时,将享受生活保护或社会补贴视为国民的一项基本权利,保护者没有低人一等,不单单解决他们的生存问题,更要保证生活质量。因此,在我国,社会救助立法需要赐予被救助者一种天然的权利,让他们的心理得到慰藉,为他们化解生活中的各种危机,解决一些迫切性的问题，而无需牺牲尊严。我国实行自上而下的社会救助模式，只有根源上的立法观念找到一个好的定位，才能保证法制指导实践。

（二）完善制度体系

我国社会救助立法层次低，国家行政机关制定的法规、条例较多，没有国家立法机关制定的社会救助方面的法律。2014 年 5 月 1 日正式施行的《社会救助暂行办法》，没有达到预期的法律层次。立法层次的高低暴露出社会救助问题并没有引起政府的足够重视。立法层次低导致制度不稳定性，也就无权威性可言。因此，我国的法学界、社会学界和管理学界应结合我国目前推行社会救助制度的实际情况，对社会救助做深入、系统地研究，为立法机关制定有关社会救助的法律提供理论上的支持。同时，立法机关也应组织专门力量对我国社会救助工作进行立法调研，待条件成熟时，尽可能地颁布一部名为《社会救助法》的法律，通过国家最高形式的立法，形成一种固定的社会政策，以规范全国的社会救助工作，真正做到有法可依。

道德风险事件的发生，不仅受到国民素质的影响，还与制度的完善程度息息相关。目前我国正处于社会救助制度发展的初期，建立严格的资格审查制度与不服申诉制度十分有必要。救助审批工作复杂，难免有疏漏，再加上法律制度体系的不完善，结果之一是工作程序、工作方法的不合法、不合理，一些公务人员不尽职的现象难免发生，因此造成审批结果差强人意。原本应得到政府的救助，获取实物或现金补贴的一部分困难群体，却因此失去了享受国家给予生活保障的权利，而一些“关系保”“人情保”的事件时有发生。为维护申请者、被救助者的利益，建立严格的资格审查制度，则从根源上避免了不端行为的发生，而建立不服申诉制度，能够为申请对象提供最后一道保障。

（三）明确立法责任的归属与划分

众所周知，按照法律地位和法律效力的层次，可将整个法律体系划分为宪法、法律、行政法规和地方性法规、规章。除宪法外，与社会救助有关的各个层次的立法，应明确到各职能部门，划分中央与地方的责任归属，避免互相推诿的现象发生。法制的约束能够保证固定、经常性的措施，立法程序的规范化才能防止社会救助成为一种随机、临时的活动。《社会救助法》须由全国人民代表大会及其常委会依照立法程序制定和颁布，《城镇居民最低生活保障制度》等一系列有关失业救助、住房救助、农村五保供养、流浪乞讨人员救助的行政法规是国务院根据宪法和法律制定的，应由总理签署以国务院令颁布，各地区的有关社会救助的实施性条例，由省、自治区、直辖市以及较大的市的人民代表大会及其常委会根据本行政区域的具体情况和实际需要制定。国务院部门规章，由国务院联合几大部委根据法律制定，但各职能部门制定的规章必须在各自权限范围内，例如，有关经济适用住房的管理规章由国务院、住建部联合制定，而有关失业救助的管理规章由国务院、人社部联合制定，地方政府规章依照同样的模式进行责任划分，最低生活标准的特性要求考虑地方实际，各市、县人民政府联合物价、统计、财政和审计等部门制定，并经本地人民政府批准才能执行。

（四）结束制度碎片化

前文中已提到，我国本身并无统一的《社会救助法》指导，再加上各地规章制度的分散，导致整个社会救助制度呈现碎片化的状态。具体体现为各地区的分割，城市与农村的分割。例如，城市居民最低生活保障标准的确定，完全交由地方政府，虽然能够充分考虑我国地区经济发展水平差异大的现实，但无统一的制定办法指导，不但不能保证制定标准的科学性及合理性，还导致各地标准绝对值相差甚远，若如此极端发展下去，可能导致贫者越贫的马太效应。权力下放的结果之一是无精确测算，而简单估计所确定的最低生活保障标准未必能够真正地解决各地的贫困问题。在此，我们可效法日本，在社会救助立法中明确规定将全国分为几个地区，可参考东中西部的区域划分办法，但根据各地被救助者的具体情况而略有调整，将最低生活保障标准分为三大类共六种，并且对号入座，直辖市、省会城市为一类，地级市为二类，县级市及以下为三类，且每一类分成两个层次，六种标准不能充分与各地情况契合的条件下，仍可细分。总之，要确立全国统一的城市居民最低生活标准。其他辅助性的救助，例如，医疗救助、教育救助等项目的救助标准也按照此办法在法律中明确规定，多层次的救助标准方能保证普世化的效果。同时，实施办法和步骤也可制定全国统一的行政法规，各地根据地方实际进行微调即可，而非当前完全交由地方政府规定的状态。完备的救助流程方案出台，才能防止社会救助实施过程中不公平、骗保等事件的发生。

六、结语

我国处于经济社会的大变革时期，经济结构、社会结构调整过程中产生了大量的贫困问题。国际经验表明，解决因社会经济结构调整而导致的大规模贫困问题，社会救助是最有效的政策安排。为保障国民的生活权益，我们经历了由“救济”到“救助”的转变，综合型的社会救助对社会救助立法的要求又上升了一个高度，唯有重视政府的立法责任，才能保证符合现代社会要求的社会救助体系的建立。

参考文献：

[1]杨立雄，于洋，金炳彻．中日韩生活保护制度研究[M]．北京：中国经济出版社，2012：85.

[2]吕学静．日本社会保障制度[M]．北京：经济管理出版社，2000：179.

[3]韩君玲．日本最低生活保障法研究[M]．北京：商务印书馆，2007：155.

[4]吕学静,王争亚．日本社会救助制度的最新改革动向及对中国的启示[J].北京劳动保障职业学院学报,2014(2):3－7,13.

[5]林莉红,孔繁华．社会救助法研究[M].北京:法律出版社,2008:135.

注:本文刊发于《中国劳动》,2015 年第 12 期。

社会救助中的政府责任探究

——基于亚洲三国的比较分析

吕学静　康　蕊

(首都经济贸易大学劳动经济学院,北京　100070)

摘　要:中国、日本、韩国三国在社会救助领域均受到亚洲传统文化的影响,但在发展过程中又呈现出不同特点,尤其是社会救助中的政府责任担当。本文将从立法责任、财政责任、实施责任和监管责任四方面进行横向比较,介绍历史及现状,取其精华,根据中国国情,总结可借鉴的经验与做法,从政府责任角度探究未来社会救助的发展道路。

关键词:中日韩港台　社会救助　政府责任

社会救助是政府的重要职责,属于公共服务体系,是政府进行社会管理的重要组成部分。无论是古代简单的、施舍性质的慈善行为、济贫活动,还是现代各国的社会救助制度,政府作为主导者及参与者,介入程度最深,较其他主体而言,通常被视为当然责任者。

一、各地区社会救助概况

就目前而言,中国的社会救助项目包括:最低生活保障、特困人员供养、受灾人员救助、医疗救助、教育救助、住房救助、就业救助和临时救助,侧重于现金补贴,在其他方面的救助较为薄弱。

日本的社会救助项目涵盖范围较广,针对不同人群需要设定:生活救助、住宅救助、教育救助、医疗救助、护理救助、生育救助、就业救助和丧葬救助。

韩国社会救助制度的建立开始于 1945 年美军统治时期,经过几十年的改革与完善,基本上形成了以国民最低生活保障为基础,包括灾害救助事业等其他临时救护事业在内的社会救助体系,其中,国民最低生活保障包括:生活补贴、住房补贴、医疗补贴、教育补贴、生育补贴、丧葬补贴和自立补贴。

二、三国政府责任分类比较

（一）立法责任比较

一个完善的社会救助体系，应当以充分的法律保障为基础，而相关法律的制定需要充分考虑受助者需要，政府可支付能力，国家行政机构设置等实际情况，形成较为完整的制度体系，并且通过国家立法的形式加以规范，从而保证社会救助活动的稳定性、强制性。

在中国，社会救济制度一直都没有形成一个比较系统的体系，而是非常分散，可以说是应急性规定比较多。伴随着经济体制的改革、新的社会保障体系的建立，社会救助立法从20世纪90年代开始迅速发展。《城市居民最低生活保障条例》(1999)的出台，使针对城镇贫困者的社会救助有了法律依据。《农村五保供养工作条例》(2006)规定农村“五保”户供养工作的财政来源，完善了农村社会救助体系。《国家自然灾害救助应急预案》(2006)的颁布实施，填补了救灾工作流程规定的空白。《就业促进法》(2008)要求各级人民政府建立健全就业援助制度，对就业困难人员实行扶持。《关于保障性安居工程建设和管理的指导意见》(2011)走出了住房救助制度建设的关键一步。

日本国会统一行使立法权，众议院中社会劳动委员会负责审议厚生劳动省的提案，而参议院中的常设委员会国民福利委员会，劳动、社会政策委员会负责社会救助方面的提案。日本政府于1946年颁布了《生活保护法》，并于1950年对《生活保护法》进行了全面修改，颁布了新《生活保护法》，随后《儿童福利法》《残疾人福利法》《精神病患者福利法》《老年福利法》和《母子福利法》相继出台。日本政府对《生活保护法》进行了多次修改，最近一次是2013年，在促进劳动自立、实施范围、实施项目和福利事务所的调查权限方面做了相应的完善。同时，日本国会通过了《生活穷困者自立支援法》，规定对“现时经济穷困，有不能维持最低限度生活者”提供自立咨询支援。日本每一项社会救助项目都是立法先行而得以建立，减少了制度的随意性，避免了因执政党改变而引起的社会救助政策的较大变动。

韩国保健福利部分别在1968年颁布《有关劳动自救指导失业的临时措施法》，在1977年颁布《医疗保护法》，将医疗保护从生活保护中分离出来，韩国最初于1961年建立颁发的《生活保护法》分别在1982年、1997年、1999年进行修订，在扶贫综合对策、救助对象范围等方面做出调整。韩国保健福利部和保健社会研究院联合于1999年制定《国民基本生活保护法》，2004年，国会通过国民最低生活保障法修订案，至此，国民基本生活保障制度已成为社会救助制度的核心。

综观三国社会救助立法状况，呈现出“立法先行”的特征，以法为指导，进行社会救助活动，否则各个环节无法可依，制度漏洞容易引发更多的社会问题。日韩两国均已颁布《生活保护法》并进行多次修改，但中国至今并无一部统一的、专门的法律。加快《社会救助法》的出台是中国今后制度建设的重点。

（二）财政责任比较

国家财政作为社会救助的经济后盾，是进行社会救助的必要前提。社会救助活动的一大特性"权利义务单向性"决定了较其他社会保障项目而言，政府需提供更多资金支持。所以社会救助活动中政府财政供给的多少直接体现该国对于贫困问题的重视程度，对社会底层困难人群的关爱程度，从而演变成为一定意义上的政治问题。

在中国，社会救助的资金保障，由地方各级人民政府列入财政预算，专项管理，专款专用；对财政困难的地区和遭受特大自然灾害的地区，中央财政按照规定给予适当补贴；发生重大自然灾害时，各级人民政府民政部门可以开展救灾募捐并接受国内外的社会捐赠。受赠的财产应当按照国家有关公益事业捐赠的规定使用。

日本实现一级政府一级财政，各级财政只对本级政府负责，预决算由本级政府审批（见图1）。国家财政由中央财政和地方财政（包括都道府县和市町村的财政）组成。在日本，中央财政通过三种方式对地方政府实行补助：地方交付税、地方让予税、国库交付金，地方政府向中央政府的转移同样存在，但是数额很小。具体到社会救助领域，中央主要是通过国库支付进而实现财政转移，且关于社会救助的转移支付占国库支付金的主要部分，可细分为社会救助负担金、儿童保护费负担金、残疾人自立支援负担金和儿童津贴交付金等。

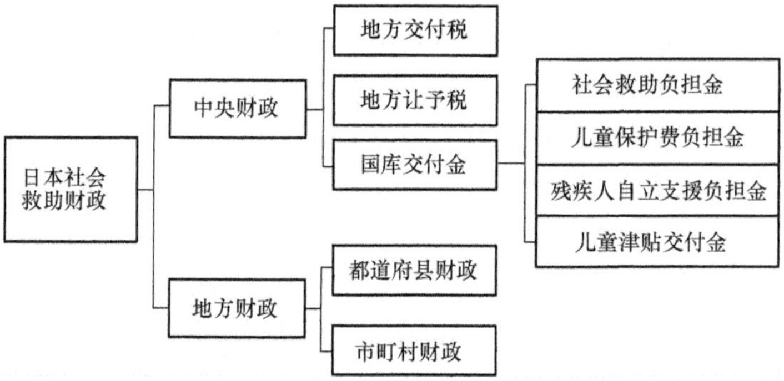

图1 日本社会救助财政支出分类

资料来源：笔者根据韩君玲《日本最低生活保障法研究》（商务印书馆，2007年版，第32页）内容整理而得。

韩国社会救助的财政支出分别由国家预算和地方预算负责，但负担比例因各地具体情况而异。一般而言，对于最低生活费的给付，中央财政负担80%，广域市及都市负担10%以上，市、郡、区负担10%以下。社会救助支出覆盖生计给付、医疗给付、居住给付、教育给付、康复支援、分娩与丧葬给付和其他七个方面，具体比例如图2所示。

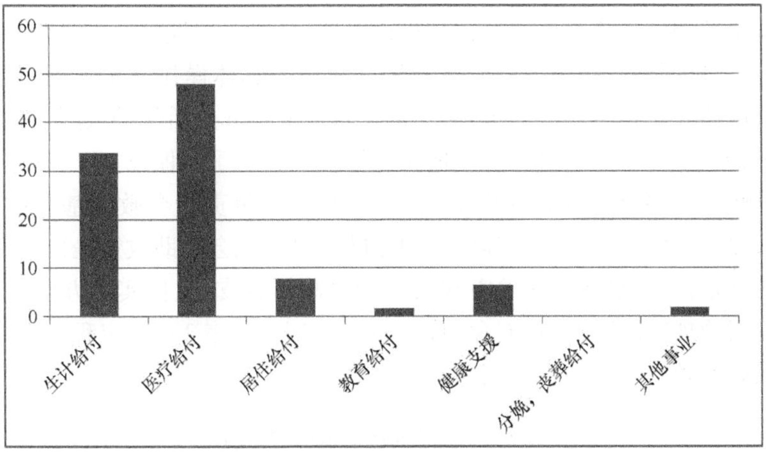

图2　韩国社会救助支出分类

资料来源：2010年度保健福祉家庭部所需相关预算基金运用计划概要。

http://english. mw. go. kr/front_eng/index. jsp.

中国社会救助财政支出占GDP比例在2008—2012年一直保持在0. 35%上下的水平，日本由于经济危机的影响，在2008—2010年维持在0. 46%的水平，2011年增长至0. 60%；韩国的社会救助水平为0. 7%左右(见表1)。

表1　三国社会救助中央政府财政支出占GDP比例对比(%)

年份	中国大陆	日本	韩国
2008	0. 35	0. 44	—
2009	0. 32	0. 48	—
2010	0. 35	0. 47	—
2011	0. 34	0. 60	—
2012	0. 31	—	—

资料来源：笔者根据世界银行网站资料 http://data. worldbank. org/indicator/NY. GDP. MKTP. CD，《中国财政统计年鉴(2013)》《中国统计年鉴(2013)》《社会保障费用统计(平成二十三年度)》整理而得。

中国的社会救助财政实行由上往下转移支付，中央政府财政基本能代表全国的社会救助财政；但是日本的财政收支层级之间相互独立，中央对于地方多是补助，因此，全国的财政支出与社会救助并不止4. 6%；韩国的中央与地方政府财政责任由法律规定且划分明确，社会救助各项目的财政支出预算也较为细化，可供今后中国借鉴。

（三）实施责任

社会救助中的实施责任包括行政机构设置，各级岗位设置及人员管理，具体事务的执行，救助服务的提供，引导、支持民间团体等具体操作。实施责任是否到位是社会救助体系合理运转的关键，无论是在日常的最低生活保护，还是在应急的灾害救助中，实施责任都是直接、有效地解决社会问题的重要保障。

中国政府需要对受助者的申请资格进行审查，负责社会救助基金的筹集、管理、发放，以及提供实物或服务等形式的救助。尽管社会救助政策是由国务院做全国统一的规定，由中央政府向地方政府实行财政转移支付，但实施方面呈现出“地方政府分层管理”模式。实施对象范围的不断扩大（见表2），一定程度上体现了近些年中国政府救助责任的不断完善。

表2　中国社会救助情况（万人）

年份	城市居民最低保障人数	农村居民最低生活保障人数	农村集中供养五保人数	农村分散供养五保人数	传统救济人数
2007	2 272.1	3 566.3	138.0	393.3	75.0
2008	2 334.8	4 305.5	155.6	393.0	72.2
2009	2 345.6	4 760.0	171.8	381.6	62.2
2010	2 310.5	5 214.0	177.4	378.9	59.5
2011	2 276.8	5 305.7	184.5	366.5	68.7
2012	2 143.5	5 344.5	185.3	360.3	79.6
2013	2 064.2	5 388.0	183.5	353.8	73.0

资料来源：《中国财政年鉴（2013）》及民政部《2013年社会服务发展统计公报》。http://www.mca.gov.cn/article/zwgk/mzyw/201406/20140600654488.shtml

根据《中国财政年鉴》显示，2013年，中国城市居民最低保障人数为2 064.2万人，农村居民最低生活保障人数为5 388.0万人，农村集中供养五保人数为183.5万人，农村分散供养五保人数为353.8万人，传统救济人数为73.0万人。其中，农村居民最低生活保障人数较2007年增长了150%，农村集中供养五保人数较2007增长了135%。

除此之外，政府非民间力量在慈善事业发展中扮演了重要角色，例如，中华慈善总会并不是一个民间组织，而是一个具有政府背景的慈善组织。政府不仅是慈善组织经费的重要资助者，而且是慈善活动的组织者、参与者以及管理者。

日本的实施责任同中国相似，即“地区分散管理”模式，由各级政府承担责任,厚生劳动省具体负责实施。最低生活基准的决定人是厚生劳动大臣,实施人为都道府县及各地方市町村的行政长官,具体事务则由专设的福利事务所负责。其中,厚生劳动大臣在考虑需救助者的性别、年龄、收入、家庭总人数及家庭所处生活区域等客观因素的基础上界定低保救助标准,同时还需考察救助者是否具有独立生活的能力、其资产多寡的情况、抚养义务是否繁重等因素。1956 年,日本颁布《社会福利事业法》,规定各市必须普设福利事务所,对需要救助的儿童、残疾人、弱智者、老人和寡母等实行生活保障。根据法律规定,各地的福利事务所具体承担生活保障制度的实施,由于可根据当地情况自行决定是否设立,町村的福利事务所很少。对于未设福利事务所的町村,由所属的都道府县福利事务所负责。

韩国社会救助管理体系分为三个部分:第一,行政主管机构,保健福利部长官决定最低生活保障实施的对象范围,费用给付的计算方法等政策的制定,生活保障科负责执行,通过专门的公务员完成。第二,生活保障委员会,分为中央和地方多级,负责计划的制订及基金的运营。第三,基层服务组织体系,主要负责受助者的财产调查、救助水平的确定、档案管理等。近些年,韩国政府在社会救助部门公务员培训教育方面增加投入,提高工作效率,并且改善电算等软件设施,将社会救助的行政机构与收入财产进行网络共享,方便快捷。

中国、日本的社会救助实施责任由地方政府承担,可根据各地区不同的物价水平、实际需求及财政负担具体制定给付办法,充分考虑地方实际,但难以形成全国统筹,容易使地区间贫富差距加深;韩国实行中央集中管理模式,无论经济发达地区还是落后地区,均享受同等待遇,经济发达地区的受助者难以应付较高的物价,不能解决贫困问题反而容易形成“贫困陷阱”。

(四)监管责任

政府在社会救助中的监管责任主要包括:对低保申领人资格的监管,对社会救助各环节中工作人员的监管,对社会救助基金运行的监管,对民间慈善组织的监管,等等。世界各国的社会救助制度发展进程表明,建立健全的监控机制会促进社会救助的良性发展。对社会救助运行的监控,主要是通过有力的监督系统来实现,包括:行政监督系统、财政监督系统、专门监督系统、司法监督系统和社会监督系统。

中国国家审计署对城乡最低生活保障资金、城乡医疗救助基金、农村五保供养资金进行监管。审计报告包括资金收支和结余情况,审计主要发现的问题及需要进一步完善的地方。对于救助对象的监管较为细化,以城市居民为例,如有违反《城市居民最低生活保障条例》的,不但取消其领取资格,还要处以不同级别的处罚。对于慈善组织的监管方面,《社会团体登记管理条例》中明确规定包括总则、管辖、成立登记、变更登记、注销登记和监督管理在内的多项内容。《中华人民共和国公益事业捐赠法》对规范捐赠和受赠行为进行规定，保护捐赠人、受赠人和受益人的合法权益，促进公益事业的发展。

日本的社会救助行政监督体系包括：

(1)劳动和社会保障部门的监管。通过其内设的基金检查机构，对社会救助金提供主体、社会保障经办及服务机构是否依法运行、有无损害受保障者的权益等行为进行监管。如厚生劳动省11个局及7个部门，以及地方相对应机构。

(2)财政部门的监管。监管内容包括：社会保障收支的年度预算情况，中期、长期计划执行情况，财政性社会救助基金使用情况。主要为大藏省内设大臣官房及内设9个局。

(3)审计部门的监管。对社会保障经办机构是否依法运行，社会救助基金的收支、运营情况进行审查。由大藏省的主计局负责拟定和执行国家预算和决算，由会计检察院负责财政收入与支出的监管。

(4)民政部门的监管。监管内容为社会救助的财政拨款、待遇是否发放到位，慈善团体的运行是否规范。

(5)其他部门的监管。日本地方委员会、行政委员会对执行机关进行监督和调查，对辅助机关进行监督。

韩国保健福利家庭部不仅负有制度责任，同样负有监管责任，市长、道知事要定期将生活保护事业发展的结果向保健福利家庭部长官报告，其中包括：自立中心相关事项，委托受益人保障设施相关事项，地方生活保障委员会相关事项，受益人现状相关事项，制订相关政策、计划事项，处理争议相关事项，基金运营发放事项。同时，中央和地方生活保障委员会为保护受助者权益，对生活保护费的管理实施监管。

为保证社会救助工作的制度性和政策执行的公开透明性，政府自上而下的监管是有力保障。三国的政府监管多集中于对社保基金运行的监管，对实施过程中人员配置、受助者资格审查的监管，共同目标是为了尽量降低政府开支，减少不必要的资金浪费。中国逐步建立起以政府监管为主、社会监管为辅的独立体系，日本、韩国的监管责任方则较为明确。

三、中国未来社会救助中政府责任的完善对策

(一)转变指导思想

第一，强调“自立”，由消极救助向积极救助转变，降低救助补贴，提高就业激励，由经济救助向能力促进转变。

第二，支出型贫困是指由于家庭成员出现重大疾病、子女就学、突发事件等原

因,导致家庭财力支出远超承受能力而造成的绝对生活贫困。由于这些家庭人均收入略高于当地最低生活保障线,无法享受低保,实际处于社会救助的“夹心层”,一旦遇到不测,往往比低保户更困难。低保标准的确定方面,由“收入性贫困”向“支出性贫困”转变,避免简单地将民政部门认定的低保对象作为专项救助的对象,减少“悬崖效应”的产生,由非政府机构帮助处于贫困线边缘但却不能获得救助的贫困家庭。

第三,与非政府机构的关系由“分割”向相互补充的“合作”转变。日韩的社会服务与社会组织的活动发展如火如荼,为社会救助工作贡献了大部分专业人才和高度社会化的服务,降低了服务成本,节约了政府财政支出,值得学习和借鉴。纵使社会救助通常被视为政府的当然责任,但为保证社会资源聚合与充分利用,非政府机构不容小觑。

(二)加快《社会救助法》的出台

“立法先行”是国际上社会保障发展的一般规律,当前中国需要将社会救助的立法提升到国家层面,由政策性向立法性转变,使中国的社会救助在法治的轨道上运行。无论政府还是非政府组织的工作都有一个全国统一的、客观的标准,减少人为因素在具体操作中的影响,避免地方分权式的管理模式。在救助资格审查、现金与服务的供给、部门工作的划分和传播人道主义精神等环节,建立代表法的权威性的违宪机制,避免救助资源的浪费,提高政府部门工作效率,促进地区间、受救助者个人之间的公平。

(三)实行社会救助的统一管理

目前,中国社会救助工作政出多门,民政部门、社保部门、卫生部门、财政部门和教育部门等均有涉及,无法形成统一的登记、审核制度,更不要说实施制度与监管制度。因此,十分有必要形成专门性的社会救助部门,承办全国性的信息管理工作、地方政府的资金分配工作、非政府组织的监管工作。现金救助往往受到个人非理性消费行为的影响,造成社会资源的浪费,因此在住房、就业等方面提供实物与服务,能在效率最大化的前提下满足受助者的需求。大力发展社会工作者培训事业,加强医疗救护知识、青少年心理疏导知识、法律援助知识、灾害救援知识的教育,为中国培养一只专业化、职业化的社会工作人才队伍,形成志愿服务的规模化、系统化。

(四)深化财政支出改革

合理划分中央与地方在财政方面的职能权限,建立和谐的地方财税平衡机制;规范财政转移支付的办法,让具体操作有章可循。目前,由于社会救助过多强调地方政府责任,各地区计算办法和发放方式不够科学、合理,各级政府责任、义务划分不明确。测算应从中央和地方两个方面入手,对上一年度国内生产总值、财政收入总值、社会救助对象数目等进行宏观分析，加之地方待遇标准、对象规模、救助内容等进行微观调整，获得中央、地方各级政府待收缴数额，并且合理确定转移支付程序。

四、结语

从政府责任角度，建立与经济发展水平相适应的社会救助体系，未来我们还有很长的路要走。上述三国在社会救助领域均受到亚洲传统文化的影响，但在发展过程中又呈现出不同特点。学习和借鉴日本、韩国的经验和做法，可以更好地促进我国社会救助事业的发展。

参考文献：

[1]山田久．わが国社会保障制度の課題と欧米比較からみた改革の方向性——経済成長・財政再建との両立に向けて[J]．Business & Economic Review，2011．

[2]金炳彻，金教诚．中日韩社会救助制度——基于中央集权化程度的研究[J]．社会保障研究，2012(1)．

[3]森川清．権利としての生活保護法：理念と実務[M]．あけび書房，2011．

[4]周弘．50国(地区)社会保障机构图解[M]．北京：中国劳动社会保障出版社，2011．

[5]洪垌骏．全球化与韩国社会福利的发展[J]．中国人民大学学报，2010(1)．

[6]杨立雄，于洋，金炳彻．中日韩生活保护制度研究[M]．北京：中国经济出版社，2012．

[7]杨思斌．论社会救助法中的国家责任原则[J]．山东社会科学，2010(1)．

[10]郑功成．社会保障学[M]．北京：商务印书馆，2012．

[11]朱青．中国社会保障制度完善与财政支出机构优化研究[M]．北京：中国人民大学出版社，2010．

注：此文刊发于《领导科学》，2014年9月中期。引用时做了删节。

我国最低生活保障制度城乡一体化研究

——以基本公共服务均等化为研究视角

吕学静　王争亚

（首都经济贸易大学劳动经济学院，北京　100070）

摘　要：最低生活保障制度作为一项基本的公共服务，在我国二元社会和经济体制的影响下存在明显的城乡不均等现象，低保城乡一体化是低保均等化的必由之路。本文以基本公共服务均等化理论为指导，通过对城市和农村低保在制度的探索与建立、低保范围及标准的确定、低保补差及人均收入和管理体制等方面的差别进行对比分析，指出我国的低保制度存在机会均等、过程不均等和结果不均等问题，提出我国低保一体化必然要经历城乡分治、城乡统筹、城乡一体化的三个发展阶段。

关键词：基本公共服务　均等化　最低生活保障制度　一体化

当前，我国已经进入改革的深水区，经济和社会各方面矛盾集中凸显，人们对公平和正义的渴望尤为迫切。基本公共服务均等化有利于缩小城乡收入分配差距，增加社会消费，促进经济发展，是我国政府由管理型向服务型转变的重要战略举措。

一、问题的提出

《国家基本公共服务体系“十二五”规划》指出，基本公共服务是指建立在一定社会共识基础上，由政府主导提供的，与经济社会发展水平和阶段相适应，旨在保障全体公民生存和发展基本需求的公共服务。公共服务均等化是指政府为社会公众提供基本的、在不同阶段具有不同标准的、最终大致均等的公共产品和服务[1]。由于历史原因，我国的基本公共服务供给存在着严重的城乡不均等现象。如何增加基本公共服务的供给并提高其公平性是目前研究的重要课题，也是摆在政府面前的一道难题。

最低生活保障是我国基本公共服务领域的重要内容，受我国传统二元经济和社会的影响，低保的城乡非均等化问题十分突出，已经逐渐引起农民的不满以及政府的重视。要有效地缓解我国的城乡贫困问题，缩小城乡收入差距，提高人民对政府的满意度，必须要实现最低生活保障的均等化。

二、研究综述

近几年来，公共服务均等化问题一直是理论界研究的热点问题之一。国内的研究主要集中在基本公共服务均等化的相关概念及理论[2~4];基本公共服务的非均等化表现,主要集中在地区之间[5,6],地域之间[7,8];基本公共服务非均等化原因分析[9,10];基本公共服务均等化的测量与指标[11,12];基本公共服务均等化的实现路径[13,14]等。

相比之下,公共服务均等化理论运用到社会保障领域的研究比较少。主要集中在以下几个方面。

(一)养老保险方面

利用2006年中国老龄科学研究中心的相关数据,对我国的社区居家养老服务需求、供给和利用进行详细研究发现,社区养老服务存在城乡和地域的不均等。国家在提供社区养老服务时,要根据城乡及地区老年人的不同需求提供不同的养老服务[15];以公共服务均等化为理论指导,构建我国养老方式评价指标,对家庭、居家和机构三种养老方式进行对比研究,指出居家养老最符合公共服务均等化的要求,提出了解决中国养老问题的路径为发展居家养老[16];对陕西省各地市统筹前后退休职工养老金水平进行实证研究,发现统筹层次的提高促进了地区间养老保险水平的均等化,建议省级统筹作为养老保险公共服务均等化的初步目标,并最终实现全国统筹[17];从公共服务均等化的角度对城乡养老保险制度进行分析,发现其在制度模式、缴费标准、计发办法和待遇水平等方面存在城乡不均等的现象,提出应该通过落实财政补贴、出台养老保险衔接办法、探索新的来源渠道等方面,实现城乡居民养老保险的均等化[18]。

(二)医疗保险方面

运用医疗卫生费用和医疗卫生资源的城乡数据进行定量分析,指出我国的医疗卫生公共服务城乡差距巨大,通过泰尔指数分析,发现医疗卫生公共服务城乡之间的差异远大于城乡内部的差别,提出要通过财税体制改革、城乡医保整合、医疗体制改革等方面来促进医疗卫生公共服务城乡均等化[19]。

(三)最低生活保障方面

最低生活保障制度是最基本的公共服务,我国的低保制度在城乡之间差距明显,制度建设方面也存在许多问题,因此有必要统筹城乡低保制度来弥合城乡发展差距。低保的城乡统筹要经历“统一筹划,制度有别”和“制度统一,标准有别”两个阶段[20]。我国的社会救助在救助项目、救助标准和水平、覆盖面等方面存在非均等问题,需要通过优化农村社会救助项目、合理确定各级政府的事权和财权、增加财政投入等方式提高城乡社会救助均等化水平[21]。

从以上关于基本公共服务均等化及其在社会保障领域的相关文献梳理可以看出,公共服务均等化理论应用于社会保障的研究在我国还处于起步阶段,相关文献主要集中在2010年以后,而且数量比较少;研究多集中在对社会保障相关项目的城乡和地区差异化的研究,制度一体化方面研究文献鲜见。

本文将以基本公共服务均等化为研究视角,在以往研究的基础上,运用2009—2013 年国家经济社会发展及社会服务发展相关统计数据,对我国城市和农村低保的非均等化状况进行深入、详细和客观的分析,构建低保城乡一体化发展的路径。

三、我国最低生活保障城乡非均等化的体现

从纵向分析,公共服务的均等化可以从三个方面来理解,分别是机会的均等化、过程的均等化和结果的均等化。作为一项基本公共服务,我国的最低生活保障制度在机会、过程和结果三个方面均存在着不均等的现象。从横向分析,公共服务的均等化包括城乡均等、地域均等、群体均等等方面。最低生活保障制度的非均等化主要体现在城乡之间。

(一)机会的不均等

低保制度城乡机会的不均等指农村和城市公民相比没有同等地享有最低生活保障公共服务的机会。

1. 制度的探索与确立

我国最低生活保障制度的探索实践可以追溯到 20 世纪 90 年代初期,由于重城市轻农村的经济社会发展战略,城市低保制度率先建立,而农村低保经历了较长的探索期(见表 1)。1992 年,随着我国经济社会的急剧转型,单位体制逐渐瓦解,出现了大量下岗失业现象,在城市产生了新的贫困群体。1999 年,国务院颁布了《城镇居民最低生活保障条例》(以下简称《条例》),建立了面向城镇居民的最低生活保障制度。农村低保的探索也开始于 20 世纪 90 年代,山西省左云县于 1992 年率先试水,随后试点范围不断扩大。2007 年 7 月国务院下发了《国务院关于在全国建立农村最低生活保障制度的通知》(以下简称《通知》),农村最低生活保障制度得以在全国正式确立。

表 1　城市和农村低保制度确立进程对比

		城市低保	农村低保
制度探索	时间	1993—1999 年	1992—2006 年
	相关政策文件	关于在全国建立城市居民最低生活保障制度的通知(1997)	无
制度确立	时间	1999 年	2007 年
	标志	《城镇居民最低生活保障条例》	《国务院关于在全国建立农村最低生活保障制度的通知》

2. 制度的法律支持力度

从城市和农村低保确立的文件看,《条例》属于广义法律中"行政法规"的范畴,具有较强法律效力。而《通知》属于行政指导范畴,强制性较差。从制度内容看,《条例》对低保制度的保障原则及对象、管理、资金、保障标准及处罚等都做了明确的规定;而《通知》仅对农村低保的建立提出原则性、指导性的意见。由于建立依据的非法律性及制度规定的原则性和非强制性,农村低保缺乏规范的制度支持,随意性很大。

从城市和农村低保制度的探索和确立的历史分析我们可以看出,在贫困现象更为严重的农村地区,低保制度的探索要早于城市。但由于受二元分治的国家治理政策的影响,城市低保制度率先确立。农村低保制度在经历了长达15年的探索后才得以在全国范围内推广。从政策的立法支持程度可以明显看出,国家对城市低保的重视程度要高于农村低保,城市低保制度确立的法律效力更高,相关政策规定详细、明确、可操作性强。而农村低保得以确立的法律文件效力要低一些,相关政策更多的是原则性、指导性的,可操作性不强,农村低保更加依赖各地方政府出台的政策细则。这也是造成农村低保制度存在诸多不规范问题的原因之一。

3. 制度的适用对象

我国最低生活保障制度对象的管理遵循属地原则,适用城市或农村低保制度依据户籍所在地而定,由此造成了低保制度起点的不均等。在城市和农村之间,还游离着数量巨大的农民工群体,他们虽然在城市工作,但是因为没有城镇户口,无法享受城镇职工或城市居民的各项社会保险制度。他们是城市中的弱势群体,抵御各种风险的能力很差,一旦生活陷入困境,将处于孤立无援的境地。户籍制度将本来应当平等的公民划分为不同的群体,进而待之以不同的经济和社会政策,造成了城乡公民之间的机会不均等,起点的不公平。

(二)过程的不均等

过程的均等化是指政府要对公共服务由谁提供、提供多少,以及如何提供进行严密的制度设计。这种设计要求综合考虑各种因素,保证制度的透明与公正,并通过制度的实施和监督,使公众的合法权利和利益诉求能够得到公平的保障。一项社会政策的高质、可持续运行,依赖于制度自身是否合理以及相关政策能否规范运作。低保制度在实现过程的均等化中受到资金、管理体制等多方面的制约。

1. 财政转移支付

财政投入在低保制度的实现过程中发挥着至关重要的作用,其投入的方式和水平直接关系着制度的运作和可持续发展。我国现行城市和农村最低生活保障制度的财政责任由中央财政、地方财政和社会资助三方共同负担,具体分担比例在不同地区会有所不同,取决于当地的经济状况和低保负担情况等。

从制度的实际运行看,我国财政对城市和农村低保的支出不断增加,国家的财政投入是低保制度能够正常运行的重要保证。截至2013年年底,全年各级财政共支出城市低保资金756.7亿元,比上年增长12.2%;国家财政共支出农村低保资金866.9亿元,比上年增长20.7%。2009—2013年,从总量上看,国家包括中央和地方财政对于低保的投入连年上升,从2012年开始,国家各级财政对农村低保的投入超过城市低保,近三年,中央财政对农村低保投入基本上与城市持平,2013年中央财政对农村低保的投入明显超过城市。从中央财政占比的结构上看,中央财政对城市低保的投入力度更大,占比都在65%以上,而在农村的投入占比平均在60%左右(见表2)。如果再考虑到农村低保人数多于城市,可以得出结论,中央财政对城市低保人均投入远高于农村。国家财政对低保制度城乡投入的差别,使本来并不充裕的基层财政,面对众多的需求者无力提供充足的资金保证。

表2 2009—2013年城市、农村低保财政支出 (亿元)

年份		2009	2010	2011	2012	2013
财政投入	城市	482	525	617	674	757
	农村	363	423	606	718	867
中央投入	城市	359	366	502	439.1	546
	农村	255	269	503	431.4	612
中央投入占比(%)	城市	74.5	69.7	76.1	65.1	72.1
	农村	57.2	60.4	75.3	60.1	70.6

资料来源:《民政部社会服务发展统计公告》(2009—2013)。

2. 管理体制

管理体制与制度的运作效率息息相关,我国低保制度在管理体制方面也呈现出明显的非均等化特征。城市低保建立时间较早,从1999年建立之初就构建起了从中央到地方的管理框架,为制度的规范化运行提供了组织基础,并积累了丰富的管理经验。农村低保制度于2007年才得以在全国范围内正式确立,在管理方面规范性的政策指导、管理相对比较薄弱。城市和农村管理的差别主要反映在基层组织的建议上。城市有比较发达的社区建设体系,在资金和人力上有充足的力量来承担低保制度的各项基层功能,如家计调查、资格审查、待遇发放等。而在大多数农村地区,从事低保的工作基层人员多是以前从事传统救济工作的人员,他们学历不高、工作方式陈旧,造成了工作方法和制度执行上的粗放和随意性。

3. 保障范围及低保标准

最低生活保障制度保障的是居民的最低生活水平,对于最低生活水平的不同理解和规定直接关系到低保标准的确定。《条例》和《通知》对城市和农村低保对象的保障范围有明显差别:城市居民可概括为衣、食、住、教,农村居民可概括为衣和食,这种规定对农村低保居民来讲显失公平。在此政策基础上确立的城市和农村的低保标准,更明确地表明了城乡居民的差别所在(见表3)。从2009年到2013年,城市低保标准一直远高于农村低保标准,虽然近年来有缩小的趋势,但差距仍在一倍左右。如果我们把农村低保标准与农村扶贫标准相对比会发现,在大部分年份,农村低保标准都低于农村扶贫标准。农村低保标准较低难以保障低保对象的最低生活,享受低保待遇的家庭仍处于贫困的边缘。

表3　2009—2013年城市、农村低保标准　　(元/月,人,倍)

年份	2009	2010	2011	2012	2013
城市低保标准(元/月/人)	228	251	288	330	373
农村低保标准(元/月/人)	98.1	117	143.2	172.3	203
(低保标准)城市/农村(倍)	2.32	2.15	2.01	1.91	1.84
农村扶贫标准(元/人/年)	1 196	1 274	2 300	2 300	2 300
农村低保标准(年)/农村扶贫标准(倍)	0.98	1.1	0.75	0.89	1.06

资料来源:《中国统计摘要》(2013)和《民政部社会服务发展统计公告》(2009—2013)。

(三)结果的不均等

结果的均等化指每个公民能够享有数量大体相等的公共服务。我国最低保障制度存在着机会和过程的不均等,其结果的不均等是必然的。

1.制度的保障人数

从历史数据考察,无论是城市还是农村的低保制度,在制度建立的初期,制度保障人数上升速度都非常快。制度进入稳定期以后,排除突发性的经济社会事件,保障人数基本处于一个稳定的水平。从2009年起,城镇低保保障人数逐年下降,但下降的幅度不大,而农村低保保障人数大幅度上升,每年都可达到城镇保障人数的两倍多。低保人数绝对数量上的增加不代表我国的贫困问题得到了很好的解决。如果把农村低保保障人数与农村贫困人口数对比,可以看到,在2010年以前,由于我国的农村扶贫标准比较低,低保保障人数多于贫困人口数。2010年以后,随着我国提高了农村扶贫标准,农村贫困人口数大幅度上升,低保保障人数仅占贫困人口数的一半左右(见表4),可以推测我国农村仍有部分贫困人口没有得到基本的生活保障。如果再考虑我国的扶贫标准虽然屡次上升但仍处于较低水平的现实,农村将有更多的人缺乏基本生活保障。

表 4　2009—2013 年城市、农村低保人数　　　　（万人）

年份		2009	2010	2011	2012	2013
低保人数	城市	2 346	2 311	2 277	2 144	2 064
	农村	4 760	5 214	5 306	5 345	5 388
农村	贫困人口数	3 597	2 688	12 238	9 899	8 249
	低保人数/贫困人数（倍）	1.32	1.94	0.43	0.54	0.65

资料来源：《中国统计摘要》（2013）和《民政部社会服务发展统计公告》（2009—2013）。

2. 低保人均补差

我国的低保制度采取的是“差额补助”的形式，低保对象真正拿到手的低保金是低保标准减去低保家庭的人均收入的差额。近年来，随着低保标准的上调，城市和农村低保对象的人均补差额快速增加。如果我们把人均补差与城乡居民的收入相对比，可以看到贫困居民得到的低保金占城镇居民可支配收入或农村居民纯收入的比重都非常小，城市大约在 12% 左右，农村大约在 15% 左右。而且更加不容乐观的是 2011 年以来，这个比重还出现了下降的趋势（见表 5）。

表 5　2009—2013 年低保人均补差

年份		2009	2010	2011	2012	2013
低保补差（元/月，人）	城市	172	189	240.3	239.1	264
	农村	59	74	106.1	104	116
月人均可支配收入（元/人）	城市①	1 431	1 592	1 817	2 047	2 246
	农村②	429	493	581	660	741
比重（%）	城市	12.0	11.9	13.2	11.7	11.8
	农村	13.8	15	18.3	15.8	15.7

资料来源：笔者根据《金砖国家联合统计手册》（2013）和《民政部社会服务发展统计公告》（2009—2013）整理。

注：①城镇居民可支配收入。②农村居民纯收入。

3. 低保家庭的人均收入

近年来，我国的低保标准在不断上调，低保家庭的经济状况却呈现不稳定的下降趋势。我们从人均收入指标看低保家庭的经济状况，人均收入等于低保标准减去补差额。从城乡对比看，农村家庭的人均收入远低于城市家庭，其经济状况不容乐观。从城市和农村内部看，根据历史数据，城市低保家庭的人均收入从 2006 年起开始下降到 2011 年的 47 元，近两年有所上升；农村低保家庭的人均收入呈现不稳定的下降趋势，2012 年和 2013 年有所好转（见表 6）。可见低保制度运行十几年来,城乡贫困家庭的收入状况并没有得到有效改观。

表6　低保家庭的人均收入　　(元/月,人)

年份	2009		2010		2011		2012		2013	
	城市	农村	城市	农村	城市	农村	城市	农村	城市	农村
低保标准	228	98.1	251	117	288	143	330	172	373	203
人均补差	172	59	189	74	240.3	106	239	104	264	116
人均收入	56	39	62	43	47	37	91	68	109	87

资料来源:《民政部社会服务发展统计公告》(2009—2013)。

四、我国最低生活保障制度一体化的实现路径

公共服务均等化理论要求最低生活保障制度要打破城乡分隔,最终走向城乡的一体化。低保的城乡一体化是一个动态的发展过程,必须要与我国的经济社会发展水平相适应。根据国际经验,纵观我国历史并展望未来,我国低保的一体化经历了三个阶段:

第一阶段:城乡分治阶段(20世纪90年代至2005年)

20世纪90年代开始,我国农村和城市分别开始了低保制度的探索。当时我国的城镇化率不到30%,城乡分隔比较严重,经济发展水平也比较低。无论是城市还是农村对低保制度的探索都是地方政府自发的,国家并没有相应的政策指导和财政支持,所以发展的速度缓慢。1999年,国务院颁布《城市居民最低生活保障条例》,城市低保制度得以正式确立。此后,各级政府和民政部门把大部分精力投向城市低保,无暇顾及农村,农村低保制度出现停滞甚至倒退。2003年,我国的城镇化率超过40%,城乡联系频繁,城乡经济社会和文化不断发展与融合。2002年年底,城市低保基本实现应保尽保,国家相关部门开始把目光转向农村,中央政府对农村低保的态度逐渐明朗。但由于传统城乡分治的思想,国家仍没有对农村低保制度出台统一的政策,也没有进行相应的中央财政投入。

第二阶段:城乡统筹阶段(2007—2020年)

2007年,我国的城镇化率达到43.6%,城市低保制度更加成熟与规范,保障人数也趋于稳定。2007年国务院《通知》的下发,规范统一了农村低保制度,我国的最低生活保障制度进入了城乡统筹发展的新阶段。2010年,我国GDP赶超日本,排名世界第二;2011年,我国城镇化率超过50%。经济的发展、城乡加速整合以及国家在政策和财政方面的支持,极大地促进了低保制度的发展。城乡低保在低保标准、保障水平和保障人数等方面都取得了巨大成就,有效地缓解了贫困,促进了社会和谐,支持了国家经济的平稳发展。但我们也应该看到,该阶

段我国低保制度仍然是在二元经济社会条件下平行运行，呈现出明显的城乡二元的特征，这不符合国家提出的公共服务均等化的改革目标。要实现基本公共服务的均等化，低保的城乡一体化是必然的要求。现阶段要按照城乡统筹的思路，在尊重城乡差距现实的基础上，通过户籍制度改革、完善国家财政转移支付制度等措施，逐步实现低保的机会均等、过程均等及结果均等。城乡统筹是城乡一体化的过渡阶段，城市和农村最低生活保障制度仍然是分立的，城乡差别存在。在此阶段，各地可以根据当地实际情况来推进城乡统筹，为城乡一体化积极准备或积累经验。

第三阶段：城乡一体化阶段（2020 年以后）

2012 年，党的十八大报告明确提出了到 2020 年实现基本公共服务均等化的目标。低保均等化要由城乡一体化实现，是低保制度发展的最终目标。均等化并不是平均化，低保均等化并不是要求每个保障对象享有完全一样的待遇水平，而是在实现机会、过程公平的基础上提供数量、水平大致相当的低保待遇。

2020 年，我国将全面建成小康社会，经济发展、社会和谐、生活质量、民主法制、文化教育和资源环境等方面的指标都将有较高程度的实现。据专家预计，我国的城镇化率在 2020 年将达到 60% 左右，城乡融合达到较高水平。这意味着我国基本上具备了城乡一体化的条件，低保制度城乡一体化将在此阶段实现并逐步完善。

参考文献：

［1］丁元竹．科学把握我国现阶段的基本公共服务均等化［J］．中国经贸导刊，2010（13）：24－25.

［2］宋西雷．基本公共服务均等化：认识视角与战略选择［J］．中国国情国力，2012（5）：28－30.

［3］陈海威，田侃．我国基本公共服务均等化问题探讨［J］．中州学刊，2007（3）：31－34.

［4］马桑．国外公共服务均等化研究的经济学路径［J］．天津社会科学，2012（1）：86－90.

［5］李振海，任宗哲．西部地区基本公共服务均等化：现状、制度设计和路径选择［J］．西北大学学报（哲学社会科学版），2010（1）：5－9.

［6］南锐，土新民，李会欣．区域基本公共服务均等化水平的评价［J］．财经科学，2010（12）：58－64.

［7］李雪萍，刘志昌．基本公共服务均等化的区域对比与城乡比较——以社会保障为例［J］．华中师范大学学报（人文社会科学版），2008（3）：18－25.

[8]雷晓康,曲婧.基础教育公共服务均等化问题研究——以陕北几县为例[J].西北大学学报(哲学社会科学版),2011(1):20-25.

[9]田发,周深影.基本公共服务均等化:一个财政体制变迁的分析框架[J].社会科学,2010(2):30-38.

[10]江依妮.中国政府公共服务职能的地方化及其后果[J].经济学家,2011(7):78-84.

[11]王新民,南锐.基本公共服务均等化水平评价体系构建及应用——基于我国31个省域的实证研[J].软科学,2011(7):21-26.

[12]刘成奎,王朝才.城乡基本公共服务均等化指标体系研究[J].财政研究,2011(8):25-29.

[13]安体富,任强.公共服务均等化:理论、问题与对策[J].财贸经济,2007(8):48-54.

[14]郭小聪,刘述良.中国基本公共服务均等化:困境与出路[J].中山大学学报(社会科学版),2010(5):150-158.

[15]丁志宏,王莉莉.我国社区居家养老服务均等化研究[J].人口学刊,2011,1(5):83-88.

[16]胡宏伟,时媛媛,肖伊雪,等.公共服务均等化视角下中国养老保障方式与路径选择——居家养老服务保障的优势与发展路径[J].华东经济管理,2012,26(1):119-123.

[17]周明.公共服务均等化的区域比较研究——以陕西省基本养老保险省级统筹为例[J].西北大学学报(哲学社会科学版),2011,41(1):15-19.

[18]薛惠元.基本公共服务均等化视角下的城乡养老保险制度比较分析[J].农村金融研究,2013(4):5-10.

[19]和立道.医疗卫生基本公共服务的城乡差距及均等化路径[J].财经科学,2011(12):114-120.

[20]符华平.基本公共服务均等化与城乡最低生活保障制度[J].江苏社会科学,2010(2):99-102.

[21]马静.公共服务均等化条件的城乡社会救助趋势[J].改革,2012(12):145-149.

注:此文刊发于《中国劳动》2014年第6期。

日本社会救助制度的最新改革动向及对中国的启示

吕学静 王争亚

（首都经济贸易大学劳动经济学院，北京 100070）

摘 要：日本的生活保护制度是日本社会保障制度的重要内容，类似于我国的最低生活保障制度。进入21世纪以来，日本经济、社会遭受全球金融危机、少子高龄化以及3.11东日本大地震的多重影响，其生活保护制度面临着许多新的问题和挑战。在此背景下，日本对生活保护制度进行了改革。本文对日本生活保护制度的最新改革进行深刻剖析，以期为我国社会救助制度的完善带来有益的借鉴。

关键词：日本生活保护制度；改革；启示

1946年，第二次世界大战结束后的日本，面临着大量贫困人口，为了稳定社会秩序，同时也在美国的干预下，旧《生活保护法》应运而生。1950年，伴随着明确提出生存权的国家宪法的诞生，日本又制定了新的《生活保护法》。2013年5月17日日本内阁通过了《生活保护法》修正案，并于2014年4月开始实施，这是该法案1950年确立以来的最新修订。

一、日本生活保护制度面临的新问题

（一）经济低迷，债台高筑，财政收入减少，生活保护财政负担加重

日本社会保障制度迅速崛起得益于日本迅速发展的经济。但是1973年石油危机后日本经济停止了快速增长，呈现出减速之势。90年代“泡沫经济”的破灭，日本经济陷入以通货紧缩为主要特征并伴随阶段性衰退的长期停滞阶段。世界银行在近日发布的2014年《全球经济展望》中预测，受经济结构性改革前景未明拖累，日本今明两年经济增速将持续放缓。世行预计，2014年日本国内生产总值将增长1.4%，2015年将增长1.2%，均低于2013年的1.7%。日本中央政府债务与GDP比率已超过200%，如果加上地方政府负债，全部债务占GDP比重约为250%。日本已成为全球负债率最高的发达国家，比深陷债务危机的希腊高出近100个百分点。

再从政府预算看，2010—2012年，日本中央政府财政支出最大项目是社会保障费，占支出总额的比重近30%；从国民经济看，1970年社会保障费占GDP的比

重只有4.7%,2012年该比重已经上升到22.8%。而2012年度的政府预算中,仅用于支付“国民生活保护费”的就高达3.7兆日元。除了生活保护开支之外,据厚生劳动省预测,包括医疗保险和养老保险在内,2025年,日本社会保障方面的总支出将由现在的86万亿日元猛增到152万亿日元。

经济低迷状况与社会保障费用的刚性增长并存的现象,加大了日本生活保护制度财政负担,资金缺口不断增大。

(二)就业形势恶化,领取生活保护人数不断达到新高

受全球金融危机的影响,日本国内的就业环境发生了变化,即以就业不稳定、收入低且该低收入成为家计主要来源,以及接受职业培训提高能力的机会少等为主要特征的非正式就业人员急增,2010年达1 756万人,占全部就业人数的34%。非正式就业人员大多并不享受失业保险,所以申领生活保护的人数不断增多。截至2013年10月底,日本共计有216.4万民众领取社会救助金。2014年3月13日日本厚生劳动省发表消息称,到去年12月底为止,全国获得生活保护的人口已经超越215万人,比上个月增加了3 862人,连续8个月更新了历史最高纪录。获得生活保护的家庭增加了3 026户,也创下最高纪录。

同时,大地震引发的海啸以及核事故又让大量民众丧失了家园和收入来源,很多人都需要国家的生活保护政策。2012年2月1日,日本厚生劳动省宣布了从2011年3月到12月为止,日本东北地区受灾地接受民众咨询政府相关生活保护的案件数量统计,前往各地的福利事务所进行咨询的件数共有3 985件,收到1 497个生活保护申请。

由此可见,日本生活保护费人数的增加主要受失业人员中非正规就业人员的增加以及震后灾民增加的影响。

(三)诈骗、冒领生活保护费的人数有所增加

日本厚生劳动省公布的最新数据显示,2012年,全国骗取低保案件达41 909件,比2011年增加了6 341件;涉及金额190.537 2亿万日元(约合12亿元人民币),比2011年增加17亿日元。近几年来,日本社会求助费不当给付的人数、金额都创下历史新高(见表1)。来自日本警方的消息表明,各地冒领生活保护金和失业保险金的案件也呈现出高发态势。2011年仅大阪地区就查出56起,涉案人数达121人的不正当领取生活保护金及失业保险金的案例,涉案总额达到近3亿日元。

表1　生活保护费不正当给付所占的比例

年份	2007	2008	2009	2010
生活保护利用数(人)	1 543 321	1 592 629	1 763 572	1 952 063
生活保护费总额(亿日元)	26 175	27 006	30 072	33 296

续表

年份	2007	2008	2009	2010
不正当给付件数(占全体比例%)	15 979	18 623	19 726	25 355
	1.44	1.62	1.54	1.8
不正当给付额(万日元)(占全体比例%)	918 299	1 061 798	1 021 470	1 287 425
	0.35	0.39	0.34	0.38

这些低保诈骗案件形式多样,犯罪人员采取的诈骗手段种类繁多。诈骗的产生主要有三个原因:一是低保发放情况错综复杂、补贴标准参差不齐;二是黑社会组织趁机作乱;三是政府的管理不善与监督不力造成低保发放问题重重。

(四)消费增税将加大家庭收支负担,恶化了低收入家庭的生活

2014 年 4 月 1 日,日本的消费税由原来的 5% 增加到 8%,由第一生命经济研究所测算,年收入 600 ~ 650 万日元(1 人工作)的四口之家,年平均增加税负 8.84 万日元。这一增税举措将加大日本国民的家庭负担,对低收入家庭影响尤其明显。对于解决此问题的对策有些方面尚不完善,日本政府应给予低收入者一些补助金。然而,只提供一次补助金对于减轻这些家庭经济负担的效果并不大。因为在消费税增加之前,以耐久消费的私人用车、家电为首,消费者对食品、家庭用品等其他商品的需求量也日渐增高,在生活方面的消费远多于从前。

此外,税负上升导致实际收入的下降将降低人们的消费欲望,抑制人们的消费行为,对经济造成不利的影响。

(五)超高龄少子化严重,家庭规模结构发生变化,国民负担率不断走高

随着社会经济的发展,出生率下降成为发达国家普遍存在的问题之一,而在日本表现尤甚。近年来,日本的生育率逐年走低,2010 年,日本生育更替水平已降至 1.39。日本国土交通省以 1 平方公里的面积将日本国土分成 18 万个棋盘状区块,经综合分析人口普查数据并结合国立社会保障人口问题研究所的推算,得出一个结论,即 18 万个区块中的 6 成,到 2050 年人口会减至目前的一半,甚至有 2 成地区的人口将减至零。据厚生劳动省日前公布的数据,日本现有的 1.28 亿人口,未来将以每年 20 万人至 100 万人的数量减少。半世纪后,日本人口数量将变为8 000 万人。日本青年中普遍存在的晚婚倾向,同样不利于提高出生率。出生率低下的另一面是老龄化加剧。2012 年老龄化比率已达 24.2%。当前,日本 65 岁以上高龄者占总人口的 23%,半世纪后将达 40% 左右。"少子老龄化"对日本劳动力供给产生了很大的影响。30 岁左右的壮年劳动力到 2015 年会减少 500 万人,30 ~ 59 岁的劳动力人口会减少 150 万人。

同时，日本的家庭构成也随着人口数量和结构的变化发生了变化，65岁以上独居老人及老夫妇二人居住的家庭激增，2010年有1 081万户，占全部户数的20%。在生活保护制度中，需要救助的高龄家庭数量急剧上升(见表2)。

表2　1990年、2010年日本社会救助家庭的构成比　(户)

年份	项目	被保护家庭总数	高龄者家庭	母子家庭	伤病、残疾者家庭	其他的家庭
1990	家庭数(构成比例%)	750 181 (100)	341 196 (45.5)	63 126 (8.4)	290 620 (38.7)	55 240 (7.4)
	家庭保护率(%)	1.65	4.39	10.61	0.93	
2010	家庭数(构成比例%)	1 405 281 (100)	603 540 (42.9)	108 794 (7.7)	465 540 (33.1)	227 407 (16.2)
	家庭保护率(%)	2.89	5.91	15.37	1.84	

资料来源：日本厚生劳动省官方网站。

根据日本厚生劳动省的统计，2005年社会保障支付额是100兆日元，2010年支付额是127兆日元。随着支付额度的不断增大，国民的负担率也不断增大，1975年为7.5%，到2002年达到15.5%。日本进入老龄化社会以来，生活保护等社会保障支出不断增大，因此财政压力很大(见表3)。

表3　日本社会保障、社会救助支出　(亿日元)

年份	2007	2008	2009	2010	2011
社会救助支出	23 259	23 946	27 136	29 069	39 478
社会保障支出	927 031	953 621	1 010 998	1 046 793	1 074 950

资料来源：日本厚生劳动省官方网站。

二、日本社会救助制度的最新改革

(一)消减生活保护开支

鉴于国内的经济形势和人口老龄化等问题的加剧，日本开始着手对社会保障制度进行改革。2013年10月15日，日本政府在内阁会议上通过了社会保障改革计划法案，确定了社会保障制度改革的计划和进程。该法案基于2013年8月政府社会保障制度改革国民会议上的总结报告。

根据日本政府相关部门的统计，截至2013年1月，日本领取生活保护费的人数超过215万人，是历年领取人数最多的。2013年度的预算中，生活保护费分国家筹措和地方筹措两部分，共达到3.7兆日元。日本政府计划从2013年8月到2016年8月，削减生活保护费总额的740亿日元，削减比例为7.3%。

根据日本政府的规定，获得生活保护的家庭，成年人每月一般可获得12万日元的生活补助。日本财务省认为，鉴于日本物价不断降低，有必要从支付给低保者的“国民生活保护费”中削减4%的“生活补助费”，如果今后房租也开始普遍下降的话，还将削减部分“住宅补助费”。

在社会保障制度的其他方面，也要进行相应改革，以削减开支。按照改革计划，除了考虑2014年阶段性地将70~74岁公民所承担的医疗费用由现在暂行的1成恢复至2成外，2015年高收入人群享受的护理服务，所缴纳的费用由1成提高至2成。与此同时，财务省还表示，低保者的医疗费用由国家全额支付，正是这种制度的设定，造成“医疗补助费”持续升高。应考虑呼吁低保者减少去医疗机关的次数，以及由其本人负担一部分的医疗费。

（二）修订《生活保护法》、加强对不正当领取生活保护费者的罚则

2013年5月17日，日本内阁通过了《生活保护法》修正案，并于2014年4月开始实施，修正案是自1950年确立该法案以来的首次修订。

修订《生活保护法》是为了抑制不正当领取生活保护费行为，从而挽回国民的信任。为此，国家赋予各地方自治政府的调查权限扩大，可针对已领取生活保护费的人开展就业、赡养或抚养状况及个人健康状态等调查。根据法律规定，需要履行赡养或抚养义务的人（包括直系血亲和兄弟姐妹）在选择“赡养或抚养困难”选项时，必须对实际情况进行说明。对不正当领取生活保护费的情况，修订案还明确了具体罚则：被发现有不正当领取行为，处3年以下有期徒刑，罚款金额从现行的30万日元以下提高至100万日元以下。修订的法案还规定，领取生活保护的人有义务提交本人资产、收入及家庭赡养或抚养状况等书面材料。

（三）提高劳动者就业积极性

《生活保护法》修正案提及，在领受政府生活保护金期间，如果领受者参加工作，并且获得了收入，将减少其领取的保护金。为提高领受者的劳动积极性，现在规定减少的保护金将由地方自治体保管，当领受者摆脱领取生活保护金的困难生活时，这些保护金将作为政府的发放金发给领受人。通过这样的规定，会激励有劳动能力的生活保护对象积极寻找工作，提高劳动者就业的积极性。

（四）推进支援贫困者自立

针对新增贫困人口中不少是有劳动能力的年轻人的现象，从2005年开始，日本启动了旨在帮助生活贫困者自立的“自立援助项目”。2009年以后进一步强化这些措施，并和社会福利措施以及职业安定所项目等共同构建生活保护受给者早期就业促进平台，将生活保护内容与职业训练、再就业，以及在接受培训和寻找工

作过程中的生活费救助、住宅救助结合起来，并利用民间职业介绍所、民间非营利组织等多方力量，为贫困者早日就业自立提供全方位的支援。

2013 年 5 月 17 日，日本通过了《生活穷困者自立支援法》，预计于 2015 年 4 月开始实施。这项法案旨在促进领取生活保护费的生活贫困者自立，如法案规定，对长期失业（一般一年以上）、没有住所的人，在一定时期内发放房租补助金，还规定了在地方自治体设置咨询窗口。

三、日本生活保护制度改革对中国的启示

（一）增加社会救助支出，让低收入者共享经济发展成果

改革开放 30 多年来，我国国民经济蓬勃发展，经济总量连上新台阶。1979—2012 年，中国经济年均增速达 9.8%，财政收入也不断增加。随着经济的发展，我国在社会救助方面的支出也从 2007 年的 496.71 亿元人民币，增加到 2011 年的 1 572.19亿元人民币。但是与其他国家（如日本）相比，我国社会救助方面的支出占 GDP 的比重仍然较低（见表 4）。

表 4　中国、日本社会救助支出占 GDP 的比重　（%）

年份	2007	2008	2009	2010	2011	2012
中国	0.19	0.32	0.29	0.33	0.33	—
日本	0.51	0.54	0.64	0.69	0.75	0.78

资料来源：笔者根据国家统计局、民政部及日本厚生劳动省网站相关资料计算。

近五年来，中国社会救助支出占 GDP 的比重虽然有所上升，但比例一直不高，这也是我国社会救助水平低下的主要原因。政府应当适当加大对社会救助的财政支持力度，提高我国社会救助的水平，让低收入者共享经济发展的成果。

（二）加强社会救助制度的管理、对行为不端者加大惩罚力度

由于诈骗和冒领生活保护费的人数不断增多，在《生活保护法》修正案中对不正当领取生活保护费的情况，明确了具体罚则，加大了惩罚力度，罚款金额从 30 万日元以下提高至 100 万日元以下，增加的幅度很大。

我国的最低生活保障制度从 1997 年实施后，一直遭遇"骗保""漏保""关系保""人情保"等现象的困扰，尤其是出现一些"住豪宅开豪车领低保"的极端状况，引发社会的极大争议，造成了恶劣的社会影响。这种现象的原因是多方面的，其中与我国的低保惩罚力度小有一定关系。

对于那些不能尽职核查的公务人员和用不正当手段骗取保障资源的人，都应该予以严惩。在现实中存在两种情况：一种是在享受城市低保待遇期间家庭收入情况好转，不按规定及时告知管理审批机关，继续享受城市低保待遇的。这类违法

情节只要追回冒领款物甚至罚款 1 ~ 3 倍，大致是合理的。还有一种情况是，完全不符合低保条件，却故意隐瞒或者伪造信息骗取保障资源的。比如，此前北京一名千万级富豪居然行骗了八年，诈领了 10 万元的低保费用。这种行为主观的恶性非常严重，应该加重处罚的力度，如用 5 倍到 10 倍的罚款，甚至可处以拘留乃至拘役的行政处罚和刑事刑罚。同时，还应该把这种不诚信的行为记入个人征信档案，甚至通过媒体曝光这类违法者，让他们付出名誉的代价，只有这样加大违法的成本，才可能遏制住一些人贪婪的欲望。

我国的《社会救助暂行办法》第六十八条规定：采取虚报、隐瞒、伪造等手段，骗取社会救助资金、物资或者服务的，由有关部门决定停止社会救助，责令退回非法获取的救助资金、物资，可以处非法获取的救助款额或者物资价值 1 倍以上 3 倍以下的罚款；构成违反治安管理行为的，依法给予治安管理处罚。《社会救助暂行办法》在对行为不端者的处罚方面，相对于 1999 年国务院颁布的《城市居民最低生活保障条例》并没有做出相应调整。因此建议加大我国低保对行为不端者的惩罚力度，加大违法成本，以遏制违法行为。

（三）打破低保与其他专项救助的捆绑，建立斜坡式的救助体系，消除“悬崖效应”

与低保制度相关的“耻辱感”会随着制度含金量的上升不断下降，低保身份所附带的教育、住房等方面的福利，也是我国低保中“骗保”“关系保”等现象出现的根源之一。低保与其他专项救助制度的捆绑虽然给实际工作部门带来了工作上的便利，成本的减少，但是制度的瞄准性大打折扣，制度的效率低下，并且产生了“悬崖效应”，使一部分低收入者无法得到保障。中国应该建立斜坡式救助方式，不仅考虑收入还要考虑支出因素，使部分低收入者的特殊需求得到满足。

（四）优化制度设计和工作程序，减轻低收入者的“耻辱感”

为了增强瞄准性，兼顾公平和效率，低保的制度设计不可避免地会带来“耻辱感”问题。除此之外，“耻辱感”还受传统思想、思维认知以及低保的具体操作方式的影响。“耻辱感”的存在或加强，会使一些低收入者避免进入低保的救助范围，成了低保制度目标定位的死角。现阶段，首先，应该加大低保等社会救助项目的宣传力度，加强公民的权利意识，让人们了解和接受基本生存权是自己的基本权利。其次，要优化工作程序，提高工作人员的素质，改善具体操作方式，让低收入者感受到友好、温暖和信任，使他们能够更好地配合低保工作。最后，适当提高低保的待遇，也能够在一定程度上减轻低收入者的“耻辱感”。

（五）增强社会救助的激励和社会保护功能

增加精神救助和能力救助，增强社会救助的激励和社会保护功能，为退出机制的实现创造条件。

目前，我国社会救助仍以保障救助对象的生存权利为首要目的，救助的主要方式是给予款物接济，精神救助和能力救助相对缺位，低保对象抵御社会风险的能力孱弱，使他们更愿意安居在低保的保护伞下，不愿意或没有能力退出。因此，社会救助的功能及目标应该重新定位，在保证保障对象生存需要的基础上，适当满足其发展需求，增强社会救助的社会保护和激励功能，帮助救助对象自助自立。除此之外，还可以像日本那样，对于自助自立者退出救助给予一定的奖励，鼓励其早日就业，自食其力。

（感谢课题组成员的资料贡献）

参考文献：

[1]副田義也. 生活保護制度的社会史[M]. 东京大学出版会，1995.

[2]森川清. 権利としての生活保護法：理念と実務[M]. あけび書房，2011.

[3]道中隆. 生活保護のスーパービジョン[M]. ミネルヴァ書房，2012.

[4]韩君玲. 日本最低生活保障法研究[M]. 北京：商务印书馆，2007.

[5]韩君玲. 日本生活保护制度中收入认定的现状与问题[J]. 比较法研究，2011(4).

[6]于秀丽. 日本生活保护制度经验的困境及对我国的启示[J]. 东北亚论坛，2006(4).

注：本文刊发于《北京劳动保障职业学院学报》2014 年第 2 期。

后　记

本书是在首都经济贸易大学劳动经济学院吕学静教授主持的民政部2014年社会救助制度建设部级项目“中日社会救助比较研究”的研究成果基础上，对相关资料进行补充而成的。

“中日社会救助比较研究”课题组成员包括：河北地质大学王争亚讲师（首都经济贸易大学博士生）、首都经济贸易大学博士生康蕊、首都经济贸易大学社会保障专业硕士生张亚琼、高利波、邵盼等。王静、张杉杉、江华、段美枝和李佳等课题组成员在研究工作中付出了积极地努力，做出了重要贡献，在此向他们表示深深的谢意。

在本书后期完善的过程中，首都经济贸易大学社会保障专业硕士生牛博杰、王淼、陈国彬和杨梓程等参与了部分内容的写作，王争亚、康蕊同学做了很多书稿编纂方面的重要工作，在此深表谢意。

作为对中日社会救助制度比较研究的初步探索，研究团队尽管取得了一定的成果，但由于课题主持人和课题组成员的研究水平以及时间有限，本书难免存在不妥之处，恳请专家学者和广大读者批评指正。真诚欢迎广大同行和读者赐教，以便这项研究不断得以完善。

本书参考了大量的国内外有关文献，特向各位文献作者表示由衷感谢！特别感谢韩君玲教授对日本《生活保护法》的翻译，笔者在此基础上做了部分文字完善。本书的出版得到北京市重点建设学科——社会保障学科经费支持，特此感谢！最后对首都经济贸易大学出版社薛捷老师以及相关编辑老师对本书的出版、编辑付出的辛勤劳动表示衷心的感谢。

吕学静
2017年2月